幼兒園的奧福音樂課程實務樣貌：
以台灣台中愛彌兒幼兒園為例

陳曉嫻　主編

劉嘉淑　策劃

林淑芳、劉淑英、李玲玉、劉沛晴、劉嘉淑、林似宣、
張惠敏、陳純貞、台灣台中愛彌兒幼兒園教學團隊　著

目 次

Introduction

Section One 音樂律動與聲音發展

Section Two 音樂故事活動與古典音樂

Section Three 童謠與身體打擊

Coda.

主編／策劃／作者簡介

陳曉嫻 主編

- · 國立台中教育大學通識教育中心教授
- · International Society for Music Education (ISME) 理事
- · Asia Pacific Symposium for Music Education Research (APSMER) 理事
- · *International Journal of Music Education*（SSCI, A& HCI 期刊）期刊編輯
- · 教育部中央課程與教學輔導群藝術領域常務委員
- · 台灣柯大宜音樂教育學會常務理事
- · 中華民國音樂教育學會理事

劉嘉淑 策劃

- · 台灣奧福教育協會第二屆理事長
- · 台中市私立慎齋小學藝術總監
- · 台中市私立愛彌兒幼兒園音樂總監

❖ 專家學者（按文章序排列）

林淑芳

- · 育達科技大學幼兒保育學系教授（退休）
- · 台灣奧福教育協會第十一屆理事長

劉淑英

- · 英國 Roehampton 大學舞蹈教育學哲學博士
- · 國立清華大學幼兒教育學系專任副教授

李玲玉

- · 朝陽科技大學幼兒保育學系專任教授
- · 朝陽科技大學人文暨社會學院院長

劉沛晴

- · 朝陽科技大學幼兒保育學系兼任講師
- · 台灣奧福教育協會第十二屆理事長

❖ 教學敘事教師（按文章序排列）

林似宣

· 台中市私立愛彌兒幼兒園音樂教師
· 台中市私立慎齋小學兼任音樂教師
· 曾任曉明女中愛媽合唱團鋼琴伴奏
· 鋼琴教師

張惠敏

· 台中市私立愛彌兒幼兒園音樂教師
· 台中高分院歌詠社、台中律師公會合唱團專任伴奏
· 曾任韻聲合唱團專任伴奏
· 前皮亞諾音樂補習班專任教師及共同負責人

陳純貞

· 台中市私立愛彌兒幼兒園音樂教師
· 曾任台中仁仁音樂教育中心教師

❖ 台灣台中愛彌兒幼兒園（Since 1981）

西元 1981 年 05 月 20 日，台灣台南佳里人高琇嬅老師在台灣台中市創辦了愛彌兒幼兒園。蘊育一群追求幼兒教育核心本質，不受市場功利思潮影響，不斷精進的專業團隊，也一直與幼兒教育觀相近的各藝術領域藝術家合作教學。1991 年，邀請從奧地利莫札特音樂學院回台的劉嘉淑老師，帶領她的教學群，於愛彌兒幼兒園下午時段，引進奧福（Orff）音樂教學，迄今。

主編的話

在美國求學時，因緣際會地進入柯大宜研究所（Kodály Institute），完成了我的第一個學位。而在就讀博士班期間，指導教授鼓勵我們參加奧福研習（Orff Workshop），一方面可以拿學分，還能同時取得奧福師資證書（Orff Certificate），我便連年參加，也拿到了 level 2 的證書。

當時在美國參加的奧福研習擴大了我的眼界，也開展了我的音樂創意。畢業後回台，發現台灣奧福教育協會在寒暑假辦理的國際研習營，於是我也呼朋引伴前往報到。在台灣的奧福研習中，認識了許多熱情的音樂教育夥伴──從幼兒園教師到大學教師，從自營業者（個體戶）到專任教師，從個別課教師到大班課教師，甚至還有非音樂專長，卻因愛好舞蹈、戲劇而來參加的老師們！在眾多學員當中，最吸睛的莫過於大家尊稱「姥姥」的嘉淑老師了！明明已經經驗值破表、而且是老師們的老師，姥姥仍然跟著學員們一起參與活動、完成講師交辦的任務。無論是歌唱、演奏、舞蹈、戲劇，姥姥都全力以赴地全程參與。這樣令人敬佩的前輩教師，也成了我音樂教學中時常請益的重要對象。

基於長久以來的交情，另有台灣奧福教育協會前理事長沛晴老師的推薦，這回接到姥姥的請託，只能全力以赴。姥姥的教學生涯精彩豐富，尤以台中的愛彌兒幼兒園彙集其大成，從硬體的教室設計、樂器購置，到軟體的課程規劃、師資培訓，全都出自於姥姥之手。長久累積的教學智慧自應傳承，故萌生了出版專書的想法。奧福教學（Orff Schulwerk）不單是實務的呈現，亦有嚴謹的學理基礎，因此我建議邀請專家學者從學術面進行理論的探究，輔以現場教師生動的教學敘事，期能讓更多人了解奧福教學的美好。

愛彌兒將音樂課程全然交付給姥姥，實際授課的現場老師都是姥姥手把手帶出來的一時之選。奧福音樂教學是多面向的整體呈現，而每位老師從自己的專長項目出發，進而含括多種音樂內涵。似宣老師從音樂律動、聲音發展走入音樂的花花世

界；惠敏老師擅長繪本講述，讓幼兒浸淫在故事情境中探索音樂元素；純貞老師則由故事引導帶入音樂即興與身體樂器。活潑生動的現場，還要有學理的支持。林淑芳教授亦曾擔任過台灣奧福教育協會理事長，從奧福教學的緣起與來台發展的淵源談起；劉淑英教授從她最擅長的舞蹈律動面向看奧福音樂教學對幼兒發展的影響；幼兒音樂領域的權威李玲玉教授，在文章中談音樂故事在課程中扮演的角色；劉沛晴教授亦是本書的推手，當然也要貢獻一篇文章啦！她從奧福的理論切入，輔以教學活動示例，展現奧福音樂教學的魅力。無論如何，奧福音樂教學所有的想法與實踐都在姥姥的腦袋裡，還是要聽聽本人現身說法，在書中就能讓讀者們一窺究竟。

　　從邀稿到彙整，花了將近兩年的時間，現在終於到了收尾的時候。感謝姥姥在兩年間，持續觀察協助一線教師的教學研究，方能將奧福教學現場的精神明確傳遞給讀者。感謝愛彌兒高琇嬅董事長的支持，我們才有機會告訴大家奧福教學的魅力，而在愛彌兒的實踐則是最好的範例。

　　語言文字結束的地方，則是音樂的開始。這本書想說的奧福教學故事，會在有音樂的地方，一直傳播下去。

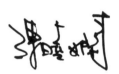

推薦序（一）

美妙的童年

前些日子，嘉淑老師來電告訴我，想把幼兒園的奧福教學實際樣貌出版成書，沒想到一轉眼，就接到她的來電，稱書已經完成了，讓我十分敬佩她凍齡似的、始終如一的對台灣奧福教育的熱忱！

1985 年，我第一次參加林榮德在台南舉辦的國際奧福夏令營，即被這充滿創造力且多彩多姿的奧福音樂教學吸引。當時嘉淑老師已經開設「仁仁音樂班」，提供孩童愉悅的奧福課程，同時也經常辦理成人奧福研習課程，這給了我許多學習的機會，也讓我對於嘉淑老師及其團隊老師的精彩課程感到讚嘆！本書呈現了愛彌兒幼兒園三位老師的奧福教學實際樣貌，讓我又感受到三十多年前那樣的驚豔！

美國奧福教育家道格・顧德金（D. Goodkin）在 *Play, Sing & Dance* 中談論到〈奧福教育是什麼？〉（What Is Orff Schulwerk?）時，認為要定義「奧福教育」不是三言兩語就能夠表達清楚。他以具體比喻敘述如下：

> 參加兩週密集的奧福教師訓練課程且在不同年齡層教學，你的腳趾才碰到門口；接受了完整的三階奧福認證課程，並有五年的教學經驗，也許能夠進到房間；然而領域的寬度是這麼大，以及無盡的可能性，所以永不會有完全到達的感覺；就在你認為已經認識它時，房間中一些家具的改變，或露出了隱藏的壁櫥，你又必須再次聚焦於你的感知。（Goodkin, 2002, p. 1）

嘉淑老師在本書的開場即以「飄盪在愛彌兒校園裡的奧福音樂」，呼應了道格・顧德金對奧福教學浩瀚精神的敘述。同時，這幾十年來，她以身作則，常常謙卑地和後輩們一起參與台灣奧福教育協會所舉辦的國際奧福音樂營，激勵大家一同精進奧福教學的能力。

　　嘉淑老師也有著發掘他人長處的特質，善於鼓勵及培養後輩，本書中三位老師各從人聲、節奏、歌曲及繪本故事切入課程設計，且都融入了律動、歌唱、樂器、故事和即興（improvisation）等各種元素，並以實際樣貌忠實地記錄了教學課程，展現奧福教學活潑又豐富的面向。很珍貴的是，嘉淑老師對她們的奧福教師養成背景及其奧福教學給予詳盡的講評，這有助於大家掌握其精髓。

　　想當年，我們學員在觀摩「仁仁音樂班」的奧福教學時，最常聽到的一句話就是：「現在的孩子好幸福喔！」相信我們在閱讀了《幼兒園的奧福音樂課程實務樣貌》後也會深有同感，一窺奧福教學的歷久彌新！

　　祝福孩子們有個美妙的童年！

陳淑文
國立清華大學（前新竹教育大學）
音樂學系退休教授

推薦序（二）

每一件小小事，成就孩子生命中的重要事

教師的教學生涯猶如永無止境的學習之道，看似漫長卻也是身為一位育人者最耐人尋味的志業。奧福教學法在台灣實施超過四十年，許多音樂工作者喜愛但不容易勝任。

許多研究證實：幼兒是完全的「感官體」，他們的感官是極度敏感的，連最細膩的情緒起伏都能感覺得到。學前階段的幼兒音樂概念包含音色、力度、速度、節奏、拍子，幼兒有分辨弦樂器和節奏樂器的聽辨力；有區辨強音和弱音的能力；有區辨快和慢的能力；有區辨固定拍、強弱週期與節奏差別的能力。音樂概念的學習必須透過有意義的感官經驗去感知，因此幼兒的音樂學習活動，需要藉助多感官的教學方式。

當代許多教育理論強調，學習即是從活動參與中而來（learning by doing）。百年前的奧福教學法是在 Carl Orff 和 Gunild Keetman 努力下，強調「以人為本」，從教師自身出發的基礎元素為教學起點；教材除了教師在音樂專業的學理知識外，更重要的是對課堂上幼兒的看見與理解。教學過程中有模仿、身體樂器、律動、即興創作，甚至戲劇等媒介，使幼兒身體力行去解決，不斷周而復始以產生內在創意的爆發。因此，在教學過程中透過遊戲、玩，將孩子的音樂學習與感官知覺活動結合運用在其教學活動裡，讓幼兒發展創造力、解決問題能力，並且隨著時間讓音樂課程成就幼兒的自信，使其成為具有音樂性的音樂愛好者。

此次榮幸在我的恩師──劉嘉淑老師的引薦下，讓我事先拜讀三位優秀且努力不懈的音樂教育工作者的文字，感動林似宣、張惠敏與陳純貞三位實務老師願意在繁忙的教學工作中，為未來想從事音樂教育的人們留下一篇篇鮮活與創新的教案。在老師們書寫的脈絡中，讀者可以看見奧福教學在課程中逐步向上，重視完整過程，且配合年齡層發展的課程樣貌。這真是一項艱巨與精實的呈現，從三位老師字裡行

間遇見她們對音樂教育工作的熱愛，更充滿對幼兒音樂教育崇高的使命感。這真是
一本十分推薦且值得回家詳讀的好書！

張美雲
高雄市私立光禾華德福實驗學校校長

致謝辭：感恩與感謝（一）

感念專書出版的推手：
高琇嬅董事長

1990 年初識愛彌兒高琇嬅董事長後，不僅相談甚歡，深感兒童教育理念一致，彼此也對教育都抱持著極高的熱忱。隔年高董事長出資在台中市忠明路大安貿易大樓成立「仁仁音樂教育中心」，奧福音樂教育的理想因此得以由北部推廣到中部。

愛彌兒幼兒園有四間學校，高董事長提供了另一個教學平台，讓仁仁老師有機會將所學運用在學校的協同課程裡。學校準備了專業的音樂教室、完善的設備與充分的奧福樂器，老師們得以設計各種創意教學活動在課堂上實踐。精彩的音樂藝術教學理想，從此有了標準的奧福教學園地得以發揮。

近年來我進園觀課時，發現老師們像魔法師一般，吸引著全班小朋友熱烈地參與每個活動，教室裡充滿歡笑聲。下課時，小朋友緊緊抱住老師說：「我好想再玩……」、「怎麼才玩一下下就下課？」溫馨的畫面，總讓學校的園長和教師對奧福教課老師誇讚不已。

「我要出版專書！」忍不住想快點把老師們的創意、師生溫馨的互動畫面全記錄下來！高董事長教我先找到主編陳曉嫻教授，再請主編邀請學者撰文，並指導老師們各自記錄教學敘事，終於完成這本專書。接下來有關出版社簽約、出版應注意的大小細節，還是高董事長的一一提點。

高董事長是我一輩子最感念的貴人！

我代表作者們向您致上最高的敬意與感恩！

劉嘉淑

致謝辭：感恩與感謝（二）

感謝專書出版的舵手：
陳曉嫻教授

⋯⋯⋯⋯⋯⋯⋯⋯⋯⋯⋯⋯⋯⋯⋯⋯⋯⋯⋯⋯⋯⋯⋯⋯⋯⋯⋯

　　曉嫻教授像個超級大魔法師，兩年前爽快地接受我的邀請，接下專書主編的重責大任。然後以俐落簡潔的語言，在編輯會議上指導老師們以敘事的方式，把教學的實際過程一一記錄下來，包括當下小朋友鮮活的反應以及師生對話。

　　從此，三位老師開始了課前備課、教課與課後記實的生活常態，這是一連串長時間忙碌與辛勞的日子。兩年多來，無論是過年過節或寒暑假期的休閒活動，對她們而言都是奢侈的。她們只能乖乖坐在電腦前思考並記錄，深怕時間沖淡了鮮活的畫面記憶，腦筋一刻不得閒地掛念著寫作⋯⋯。老師們在莫大的壓力下，深夜裡寫寫改改的，還要預備第二天的課程呢！經過無數次的交稿和修正後，終於全書完稿了。

　　另一方面，曉嫻教授邀請四位學者撰文，以學理基礎呼應三位老師記錄不同的教學面向與發展，同時邀請兩位學者寫推薦文。主編從零開始策劃，一邊收齊學者專文，一邊逐一修改老師們的文章。結果，老師們從多次重寫與修改中，教學的敘事順暢了，心中的大石頭放下了，當然自信心也隨著增強。如果說，三位老師像魔法師變魔法，深深地吸引了小朋友，那麼，我覺得主編陳曉嫻教授更像超級大魔法師，教導沒有寫作經驗的三位小魔法師練法，三位老師最後終於完美交差。所以曉嫻教授是這本專書出版的舵手！專書能出版，是我一輩子最大的心願與理想。此時我要向每個人表達誠摯的謝意：

　　感謝陳曉嫻教授！

　　感謝林淑芳教授！

　　感謝劉淑英教授！

　　感謝李玲玉教授！

感謝劉沛晴教授！

感謝陳淑文教授！

感謝張美雲校長！

感謝林似宣、張惠敏和陳純貞老師！

感謝黃淑英教授的封面繪圖！

劉嘉淑

Introduction

音樂開始的地方：
奧福基礎音樂之
人本理念與實踐

林淑芳

前言

　　自 1960 年蘇恩世神父於台北光仁小學創立奧福教學研究推廣中心至今，奧福教育在台灣之推展已超過一甲子了（陳惠齡，2010）。一甲子之後的現在，奧福基礎音樂在台灣普遍獲得學者專家、老師與家長們的肯定，但其實踐仍多局限於幼兒園中一週一次的外聘師資課程裡，或被誤解為幼兒才藝，或被商品化、商業化，少能融入兒童課程，更遑論進入小學音樂相關課程，成為其核心教學理念！奧福基礎音樂與每一個人，尤其是與兒童密切相關的人本內涵與創造性本質，尚未在我們的教育現場被充分理解或實踐，殊為可惜！

　　事實上，奧福基礎音樂理念奠基於深刻的人本基礎，此基礎可從將近一個世紀以來民族音樂學、音樂人類學、嬰幼兒發展研究，得到強有力的理論與實務印證；理解奧福需要從掌握每個嬰幼兒天然的音樂本能開始。因此本文從幼兒本能的自發性音樂行為觀察開始，來理解音樂與幼兒發展特質之相關，再由此音樂與人之根源性相關進入奧福音樂理念之探討，包括由創作來學習的理念，並以簡單實例說明實

際實踐之可能。本文期待從看見孩子身上本能的、遊戲式的、身體的、社會互動的、統整的與創作創造性的音樂發現，確認奧福基礎音樂之人本意義，進而對以音樂技巧與認知為主軸的教學思維深入省思。

由幼兒自發性音樂行為思考人的音樂本能

　　音樂是什麼？一談到音樂，多數人總想到「唱奏音樂」，也就是「照譜唱奏別人做的音樂作品」，很少人想到用音樂來玩，或創作自己的音樂。事實上，英國音樂人類學家 John Blacking 在《人的音樂性》（*How Musical Is Man?*）（Blacking, 1974/2000）一書中，提出他長期對不同地區音樂文化，尤其是南非文達（Venda）地區音樂與舞蹈製作的觀察研究。他發現，本質上音樂就在每個人的肢體與社會性互動過程中產生；音樂本質上的生物性和社會性顯示音樂是每個人與生俱來的能力，音樂的思考和操作是人性的表徵，是人類高層次智慧之基礎，更是童年的重要特徵。兒童在遊戲中以自創的節奏、聲響與音色、旋律表達自己，用他們的聲音和器物製作音樂，融合自己的和學來的聲響旋律再製音樂，這個直觀的、自發性強的音樂創作動力乃所有文化活動中必有的（林淑芳，2010；Campbell, 2002）。

　　但成人常不知如何了解兒童製作的音樂。相對於近幾十年來普遍獲得記錄、理解與重視的幼兒塗鴉或幼兒故事述說，兒童的聲響製作遊戲常被成人視為亂敲亂彈（非音樂！）而禁斥。Swanwick（1988, p. 60）因此指出，我們的社會是音樂文盲，因為我們可以理解孩子的語言，卻聽不懂孩子的音樂；能用語言回應孩子，卻無法回應他們的音樂。一談到音樂，大部分人立即想到的是音樂作品；一談到音樂創作，多數人立即認為那是少數有天分的作曲家才能做的事。相對於寫作、畫圖卻沒有這種局限想法，問題顯然出在多數人對音樂與其他藝術領域持有不同的概念標準。

　　將近一個世紀以來，音樂學家日益重視社會上各個不同階層的音樂生活與音樂製作；另一方面，民族音樂學和音樂人類學家在發現多元豐富的音樂文化價值與模式之餘，其研究方法亦被音樂教育學者運用於觀察研究城市、家裡的兒童豐富的自

發性音樂行為（例如：林淑芳，2010；Bjorkvold, 1992; Campbell, 1998; Lin, 2019; Moorhead & Pond, 1942/1978 等），加上嬰幼兒音樂發展研究的結果（Elmer, 2015; Papousek, 1996），他們均發現，音樂是孩子肢體和聲響的遊戲，是孩子遊戲中的素材，也是他們遊戲的產品；音樂是幼兒生活經驗中本質的一部分，是幼兒認識世界的方式。

兒童是龐大原創音樂的生產者，無論由人的本質、情感表達、學習心理學、社會互動和創造潛力發展來看，幼兒遊戲中自發直覺的音樂製作是其專注於遊戲或工作中肢體與聲響的產品。一如幼兒的視覺塗鴉，他們自發的音樂塗鴉遠不同於成人所認知的美學知識、技巧演練和表演的「音樂」，並不是剛萌芽或未完成，亦絕非對成人的不成熟模仿，而是有自己的特質，依自己本質而形塑之作品（林淑芳，2010，2011）。實際傾聽這些遊戲中的音樂，可以幫助我們理解音樂與人、音樂與幼兒的本質關係。

幼兒自發性音樂行為之研究，首推 Moorhead 與 Pond 在美國加州聖塔芭芭拉一所兒童學校針對 15 至 20 位 1 歲半至 8 歲兒童的長期研究（1941-1951 年）。學校除一般遊戲區外，在一間遊戲屋中擺滿了來自世界各地的打擊樂器，目的在觀察幼兒自發的音樂表達型態，探討主導兒童音樂（music for children）發想製作的原則（Moorhead & Pond, 1942/1978）。長期詳盡的觀察紀錄不只分析孩子如何生產與組織聲響，且重視音樂製作時的社會狀態。源於孩子遊戲中的社會型態，其音樂製作多半不是主從關係的主音音樂樣式，而是各自平行獨立的多聲部音樂型態（Pond, 1981）。

Moorhead 與 Pond 的研究引發了 Cohen（1980）、Young（1995）等許多學者專家的持續研究，他們都發現，幼兒會運用所有的感官去探索，運用典型與非典型的樂器於各式音樂遊戲中，且幾乎所有幼兒的音樂表達都涵蓋肢體舞動於其中。1990年代以後，研究者愈發重視兒童在自然場域下的音樂製作，例如：Marsh（2010）累積 15 年以上在澳洲、挪威、美國、英國和韓國等地的兒童遊戲場所做的田野採集紀錄，發現兒童遊戲場上大量豐富的語言節奏與歌曲創作，並對兒童如何從環境與人際互動中產生音樂、維護並轉換所做的音樂，提出重要且創新的社會文化視野。從事都市兒童音樂文化研究的 Custodero（2006）在台北的麥當勞、植物園及山葉音樂

教室等地觀察兒童的自發性音樂製作，發現除了山葉音樂教室外，兒童常在日常生活中運用隨手可得的素材製作音樂。林淑芳（2009）、Campbell（1998）和Littleton（1991）等觀察幼兒在自然情境中的幼兒園教室與校園中的音樂行為，發現許多幼兒隨處製作的語言節奏與歌唱，遊戲中的語言節奏成為孩子最自然、深刻的節拍與節奏經驗（Campbell, 1998）。幼兒自創的歌曲常用虛字表達，兒童遊戲中自創的旋律常與呼喚有關，產生三度為主的 g-e 或 g-e-a 旋律模式。尤其常聽到集錦歌，即把幾首學來的和自己的旋律段落組合在一起，改編歌詞或變化節奏，並且反覆運用對幼兒有吸引力的字詞或動機（Moog, 1976）。

　　綜合上述幼兒自發性音樂行為研究可以確定，孩子自出生以來就一直在無人指導的情況下自發直覺地製作音樂，他們融合肢體、語音、歌唱於一體的音樂製作時刻展現在生活的每個角落，是歌、舞、樂同源，視、聽、動覺同時，即興的、創造性的（林淑芳，2010）。音樂是孩子遊戲時直覺的創造，這些廣泛呈現在幼兒日常遊戲中，直覺、自動、快速、個別性強的音樂製作行為即是音樂開始的地方，而此音樂發生的人本內涵正是奧福理念的基礎與核心。以下即深入討論奧福基礎音樂理念、其教學模式特質及實踐可能。

奧福基礎音樂理念

　　奧福（Carl Orff, 1895-1982）生於德國慕尼黑，成長的二十世紀前期正是社會、政治、經濟最動盪的時代，也是各種藝術表達理念尋求解放，由原始自然尋找再創造動力的時代。此時期尚有舞蹈家鄧肯（Isadora Duncan, 1877-1927）、瑪莉·魏格曼（Mary Wigman, 1886-1973）；作曲家史特拉文斯基（Igor Stravinsky, 1882-1971）；畫家馬諦斯（Henri Matisse, 1869-1954）、畢卡索（Pablo Picasso, 1881-1973）等，分別在舞蹈、音樂、繪畫上展現原始特質的表現風格。

　　在教育上，這是一個為教育內容重新尋求定位的時代。這時代的教育思潮強調「以人為本」、「以兒童為中心」、「從做中學」等重視身心腦合一的體驗學習，

尤其是新的身體自覺意識之喚醒，由內而外尋求解放的自覺。另一方面，這也是歐洲第一次與其他地區文化深入接觸的時代，包括宗教儀式、藝術、樂器、舞蹈與音樂等，尤其是印尼的舞蹈、皮影戲和甘美朗音樂，以及出節奏樂器（手搖鈴鼓和響棒等）和歌唱伴奏的非洲舞蹈等，都對奧福這一代人產生重大的影響。

　　就在這種激盪中，達克羅茲（Emile Jaques-Dalcroze, 1865-1950）和奧福兩位音樂教育家提出以節奏為起點，重視由聽覺感官和即興創作來打開全人之音樂教育理念。

　　1924 年秋，奧福和多羅西‧古茵特（Dorothee Günther, 1896-1975）就在這種背景下於慕尼黑創立了古茵特學校（Günther-Schule）作為基礎音樂舞蹈的教育場域，展開全新的成人音樂舞蹈教育。然而，古茵特學校十幾年的努力成果歷經二次大戰後毀損殆盡，直到 1948 年一通來自巴伐利亞廣播電台的電話，再次啟動了奧福基礎音樂方面的工作，並將重點移轉到兒童音樂教學及師資的培育。1961 年奧福研究所（Orff Institute）在薩爾茲堡莫札特音樂院（今「莫札特音樂與表演藝術大學」）設立，正式開始基礎音樂之師資培育（C. Orff, 1963）。1970 年代起在德國、奧地利各地音樂院普遍設立基礎音樂教育系（Elementare Musikpädagogik, EMP），奠下基礎音樂教育這個學門，培育具備奧福音樂理念之幼兒至中小學師資（林淑芳口譯，2013）。

　　基礎音樂（elementare musik）為奧福本人提出之專用語。1963 年奧福在「奧福教學之過去與未來」的演講中完整提出基礎音樂的理念：「基礎音樂、基礎樂器、基礎語言與律動形式。基礎是什麼意思呢？其拉丁文字源『elementarius』意為屬於基本的、原始素材的、最根源的、最起頭的。那基礎音樂又是什麼呢？基礎音樂從未單只是音樂，它和律動、舞蹈、語言融合為一體；它是一種必須自己親自做的音樂；在這種音樂中沒有人只當聽眾，它是參與者的音樂；它是先驗的、直覺的，沒有偉大的形式或建築藍圖；它只產生小小的循環式結構、頑固音型和小輪旋曲式；它是簡單的、自然的、身體的，是每個人可以學、可以經驗的，而且合於孩子天性的。」（C. Orff, 1963, p. 147；參劉沛晴譯，2016，頁 269）1964 年在一場兒童音樂的呈現前，奧福再次強調，基礎音樂是「以語言、聲音、律動、樂器呈現的整體性

表達……它趨近於音樂的原始形式和原始力量。什麼是音樂的原始形式呢？是呼喚、唸謠、語音、歌唱……」（Kugler, 2015, p. 54）。

以下針對奧福對基礎音樂的說明深入討論其內涵。

> 基礎音樂「趨近於音樂的原始形式和原始力量」，「它是先驗的、直覺的；它是簡單的、自然的、身體的，是每個人可以學、可以經驗的，而且合於孩子天性的」。

這段奧福的話首先強調音樂是人先驗直覺的本能。由此字的拉丁文字源「原始本然的」、「本質的」、「元素性的」、「存在於每個人本能裡的」這幾層內涵來看，奧福的助理凱勒（W. Keller）認為，基礎音樂就是我們每一個人都有的根源性的、中心的音樂潛能的實現（Keller, 1962, p. 119）。

這種「音樂的原始形式和原始力量」首先即呈現在人生命的起點：胎兒的心跳、嬰兒的呼吸、幼兒語言與肢體動作的節奏中，也在大自然的四季運行、日出日落、月圓月缺、潮起潮落等韻律中，並直接顯現在語言聲響節奏、身體節奏等。「太初有節奏」，有節奏即有音樂，節奏成為奧福教學之始。

此外，奧福強調「基礎音樂是先驗的、直覺的……自然的、身體的……」，這種先驗直覺的音樂經驗在嬰幼兒發展研究中更明確地得到驗證。

嬰幼兒發展研究發現，四個月大胎兒就有聽覺，亦即人在出生前就有成熟的聽覺器官，而聽的感官常促發肢體觸覺與動覺的反應，聽覺與動覺行為因此成為每個人最早的行為表現，而這些都是音樂性行為！此亦說明了音樂相關的聽覺與動覺是尚未出生的胎兒最重要的感官經驗（Welch, 2002）。

另一方面，音樂訴說出一種語言，是一種新生兒就可察覺並區辨的語言，是一種在知能限制下也能用感官感受理解的語言；音樂的感受與表達獨立於智能、年齡與先期的音樂經驗之外。從第四個月起胎兒就可以聽到母親的心跳和講話聲，接著，嬰兒一出生就可以察覺音色、節奏等不同之音樂元素，所以有能力區辨母親的聲音和其他人的聲音；母親的聲音讓他安穩，他人的聲音則可能造成不安！由此可知，

嬰兒早在運用語言溝通之前就能直覺地運用音樂溝通了，包括：區辨及運用各種人聲音色、高低、力度、節奏與速度，以肢體伸展或緊縮的動作來表達需要和喜怒驚樂等情緒。

　　綜上可知，音樂與嬰幼兒爬行、說話的本能完全一樣，是一種自然而然結合肢體、且持續不斷地、具統整性的一體。人最初始的活動表現即呈現出多樣的音樂性行為，而這種在每個人本能中的音樂能力，屬於人性表徵的音樂本能，就是奧福基礎音樂要強調的起點（Kugler, 2015, p. 54）。

> 基礎音樂「從未單只是音樂，它和律動、舞蹈、語言融合為一體」，「它趨近於音樂的原始形式和原始力量。什麼是音樂的原始形式呢？是呼喚、唸謠、語音、歌唱」。

　　由上述嬰幼兒發展可確定，孩子是用身體來學習的，對嬰幼兒而言，音樂是聽覺與動覺的綜合表現。另一方面，檢視中國、希臘、埃及等古文明，發現音樂都是詩、樂、舞統整藝術的呈現，一如台灣原住民的歌舞即結合了音樂、舞蹈和語言詩歌一樣。奧福基礎音樂理念的教學追溯到幼兒肢體語言並用的經驗，以及人類文明初始詩樂舞合一的製作，因此內容包含語言唸謠、歌唱、律動、舞蹈、器樂敲奏，並以即興創作為製作的主要方式。此外，1970 年代以來，由語言擴充運用故事繪本，結合音樂舞蹈延伸出基礎音樂劇（陳淑文，2006；Widmer, 2004）。針對多元之奧福音樂內容，Haselbach（1984, p. 198）認為，基礎音樂首先在音樂語言和肢體舞動的融合，其次為器樂敲奏和即興；Kugler（2003, p. 114）則強調「基礎音樂首先是肢體性身體經驗，接著是敲奏性舞動性的音樂學習，最後達到音樂與舞蹈的整體融合」。

　　由此可知，基礎音樂是由肢體表達和語言節奏的體驗開始，之後逐一加入樂器、故事等元素，成為結合詩歌、律動、舞蹈、視覺藝術和故事戲劇的統整性藝術活動。在活動中，語文、身體動覺、邏輯、空間、人際、自省等多元智能均相關聯，同時刺激視、聽、觸、動等多元感官。

此外，奧福理念重視音樂文化的本然性。因為童謠兒歌中的節奏與旋律高低均源自母語中的音韻抑揚，植根於每個人自嬰幼兒時期起潛藏在身體與心智裡的母語聲響。因此奧福基礎音樂強調，老師要多運用音樂的母語——本土的童謠、兒歌、數來寶、樂器、民間故事與遊戲等——為素材來研發教材，從自己生活環境中之文化表現為教學的出發點，藉由貼近生活及文化的本土素材，讓學習者更容易進入音樂內涵。由此延伸，奧福音樂也特別重視各地珍貴的文化資產。由於其元素性特質，奧福教學很容易與各地音樂文化結合，無論是語言唸謠、旋律、舞蹈、故事等都可融入運用，成為跨文化的音樂理念之實踐（Kugler, 2015）。

此外，為了讓沒有技巧基礎的孩子或成人能有音樂參與的機會，奧福和克爾特‧曼德勒（Kurt Maendler）共同研發出所謂的奧福樂器，尤其是木琴、鐵琴等片樂器。這種樂器技巧簡單，易學、易操作，且獨奏、合奏皆宜。更重要的是，操作時姿勢自然、靠近身體，適合即興的直接表達、容易催化出聲音的想像與創作，彈奏者可以看到、觸摸到並且立即聽到，哪一種操作方式和動作的強度會造成哪些聲響結果。在直接的身體關係之外，操作者和樂器、和自身產生的聲響以及音樂的關係都會產生關聯。所以，奧福樂器不只是樂器，它同時刺激連結視、聽、觸、動等多元感官；在課堂上這類樂器不只是以彈奏技巧和美學導向為學習目標，更直接地讓操作者和樂器、和自身產生的聲響產生內在連結，提供了將音樂視為溝通表達的媒介（G. Orff, 1985, pp. 22-24）。

> 「基礎音樂是必須自己親自做的音樂；在這種音樂中沒有人只當聽眾，它是參與者的音樂。」

上述這段話道出了奧福基礎音樂與一般音樂教學的最大不同之處。

奧福音樂不重依譜演出別人完成的作品，而重參與，主要是即興的參與音樂的創生。參與創作帶來了音樂教育理念的大翻轉。一般的藝術音樂概念裡，音樂之生產包含了創作、演出（詮釋）、理解（聆聽）三個過程，參與的人也因此分為作曲者、演出者與聽眾三種。在民間音樂或以即興產生的音樂製作中，參與者須同時反

覆思考、操作、聆聽，將一般音樂製作中被區隔的創作、演出（詮釋）與理解（聆聽）三個過程，或作曲者、演出者與聽眾三種人合而為一；參與的音樂製作中，人同時是創作者、演出者與聽眾（Hegi, 1997, p. 24）。

即興——這種不依賴記譜的參與創作的教學，也深化音樂本質上的聽的經驗。McPherson（1994）認為音樂的學習主要有三種取向：(1)視覺取向：看與奏；(2)聽覺取向：聽與奏，靠耳朵和記憶；(3)創造性取向：想像並參與創作。由音樂的學習本質來看，音樂本質上是一種聽的經驗。歷史回溯可以發現，在記譜和印刷術尚未普及前，無論中西，音樂的學習和演出絕大多數結合模仿（聽覺取向——耳朵與記憶）和即興（參與創作），這也是目前仍在非西方社會以及現代流行音樂，尤其是非音樂本科系年輕人樂團中通行的音樂產出模式。可惜以視覺取向的看譜反覆練習，再製既有作品，幾已成為音樂教與學的不二法門。對看譜彈唱的學生而言，樂譜竟成為他們體驗音樂本質的阻礙（McPherson, 1994, p. 158）。因此奧福理念強調，我們需喚出本能的音樂經驗，回溯音樂學習的起點，用聽覺和創造性取向的學習模式帶領教學。

為達到上述理念之實踐，奧福基礎音樂需要不一樣的教學模式與策略，試討論於下。

奧福音樂教學模式之特質

♪ 遊戲式探索體驗的教與學

奧福音樂不以音樂理論認知和樂器技巧的學習作為教學的開始與重點，而是由每個孩子天生的遊戲能力出發來玩。尤其是從兒童的敏銳性、好奇心、開放性、想像力、樂於嘗試、遊戲中學習等特質出發，這些在兒童身上有如馬達推動著他們的學習（Dartsch, 2002）。因此以遊戲與實驗帶領兒童體驗、製作，在課程中產生愉悅的創作學習，成為奧福音樂的教學原則。

　　遊戲是人的本能，音樂是人本能的遊戲素材，是多元感官的統整性遊戲素材。因此奧福認為，幼兒音樂的教導並不始於課程，事實上遊戲更是最佳的音樂活動時間（C. Orff, 1932, p. 67）。透過遊戲的引導可讓孩子更容易吸收學習、提升專注力，因此遊戲式的教與學是奧福教學的基本模式。

　　音樂與遊戲的關係早已具現於語言的使用中。「遊戲」在中文裡包含了「玩樂（ㄌㄜˋ）嬉戲」和「敲奏作樂（ㄩㄝˋ）」的雙重意義，在英（play）、法（jeu）、德（spiel）、俄（igra）等許多地區語言中都是如此──即所有聲響與肢體律動的玩耍與敲奏同時包含於這個字義中。此亦清楚說明了音樂的核心意義在肢體與聲音的遊戲，音樂與遊戲自始即是一體（Bjorkvold, 1992）。

　　遊戲是什麼？觀察研究兒童遊戲的西班牙資深奧福音樂專家 Lopez-Ibor（林安緹、鄧皓書譯，2011，頁 118）指出，遊戲是一種自發性活動，須遵守一個或多項規則，有時且須假裝克服某些障礙（這即是戲劇的開始！）。遊戲與音樂製作有許多共同的特徵，包括開放性（允許多層意義和接續發展）和想像力的運用（角色扮演、假裝等）。同時，遊戲在特定的時間、空間界線與規則中玩的原則，和人們遵循共同的原則製作音樂是一樣的（Dartsch, 2002, p. 312）。此外，許多傳統遊戲中會運用吟唱、唸謠、詩詞韻文、肢體律動來架構進行。

　　從中西繪畫，如宋朝蘇漢臣（1094-1172）〈百子歡樂圖〉（圖 1-1）和布魯格爾（P. Bruegel, 1525-1569）的〈兒童遊戲〉（Die Kinderspiele, 1560）（圖 1-2）亦可發現，不同文化中的兒童遊戲有類似的形式和規則，具有非常相似的基本元素，如捉迷藏、傳東西、藏東西、手指遊戲、騎馬打仗、踩高蹺、跳繩、跳圈圈等運用身體、聲音、想像、心智與社會層面的遊戲。可以想像得出，畫面中充滿了熱鬧的聲音、唸謠與歌唱，似乎可以聽到類似「一角兩角三角形，四角五角六角半……」、「……騎白馬，帶把刀，走進城門滑一跤」或「點仔膠，黏著腳……」等童謠；也有個別的獨唱與齊唱的回應。孩子們運用簡單的道具參與，融入團體，自訂時空界線與規範，遵循規則的同時亦不斷創造新規則，並運用許多詩詞韻文來架構；也有許多儀式性與循環性，產生循環性的音樂組織（林安緹、鄧皓書譯，2011，頁 117）。

圖 1-1　宋朝蘇漢臣〈百子歡樂圖〉（局部）

圖 1-2　布魯格爾〈兒童遊戲〉

　　遊戲是人的本能，遊戲與人的存在一樣久遠。遊戲就是兒童的文化，遊戲中充滿生活習俗、唸謠、歌曲詩詞。而音樂是孩子肢體與聲音的遊戲，是他們遊戲中出聲的思考（Bjorkvold, 1992; Glover, 2000）。奧福基礎音樂從人的遊戲本能出發，利用孩子的多元感官進行統整性遊戲，且結合多元藝術統整各領域來玩，玩出大量的學習。但實務上應如何進行這種遊戲式實驗與體驗取向的教學呢？

♪ 元素性建構式、創造性的教與學

　　奧福基礎音樂課程就是以各種節奏、音高、聲響和肢體動作為素材的建構遊戲，只要營造開放的、鼓勵的、不用擔心錯誤的教學氛圍，提供足夠的時間與空間，在小組合作、過程重於結果的原則下，依循聆聽觀察—模仿—探索—即興／創作的模式循環進行，就能愉悅地促發孩子多元豐富的創作。先由聆聽觀察促發對聲響的敏銳與自覺，再從模仿認識熟悉學習素材，接著探索嘗試其他各種可能性，然後發現創作出自己的音樂。結合圖畫、接龍故事或詩歌繪本，孩子在一次次操作與創作中體驗、認知、學習（林淑芳，2016）。整體來看，奧福音樂建構教學運用的元素和組織方式大致如下：

　　由前述兒童遊戲場上的觀察發現，對孩子而言，最深刻的節拍與節奏經驗就是語言和身體節奏。奧福音樂以身體和語言節奏為起點，由即興產生的音樂產品與創造性律動舞蹈做結合。運用的音樂元素包括各種層次與組合的**節奏、力度、速度**，以及**音域**等。

　　樂器方面強調身體和環境與生活素材。除一般節奏樂器外，旋律樂器以源自亞非打擊樂器的木、鐵琴等片樂器，以及歐洲中古至文藝復興流行的木笛為主，近期並加入由資源回收場產生的打擊樂器律音管。

　　旋律以五聲音階（do re mi sol la）和古代或地方性調式音樂為主，或更基本的由原始的三度、五度的人聲呼喊，兒童遊戲中最普遍的自創旋律 g-e 和 g-e-a，以及原始旋律樂器（笛子、木琴等）中常聽到的旋律模式開始。孩子的音樂自然地融入各種遊戲情境中。

　　和聲以在早期多聲部音樂奧干農（organum）和民間音樂中常聽到的平行式進行為主。聲部的層次可以齊唱、回聲對唱（個人—群體，小組—小組）、合唱（輪唱、加入頑固低音、長低音）等方式組合。

　　頑固低音、長低音也是常見於早期民間音樂的多聲部組織方式，短小重複性高的樂句在長低音或頑固低音的基礎上反覆或變化反覆。在課堂實務上，可由老師或同學用頑固音型伴奏，其他人依課題展現自己的小小創作，像這類有局限的創作課題比完全自由的工作更能激發適當的想法，累積每個人的小創作，串聯成大作品。

　　為了將每個人的小小創作連結成整體，奧福仍一貫地從民間音樂素材找到輪旋曲的組織方式：一段老師和大家約定好的創作（A）和個別的即興段落（b, c, d...）串聯成 A-b-A-c-A-d-...A 的組合，讓每個人小小的即興藉此整合形成有意義、有價值的作品。此亦呼應了奧福所說的「（奧福音樂）沒有偉大的形式或建築藍圖；它只產生小小的循環式結構、頑固音型和小輪旋曲式」，並驗證了「它是簡單的、自然的、身體的，是每個人可以學、可以經驗的，而且合於孩子天性的」。

　　綜合上述可發現，奧福基礎音樂運用的素材主要取自古代音樂、民間音樂及兒童的音樂創作，一方面強調本土素材，另一方面有意識地把西方藝術音樂的界限打開。不單單以西方古典音樂為標準，而是大量運用早期民間音樂元素及亞非樂器，自然跨越古代與現代、民間音樂和藝術音樂的藩籬，悠遊於多元音樂文化中，自然呈現民族音樂學與音樂人類學的特質（Kugler, 2015; Weinbuch, 2010）。

　　以下藉義大利資深奧福協會理事長 Ciro Paduano 於 2013 年奧福年會中，針對奧福音樂教學模式提出之循序性觀點作整體說明：

- 由經驗與體驗到概念理論的建立。
- 由模仿、探索到即興創作。
- 由簡單到豐富。
- 由口傳到書寫譜傳。
- 由身體、人聲到樂器。
- 由齊唱、回聲對唱到合唱（輪唱、加入頑固低音、基本和聲等）。
- 由群體到個人。
- 由過程到產品。

　　依此，老師以豐富的音樂元素為素材，遊戲式地帶領課程，由語言唸謠、身體節奏與舞蹈，再到器樂、故事等依序擴展；依音樂元素之運用，層層累積，每一階段都可由單聲部齊唱／奏與對唱／奏，發展到多聲部輪唱／奏與合唱／奏，運用頑固低音、長低音等來組織聲部，運用輪旋曲式來結構各個段落，結合肢體表現，綜合塑造出大家的樂舞創作；在過程中強調循序漸進，過程體驗比結果重要。此建構的教學模式在過程中雖不強調理論知識技能的學習，但在長期實作中自然累積出對節奏、音域、音高、音色、速度、力度、組織結構等的理解與運用能力。這也是近幾十年音樂教育界強調並致力推動的——由音樂創作來學習（learning music through composing）（林淑芳，2016；Sullivan & Willingham, 2002）。

奧福基礎音樂活動設計舉隅

　　以下藉一簡單的課程活動，實際說明奧福音樂活動中音樂元素循序漸進之運用與建構過程。

（一）活動名稱

　　「王老先生的店鋪裡，有許多奇怪的聲音」。

（二）主題

　　聽／發現聲音。

（三）教學目標

　　奧福在〈關於兒童音樂與業餘音樂的思考〉（C. Orff, 1932, p. 67）一文劈頭就說：「音樂不由樂器開始，也不由第一指、第一把位，或這個那個和弦開始，音樂始於自己的寧靜、自我傾聽，對音樂的預備來自傾聽自己的心跳與呼吸。對音樂的引導應如此基本、廣泛、由內而發的開始。」基於普遍性對聆聽覺察的缺乏，這段對有意識地聆聽的思考，開啟這個由聽樂而作樂的課程。目的首先在自覺地聆聽，

提升聽的敏銳度、專注力、聲音想像力，尤其是對無聲或靜止狀態的聆聽，培養對音樂舞蹈的源起處——寧靜——的自覺。在視覺影像刺激獨大，幼兒遊戲趨向單一化、個別化的時代，更需要促發聽覺的敏銳度、專注力與想像力，再連結至聲響的發現、再製與創作。

（四）教具

棒子、生活樂器、天然樂器、節奏樂器等。

（五）過程建議

1. 圍圈坐地板上，老師先由《什麼聲音？AAA-OOO！》（東雨文化）或《冬芽合唱團》（親子天下）等繪本，促發孩子的聲音想像力與積極聆聽的動機。

2. 邀請孩子閉眼認真聆聽戶外或教室裡有些什麼聲響（手指出聲響方向，嘴巴輕聲模仿出聲響）：車聲、喇叭聲、東西掉地聲、哭笑聲、說話聲；蟲聲、風聲、鳥聲、水聲……；或老師製造的聲響（地板、牆壁、櫃子等）。

3. 關燈、躺下，邀請孩子閉眼傾聽自己的心跳與呼吸，用手輕輕拍出自己的心跳或呼吸的節奏，讓孩子對心跳或呼吸的節奏韻律有自覺。再請孩子用手勢指出或在紙上畫出心跳或呼吸的律動圖像，視覺的圖像記錄能加深此自覺，且是引導進入了解音樂符號的第一步。

4. 教師呈現以下這首唸謠，加上身體節奏，如拍腿、拍手、踏腳，並讓孩子模仿。

🎵 譜例 1-1

5. 「有什麼奇怪的聲音呢？」老師以嘴巴發出聲響或身體拍打即興，並讓孩子模仿（回聲遊戲）。老師的即興不一定要充滿聲響，可以輕疏有致，更能促發專注傾聽。玩數次後可以換孩子輪流主導即興，其他孩子模仿。

6. 小朋友每人一對棒子，尋找教室中奇怪的聲音——運用不同的敲擊技巧探索教室地板、牆壁、各種物件等聲響可能性，最後站在喜歡的物件旁。

7. 大家一起唸前述唸謠，同時敲打棒子作為伴奏，接著由一個或一小組小朋友敲出自己發現的、最喜歡的奇怪聲音。然後連結大家共同的唸謠（A）和小朋友個別的聲響發現（b, c, d...），串成輪旋曲（A-b-A-c-A-d-...A）。

8. 同上，素材換為破銅爛鐵等生活樂器，或石頭、樹枝、落葉等天然樂器。

9. 同上，素材換為節奏樂器。

10. 大家一起為唸謠設計動作，如屈身、在輕聲的語言和敲擊節奏中邊傾聽邊細步向四方走。接著各小組即興敲奏奇怪的聲音，同時做出相應的肢體表現，形成音樂舞蹈的輪旋曲。

【延伸 1.】將獲得的經驗融入教室其他主題，製作主題式的森林、廚房、教室裡的聲響故事等。

【延伸 2.】大家一起找出前述步驟 7 至步驟 9 發現的聲響中印象最深刻的數種，讓孩子以圖像譜記錄下來，串聯數張圖像譜製作出新的音樂。圖像譜為閱讀識譜之開始（Upitis, 1990）。

結語

　　綜合上述，可以歸納出奧福教學理念的核心精神為：人本的、整體的、遊戲體驗的、創造性的，以及建構性歷程取向的。

　　奧福音樂帶領孩子廣泛從人聲、語言、身體、樂器與積極聆聽中蒐集經驗，以音樂即興為遊戲，提供孩子探索、發現與組織聲音素材的機會，學習過程強調循序漸進、過程重於成果，學習的重心回歸到人本身。在教育上，由兒童創造性學習本質來看，近幾十年來的教育哲學中，做中學、發現式學習、建構教學、多元學習與創造思考教學等觀點已普遍成為教與學的核心，兒童的學習是由主動探索環境、建構自己的知識等刺激中學習而得。奧福音樂理念雖不強調理論，實則呼應且實踐了

上述教育哲學。此外，奧福基礎音樂多以小組合作的方式來完成，這種學習方式讓兒童在一次次共同合作中增進人際溝通，發展其合作解決問題的社會能力，是社會性、融合性、多元感官的統整教學。

由此，奧福教育是藝術教育的基礎，也是道道地地的普及教育，除用於兒童外，青少年、成人、銀髮族以至特殊兒童與成人，都可從中獲得激發，在學習過程中享受創造、合作、互動的樂趣，是跨齡、跨領域的「參與者的音樂」。

音樂和語言一樣是人類固有的精神特性，每個人都有感知音樂的能力。音樂製作與創作是人的天賦本能，是人類生活與行為的一部分，是發展邏輯思維、身體和融洽的社會關係之媒介，只是在現代家庭社會互動模式和教育系統中，這能力並未和語言一樣得到自然的培養機會。強調音樂的技巧知能或藝術性的教學，容易忽略並壓抑音樂的人性本能，造成隔閡與壓力。

期待立足於人本理念且與幼兒發展密切相關的奧福基礎音樂理念，能更廣泛且深入地成為台灣兒童音樂教育專業研究與討論的議題，普遍實踐於兒童至樂齡成人的生活與學習中，成為每個人美好的生命經驗與動力！

參考文獻

中文部分

林淑芳（2009）。遇見音樂——幼稚園兒童自發性音樂行為觀察。**育達人文社會學報**，5，27-42。

林淑芳（2010）。傾聽兒童的聲音——兒童音樂探索之研究。**奧福音樂**，1，39-51。

林淑芳（2011）。發現音樂——大班兒童音樂創思之研究。**藝術研究學報**，4（1），83-111。

林淑芳（2016）。奧福基礎音樂即興與創作——兒童音樂創作教學之實踐。載於林淑芳（主編），**奧福音樂教學面面觀——本土的與創造的基礎音樂教育**（頁50-70）。台中市：台灣奧福教育協會。

林淑芳口譯，江寬慈記錄，劉沛晴校對（2013）。W. Beidinger 發表於國立台北教育大學之專題演講「德奧基礎音樂教育師資培育課程之發展及其在二十世紀的任務」。**奧福音樂**，4，7-14。

林安緹、鄧皓書（譯）（2011）。讓我們一起玩古老的遊戲——找回消失的文化使孩子們的文化更富裕（原作者：S. Lopez-Ibor）。**奧福音樂**，2，117-122。

陳淑文（2006）。**基礎音樂戲劇運用在藝術與人文領域教學的研究**。台北市：樂韻。

陳惠齡（2010）。台灣奧福教育四十年之回顧與展望。**奧福音樂**，1，7-10。

劉沛晴（譯）（2016）。奧福教學之過去與未來（原作者：C. Orff）。載於林淑芳（主編），**奧福音樂教學面面觀——本土的與創造的基礎音樂教育**（頁264-275）。台中市：台灣奧福教育協會。

西文部分

Bjorkvold, J. R. (1992). *The muse within: Creativity and communication, song and play from childhood through maturity.* New York: Harper Collins.

Blacking, J. (1974, 6th. Ed. 2000). *How musical is man?* Seattle and London: University of Washington Press.

Campbell, P. S. (1998). *Songs in their heads: Music and its meanings in children's lives.* New York: Oxford University Press.

Campbell, P. S. (2002). The musical cultures of children. In L. Bresler & C. M. Thompson (Eds.), *The arts in children's lives: Context, culture, and curriculum* (pp. 57-69). London: Kluwer.

Cohen, V. (1980). *The emergency of musical gestures in kindergarten children.* Unpublished doctoral dissertation. University of Illinois.

Custodero, L. A. (2006). One day in Taipei: In touch with children's music making. In L. Suthers (Ed.), *Touched by musical discovery.* Proceedings of the ISME Early Childhood Music Education Commission Seminar 2006, Taipei.

Dartsch, M. (2002). Elementare Musikpä dagogik in anthropologischen Bedingungsfield. In J. Ribke und M. Dartsch (Eds.), *Facetten Elementarer Musikpä dagogik* (pp. 311 328). Regensburg: ConBrio.

Elmer, S. (2015). *Kind und Musik.* Das Entwicklungspotenzial erkennen und verstehen. Springer.

Glover, J. (2000). *Children composing 4-14.* London: Routledge Falmer.

Haselbach, B. (1984). Reflexionen über die tanzpä dagogischen Aspekte des Orff-Schulwerks. In B. Haselbach (Ed.) (2011). *Studientexte zu Theorie und Praxis des Orff-Schulwerks* (pp. 197-210). Mainz: Schott.

Hegi, F. (1997). *Improvisation und Musiktherapie. Möglichkeiten und Wirkungen von freier Musik.* Junfermann. 5. Aufl.

Keller, W. (1962). Elementare Musik. Versuch einer Begriffsbestimmung. In B. Haselbach (Ed.) (2011), *Studientexte zu Theorie und Praxis des Orff-Schulwerks* (pp. 119-134). Mainz: Schott.

Kugler, M. (2003). Motion, Perkussion, Improvisation. Orffs Elementare Musik und ihre musikanthropologischen Grundlagen, In Hörmann, Stefan u.a. (Hg.). In Sachen Musikpädagogik. Festschrift f. E. Nolte. 109-131. Frankfurt a. Main: Peter Lang.

Kugler, M. (2015). Interkulturelle Aspekte des Orff-Schulwerks. *Orff-Schulwerk Heute, 93*, 52-59.

Lin, S.-F. (2019). Discovering young children's musical creativity in their everyday life. In Y. Tsubonou, A.-G. Tan, & M. Oie (Eds.), *Creativity in music education in Japan: International perspectives from Japan* (pp. 59-720). Singapore: Springer.

Littleton, D. (1991). *Influence of play settings on preschool children's music and play behaviors.* Ph.D. diss., The University of Texas at Austin.

Marsh, K. (2010). *The musical playground: Global tradition and change in children's songs and games.* Oxford Scholarship Online.

McPherson, G. E. (1994). *Improvisation: Past, present and future.* Proceedings of the 21st world conference of the international society for music (pp. 154-162).

Moog, H. (1976). *The musical experience of preschool child* (C. Clarke, Trans.). London: Schott Music.

Moorhead, G. E., & Pond, D. (1942/1978). *Music of young children.* Santa Barbara: Pillsbury Foundation for Advancement of Music Education.

Orff, C. (1932). Gedamken über Musik mit Kindern und Laien. In B. Haselbach (Ed.) (2011), *Studientexte zu Theorie und Praxis des Orff-Schulwerks* (pp. 67-78). Mainz: Schott.

Orff, C. (1963). Das Schulwerk － Rückblick und Ausblick. In B. Haselbach (Ed.) (2011), *Studientexte zu Theorie und Praxis des Orff-Schulwerks* (pp. 135-160). Mainz: Schott.

Orff, G. (1985). *Die Orff-Musiktherapie.* Frankfurt a. Main: Fischer.

Papousek, M. (1996). Intuitive parenting: A hidden source of musical stimulation in infancy. In I. Deliege & J. Sloboda (Eds.), *Musical beginnings* (pp. 88-112). Oxford: Oxford University Press.

Pond, D. (1981). A composer's study of young children's innate musicality. *Council for Research in Music Education, 68*, 1-12.

Sullivan, T., & Willingham, L. (Eds.) (2002). *Creativity and music education.* Canadian Music Educators' Association.

Swanwick, K. (1988). *Music, mind and education.* Oxford: Routledge.

Upitis, R. (1990). *Can I play you my song? The compositions and invented notations of children.* New Hampshire: Heinemann.

Weinbuch, I. (2010). *Das musikalische Denken und Schaffen Carl Orffs. Ethnologische und interkulturelle Perspektiven.* Mainz: Schott.

Welch, G. F. (2002). Early childhood musical development. In L. Bresler & C. M. Thompson (Eds.), *The arts in children's lives* (pp. 113-128). London: Kluwer.

Widmer, M. (2004). *Spring ins Spiel. Elementares Musiktheater mit schulischen und außerschulischen Gruppen.* Boppard: Fidula.

Young, S. (1995). Listening to the music of early childhood. *British Journal of Music Education, 12*(1), 51-58.

飄盪在愛彌兒校園裡的奧福音樂

劉嘉淑

高董事長創辦仁仁台中分校

1991 年由愛彌兒高琇嬅董事長出資，協助仁仁在台中市忠明路大安貿易大樓八樓，開辦仁仁音樂教育中心台中分校。仁仁音樂教育中心招考錄取的老師，在經過研習、見習、實作教學三年後，安排至愛彌兒幼兒園進行音樂協同教學。此後，仁仁音樂教育中心研發的奧福音樂教材與教學，得以在愛彌兒學校以不同方式實踐。仁仁老師們在愛彌兒擔任奧福音樂協同教學時，都另有兩位帶班老師準時把小朋友帶進教室，並跟著小朋友一起參與音樂活動，讓活動的進行順暢有趣味。平時愛彌兒老師在教室裡，也會帶著小朋友一起玩音樂創作遊戲；小朋友在自己的學校上課，跟班上小朋友相互熟悉，可以融入群體開心地玩耍。在愛彌兒校園裡，奧福在幼兒年齡層的教學，仁仁老師們多了體制內學校團體課程的體驗。

重視藝術與美感，從學校大環境著手

高董事長常年對幼兒藝術教育抱持極高的理想與堅持，主張各類藝術教學應以

提高幼兒藝術素養為目標，學校禮聘各類藝術家及專業老師入園指導幼兒，同時依藝術家及專業老師的需求，進行教室的裝潢並備妥材料，包括陶藝、畫畫、舞蹈、音樂教室等。除此之外，高董事長也主張幼兒需要常年浸淫在「美」的藝術環境中，不僅學校建築要求建材高級且安全，顏色亦要求簡單素雅，在學校整體裝潢或特殊節日需要布置時，則採用幼兒塗寫的文字和圖畫。不管是學校大門、教室裡、教室外牆面、走廊、樓梯、廁所標語或電梯，隨處可見小小孩稚嫩可愛的圖畫或文字。整體感覺是淡雅舒服的童趣風，多了可愛溫馨感，少了成人的匠氣。因為高董事長規劃的校園充滿藝術美感的氛圍，因此愛彌兒是推廣奧福兒童音樂教學最理想的園地。

邀請表演藝術團體進入校園

　　為了提高學校老師和小朋友們的藝術素養，高董事長除了提供美感的學習環境外，還透過節日活動讓小朋友近距離與兒童藝術團體接觸，利用兒童節、母親節、農曆新年或畢業典禮等節慶，邀請表演藝術團體進入校園，配合幼兒學習主題，為全校家長與師生量身訂做劇本，把各年段的主題融入每一個劇目中。高董事長還與合作多年、長期協助愛彌兒畢業典禮的紙風車劇團商議，為愛彌兒畢業典禮編寫劇本時，把畢業班小朋友在愛彌兒的某些課程發展加入劇中。也就是說，每一次畢業典禮的劇本，都是紙風車特地為愛彌兒量身製作，每次都是獨一無二的，讓家長了解小朋友在愛彌兒探究學習的部分內容。小朋友上台說自己的語言，呈現自己熟悉的班級方案課程，上台演出的時間通常不到三分鐘，所以不需反覆排練，小朋友每次的融入參與都讓人驚豔感動。其他節慶，常受邀至園裡讓愛彌兒家長與小朋友一起欣賞演出的還有鞋子兒童實驗劇團、台中市大開劇團、台中市極至體能舞蹈團等。

重視全園師生藝術氣質的培養

為了提高老師和小朋友的藝術素養與美感，愛彌兒積極鼓勵全體師生欣賞各類藝術展演，包括音樂、舞蹈、戲劇演出，或到展區欣賞畫展、陶藝展、書法展等。長年以來，高董事長總是鼎力支持各兒童藝術團體，不但大方捐款，更鼓勵學校老師和幼兒園家長們帶著幼兒進入表演廳欣賞各類藝術展演。愛彌兒老師們總能積極把握機會熱情參與，無形中老師的藝術素養與美的感受力相對增強，表現於外在的氣質也十分優雅。學校在進行藝術類活動時，老師們很容易就能跟音樂、美術、戲劇、舞蹈專業老師溝通、合作並提供協助。老師們對於美感有共識，學校又提供奧福音樂教學非常適切的環境及樂器設備，因此奧福教學得以在愛彌兒幼兒園實踐推廣，從 1993 年深耕至今。

幼兒日常作息與音樂

2010 年我受聘為愛彌兒音樂總監，開始進園指導老師們在音樂協同課的教學。高董事長希望幼兒每天進入校園後，優美的音樂能與幼兒的日常生活相連結，即便是在娃娃車上也要播放生活音樂，可見高董事長對音樂藝術教學的理想與深深期許。我依不同場景選擇適合幼兒欣賞的生活音樂，包括進園、午餐、午睡、喚醒、遊戲、收拾玩具等。

當小朋友踏入校園時，聽見節奏輕快的樂曲，便會不由自主地跟著哼唱，或者配合音樂的拍子踩著步伐向前走，無形中音樂融入小朋友全身細胞。日子久了，小朋友跟著哼唱的樂句或樂段更長了，並且習慣等待最後一拍結束音時，跟著鬆了一口氣。音樂一點一滴在小朋友心中滋養著，音樂的語彙悄悄儲存在小朋友的腦海裡。

愛彌兒老師以奧福手法引導小朋友的探索

　　2012 年到 2013 年間，愛彌兒邱美嫚老師透過每天播放生活音樂，觀察不同類型音樂對幼兒生活中產生的聽覺反應與表現，並且做了詳細的研究與紀錄。老師以〈魔法變變變〉這首音樂帶著班上的小朋友編簡單的魔法師故事，並且配合音樂的不同段落舞動身體，還準備了帽子和其他道具讓小朋友創作更多魔法師的肢體造形。整個活動的進行都是從小朋友的觀點出發，我發現邱老師已經掌握了奧福教學的精神，她是一位很「奧福」的幼教老師。

　　「聲音的世界」探索之旅是由劉曉晴和蕭玉卿老師透過觀察幼兒在積木角的遊戲開始，老師與小朋友對話，並參與小朋友發展一連串對「聲音」探索而發展的活動。兩位老師自始至終陪伴著小朋友遊戲、發現問題、討論、尋找答案，進而即興創作生活聲音與即興演奏及指揮的藝術活動。他們從敲打樂器 ⇒ 收錄生活中聲音 ⇒ 製造聲音（即興）⇒ 尋找生活周圍環境的聲音 ⇒ 嘗試組合聲音 ⇒ 自由敲奏 ⇒ 請小朋友指揮 ⇒ 參觀鼓坊 ⇒ 在語言區共同創作一首有許多交通工具聲音的兒歌（把聲音寫進詩裡），這是一段美好的藝術情意探索與學習過程，相信已經為孩子們留下永恆美好的印記。下面是小朋友創作的文字，可以譜上旋律成為趣味性十足的兒歌：

> 車子聲音　ㄅ　ㄅ　ㄅ
>
> 火車聲音　ㄑ　ㄑㄧㄤ　ㄑ　ㄑㄧㄤ
>
> 賽車聲音　咻　咻　咻
>
> 救護車聲音ㄛ　ㄧ　ㄛ　ㄧ
>
> 警車聲音　ㄧ　ㄛ　ㄧ　ㄛ
>
> 消防車聲音喔　喔　喔

　　兩位老師的方案引導過程中，最讓我感動的是，最後探索階段「更多的發現與即興創作」跟奧福音樂教學觀念是相通的：首先小朋友發現生活中充滿「聲音」，例如：拍櫃子、拍垃圾桶、關門、開門、沖馬桶等，接下來小朋友更發現拿取物品的姿勢不同時會發出不一樣的聲音，例如：拖把拖地的聲音和用棍子敲打橫躺地板

的拖把的聲音不一樣，掃把掃地的聲音和拖把拍地板的聲音不一樣，書本翻頁與用書本拍地板的聲音也不一樣，這就是小朋友經由實際操作後的發現，更激起孩子繼續探索的興致。後來小朋友到戶外時，發現不用敲打就有的「自然」聲音，例如：鳥叫、風吹、樹葉搖動、踩在落葉上和踩在石頭上、下雨、垃圾車、摩托車、消防車、警車、救護車的聲音。接下來老師帶著小朋友嘗試以人聲模仿各種生活中的聲音，再鼓勵小朋友找出互種不一樣的聲音來合奏，於是找來杯子、牙刷、奶粉罐等，用這些生活樂器來演奏。當小朋友嘗試用身邊物品發出不同的聲音來演奏時，不但滿足他們探索新知的欲望，同時也容易激起發展即興演奏的樂趣。後來當他們進行分組合奏生活中的聲音時，小朋友的想像空間更大、創意更豐富、舉一反三的轉化能力也增強了。透過不斷地探索、蒐集、嘗試模仿聲音之後，孩子們越來越能夠靈活精準地使用自己的發聲器官了。

　　由愛彌兒探索「聲音的世界」活動中，我們可以發現其符合奧福精神與理念。老師一開始觀察到小朋友隨機搭出來的積木造形並告訴老師說：「我們在打鼓！」後，老師和小朋友便開啟了一場聲音的大探索。整個活動在自然環境中進行，孩子是活動中的主角，可以自己決定怎麼玩（打鼓）而不受老師的干預；當遇到問題時，也是先經過討論再一起嘗試解決，是孩子們先有共識而不是老師強制規定。老師尊重孩子的想法，孩子彼此間也相互尊重、發現問題、想出方法，並使問題得到解決，其中有傾聽、有接受、有包容，也有等待與禮讓。老師協助小朋友進行每一項活動時，總是先考慮：孩子的舊經驗裡還缺少什麼？提供什麼新探索對孩子較有幫助？如何陪著孩子找尋探索各種聲音？如何引領孩子經由思考、討論並嘗試即興表演？當老師發現3、4歲的幼兒無法進行規律的指揮與合奏時，便邀請協同音樂老師適時加入探索活動，更讓孩子思想的結得到出口，解決問題的欲望得到滿足。劉曉晴和蕭玉卿老師的出發點是對孩子的關懷、陪伴與引導，小朋友們則表現出對未知事物探索的熱情與好奇。總之，我們看到的是一幅帶班老師愛心引導和小朋友勇於探索交織出來的「聲音之畫」，我總覺得他們當時正進行了一場寶貴的非建構式奧福教學。倘若協同音樂老師能在參與最後階段的樂器合奏以後，繼續以下舉例的發展活動，讓小朋友們得以擴展音樂的創意與能力，一定會收到事半功倍的效果：

把小朋友自創的兒歌譜上旋律或編成語言節奏⇨教小朋友唸誦語言節奏或唱歌⇨律動遊戲⇨配上樂器敲擊合奏⇨把小朋友分成六組，每組代表一種交通工具，老師即興指揮，小朋友即興演奏⇨請小朋友輪流出來當指揮家，讓小朋友在自行探索指揮時的挫敗感中同時得到更多的滿足與成就，這就是奧福建構式教學。

幼兒美術與音樂美感的元素是相通的

2021 年 5 月初收到愛彌兒送來由美術老師侯憲堯編寫出版的新書，書名是《幼兒園學習環境中的美感實踐──台灣・台中愛彌兒幼兒園現場實例》，拿到新書的瞬間就被設計雅緻的封面吸引了，隨即翻閱書本內頁，發現這是一本由裡到外自然散發美感的書，讓人忍不住一頁一頁翻讀著。一篇篇美感理念與策略小叮嚀的短文，悄悄藏在大大小小、或整頁或跨頁的照片中。照片中的學校環境裡沒有豔麗的色彩與醒目誇張的標語，有的只是低調、溫馨且柔和的淡雅色調，幼兒繪本書籍、分門別類的教學材料與幼兒作品擺放得錯落有致、美感十足，書裡的照片是愛彌兒學校的生活環境，照片中小朋友專注工作的神情好美，這是一本讓讀者一看就會愛不釋手的書。侯老師在書裡不但談到美感融入幼兒日常生活環境的重要影響力，還分析了構成美的形式原理如下：秩序（order）、反覆（repetition）、漸層（gradation）、對稱（symmetry）、平衡（balance）、調和（harmony）、對比（contrast）、比例（proportion）、節奏（rhythm）、統一（unity）。其實，侯老師強調此十項構成美感的原理，正好與音樂必備的基本元素相通（除了反覆以外）。以下試舉例呈現漸層與對比兩個元素與幼兒音樂的關聯性：

漸層：漸強─漸弱、漸快─漸慢、漸高─漸低。
對比：高─低、強─柔、長─短、強─弱、圓滑─斷奏。

有一天，當你走進愛彌兒的校園，一定會感受到：
美妙而快樂的音符正飄盪在校園每個角落！

Section One

音樂律動與聲音發展

從動作理論架構開展創意律動舞蹈教學之探究

劉淑英

本文從教育部頒布的《幼兒園教保活動課程大綱》與《十二年國民基本教育課程綱要》之素養導向為起始點，思考奧福音樂教學如何更多元地發展創意律動舞蹈的課程融入；同時介紹拉邦（Laban）動作理論中之論點，提供具有原典的依據，嘗試將音樂中的各種可能活動發展與十六個動作論題互為結合與詮釋；並提供戴維斯（Davies）動作元素的細項分層架構，讓教師有更清楚的語彙來發展創意律動舞蹈之教學；最後以筆者撰寫的《創藝肢體動一動》影音教材為例，作為拋磚引玉的活動案例。

國家課程與音樂律動

音樂律動的啟蒙，需要從幼兒時期五感知覺的發展開啟，體驗生活中愉悅的美感經驗，並且運用藝術媒介探索各種形式的美。因此，在教育部於 2016 年頒布的《幼兒園教保活動課程大綱》（教育部，2016），體顯出覺知辨識、表達溝通、關懷合作、推理賞析、想像創造與自主管理的六大核心素養，並且首創美感領域萌發幼兒在視覺、聽覺與肢體動覺的感知經驗。透過視覺圖像、音韻節奏、肢體動作、

戲劇扮演等不同方式，探索覺察環境中的線條、色彩、溫度、形塑、聲音、節奏、旋律、時間、空間、動力、人際互動關係等藝術元素，同時建立符號表徵的運用知能，促進創造力的實踐技能。

教育部自 2014 年發布《十二年國民基本教育課程綱要總綱》（以下簡稱國教課綱），基於全人教育的精神，以「自發」、「互動」及「共好」為理念，強調學生以適性揚才與終身學習的素養為導向。尤其透過「藝術涵養與美感素養」去發展對於豐富自身的身心素質，並提高對於多元社會的參與以及提升合作模式。因此，藝術成為重要的溝通工具，也是基本應有的生活技能（教育部，2014）。在藝術領域，著重於增進對音樂、視覺藝術與表演藝術的相關知識與技能之覺察、探究、理解以及表達的能力，同時培養連結各領域／科目並融入各項議題，結合對社會文化的關切，經由多元藝術學習與美感經驗的累積，展現感知覺察、審美思考與創意表現能力，增進個人與自己、他人、環境之多元、同理關懷與永續發展的願景。在整體的學習構面著重於學習表現與學習內容，國小階段則特別培育具有多元形式的歌唱演奏、視覺探索與表演元素的創作展現。

動作理論架構與音樂律動舞蹈

從幼兒與兒童的發展角度，Amabile（1989）指出要培育終身的創造力需要從幼兒時期開啟創意思維的動機、領域知識與實踐技能；因此，教師可以在遊戲與想像活動中，找出內化意象與外顯表徵之間的轉化與橋梁，建立具有與生活經驗連結之動機與感知意義的支持。然而，音樂律動的教學方式，要從全人教育的角度去理解身體機能發展的共通性，張中煖（2016）提出從頭到尾、由近而遠、從大到小的原則，去理解從頭部到下肢、從軀幹到四肢、從粗大動作到精細動作的循序漸進，方能找出適性的課程規劃與活動設計。

舞蹈教育之父拉邦（Rudolf von Laban, 1879-1958）在 1948 年的重要著作 *Modern Educational Dance* 中，提出自由舞蹈（free dance）所需關照的十六項「動作論題」（movement-themes），包括八項基礎與八項進階的動作分析元素；肢體認知學

理論因此也成為教育者發展創造性律動舞蹈之重要參據，可用於單獨、融合或對比組合的動作創意運用。以下筆者逐一翻譯動作論題，並以自身經驗加以詮釋音樂律動與動作元素的關係運用。

肢體的自覺
（themes concerned with the awareness of the body）

在母親懷孕過程中，胎兒會從心臟的跳動、身軀與四肢的伸展、吸吮與捏抓握的精細動作，進而發展出翻滾、爬行、站立到行走等歷程，顯示人類透過自身肢體部位的逐步發展，開始萌發對於他人、物件與環境的探索。當嬰幼兒聽到音樂或節奏變化時，會有點頭、搖擺、拍手、蹲膝等生命初始的肢體反應，這也是聞樂起舞與律動表現的開啟，開始覺察到頭、頸、肩、胸、背、腰、臀、手臂、手肘、手腕、手掌、手指、腿、膝、腳踝、腳趾等各種可能的活動性。所以在律動舞蹈遊戲中，強化五感與肢體自覺的連結即為發現自我以及探觸世界的啟蒙之師。

力道與時間的覺察
（themes concerned with the awareness of weight and time）

生活中的自然動作亦有像是音樂中的強弱、快慢與長短元素，當我們要模仿大象行走的重拍，自然就會產生瞬間（sudden）和強（strong）的力道質感；當要學習蝴蝶飛舞的表現，則會呈現延續（sustained）和輕（light）的動作特色。因此，多用具有重拍或是旋律飛揚的音樂，皆可以幫助孩子覺察力道與時間的關係。

空間的覺察
（themes concerned with the awareness of space）

在穩定性、移動性與操作性動作中，皆可以體會到空間存在的重要性。以自身為中心點，穩定性地運用非移位的方式去探尋前後、左右、上下、圓周的範圍，即稱為個人空間（personal space）。在移動性的動作中，就有往前、往後、往左、往

右、往上、往下與轉圈的可能，同時也有機會建立彼此的空間距離，以產生共有空間（general space）的形塑。而在操作性的物件中，如球、沙包、棍棒、彩帶、布塊等，都可以讓空間延伸而可見，同時亦可以發展離手投擲、拋接、翻轉等動作。尤其是加上音樂的節奏、重拍、旋律、樂句，則更能清楚掌握其所要強化的肢體協調能力，創造物件操作特色與空間變化所展現的律動舞蹈美學。

♪ 肢體在空間與時間中的力流

（themes concerned with the awareness of the flow of the weight of the body in space and time）

延續「空間的覺察」概念，身體各部位更精細地感知力量的流動，在空間中舞動出直線、曲線、S 型、波浪、閃電、螺旋、旋轉等空中軌跡，例如：競技體操中彩帶舞所搭配的音樂，就需要具有快速、強烈與旋律高低起伏。如此結合時間、空間與力道的力流（flow）展現，亦是讓全身更加協調與流暢展現的舞蹈形式（dance form）。

♪ 和搭檔的協調關係

（themes concerned with the adaption to partners）

當兩人或多人協作，即需要搭檔之間建立領導者（leader）與跟隨者（follower）的主從關係、合作關係，以凝聚團體的向心力、培養學生的團隊精神，並且增進師生與生生對於肢體觀察與反應力的提升。尤其是在空間低中高層次，與音樂性的快慢、強弱、高低等對比關係互為關照所產生之共有空間的肢體美學。

♪ 肢體四肢的多元運用

（themes concerned with the instrumental use of the limbs of the body）

任何身體部位基本上都能回應音樂的各種樂器音色，透過四肢多元運用，表現音樂性的拍子快慢、旋律高低、節奏強弱等變化。除了非移位動作（non-locomotor movement）的表達，同時也常會在移位動作（locomotor movement）中的路徑（pathway）與空間軌跡（air pattern）作為音畫的媒介，如同筆直的（straight）、之字形的（zigzag）、弧形的（curved）、扭曲形的（twisted）各種變化。如此看得到音樂的策略，也凸顯出聞樂起舞或律動編排中肢體及四肢的多元運用能力。

肢體各部位的單獨動作
（themes concerned with the awareness of isolated actions）

使用單一身體部位時，可專注對此細節特色運用，更加強化其清晰度（articulation）。舉例來說，用不同身體部位書寫名字或是文字，即強化運用帶領身體部分的動作（parts leading the movement）；《胡桃鉗》進行曲中踏步與舉手敬禮的表現，即強調身體部分的動作（parts highlighting the movement）；想像自己是小木偶，被懸絲操控與擺弄，體現限制身體部分的動作（parts limiting the movement）的概念，因此更能提升單獨運用身體各部位動作的特色。

肢體節奏性的巧妙運用
（themes concerned with occupational rhythms）

除了能與肢體和音樂中的拍子、節奏、速度、旋律、樂句、音樂性呼應並結合運用，在日常生活的動作中亦有極其巧妙的變化，例如：日常中縫、夾、推、拉、敲、鑽、切、揉、壓等動詞語彙，會周而復始地被使用，在每一次動作前都會有一個伸縮與放鬆動作，作為兩個動作間的緩衝與延續，可幫助下一個動作更有效地重複進行；如同音樂中的休止符，提供換氣的時機，讓下一個音更加有力地呈現。因此，緩衝動作不僅具備動作與動作間承接轉折功能，更能產生巧妙的節奏感與呼吸脈動，為表現創意律動舞蹈美感的關鍵。

以上八項基礎動作論題，提供了肢體覺察與時間、空間、動力的自我概念形塑。接下來的八項進階動作論題，更從表演藝術的美感編排與呈現來思考，提出對於創

作者與觀者對於藝術作品的精緻提升。以下持續用筆者多年的編創經驗提供律動與舞蹈之間的美感詮釋。

動作的形狀
（themes concerned with the shapes of movement）

如同寫字或繪畫一般地運用肢體，在空中寫出數字、字體或畫出各種形狀，再加上各種線條、方向、位置與延展的多元變化，產生出大小、前後、左右、上下、遠近、高低、開合與曲直等可能性。透過不同風格的音樂性與器樂音色的解析，進而編導多樣且富有創意的肢體形狀表現，同時增加肢體的柔軟度、流動感與強韌的對比性，呈現出流暢、對比結構的律動舞蹈表演美學形式。

八種基本勁力動作的組合
（themes concerned with combinations of the eight basic effort actions）

在勁力（effort）方面，包括了時間中延續（sustained）與快速／瞬間（quick/sudden）的對比；空間中定向（direct）與變形／不定向（flexible/indirect）的變化；力道中堅實／強（firm/strong）與輕（light）的不同；力流中束縛（bound）與自由（free）的展現。人類常表現出八種基本勁力動作為：擰（wring）、壓（press）、滑（glide）、飄（float）、彈（flick）、鞭（slash）、擊（punch）、點（dab），例如華爾滋的三拍子舞步，即有延續、不定向、輕與自由之勁力動作美感特質。

空間的方位
（themes concerned with space orientation）

在尋求空間的方位時，需要有自身肢體為中心的定位觀，特別是以門面（vertical plane）、桌面（horizontal plane）、輪面（sagittal plane）作為發展更具有柔軟性、和諧性、流暢性、多向性、多樣性與可逆性的動作形狀展現特質。例如：音樂中的ABA曲式，可以搭配單一或組合動作，以可被辨認的門面姿勢作為A段的表徵，經

過移動性與變奏呈現 B 段的輪面與桌面之變化，再還原回復到 A 段門面姿勢。如此運用動作與空間的可逆性，也回應了音樂中的靈活空間思維。

身體部位與形狀、力量的結合使用
（themes concerned with shape and effort using different parts of the body）

在肢體的力度使用機制中需要具有連結性，除了避免受傷，更能提升動作的流暢動能來反映出音樂性中的協調性。例如：芭蕾舞劇《天鵝湖》中天鵝公主模擬鳥展翅的美姿，沿著手臂、手肘、手腕、手掌至手指的自由力流展現，蘊藏了如潮汐般之肢體動作層次與美學的經典。

從地面躍升
（themes concerned with elevation from the ground）

在展現強大有力的音樂性中，常帶動身體的整體肌群，呈現出令人眩目的跳躍動作，大跳、單腳跳或轉身跳躍在騰空的一剎那間，無不令人屏氣凝神，整個呼吸亦隨著舞動者的動作懸浮在空中。例如：芭蕾舞劇《胡桃鉗》中俄羅斯舞曲之男舞者強而有力的跳躍，如同民俗祭典中歡樂帶動的使者。

建立與群體關係的覺察力
（themes concerned with the awakening of group feeling）

除了團體動作的一致化、律動舞蹈編排的多向化、團體對團體的呼應，還有團體動力的層次性，可以產生出團隊精神與空間張力的內涵。例如：啦啦隊中，團隊透過整齊劃一的動作或波浪舞層次的輪作，以及競爭性的對比呼應，配合節奏性明晰與強烈的音樂，反映出激勵士氣的功能，建立律動舞蹈在群體關係中的重要性。

團體隊形
（themes concerned with group formation）

　　團體隊形意指舞動者在環境空間中所處的位置，以及舞動者排列的線條與形狀，是由點、線、面所構成的空間結構。舞動者在環境空間所排列的隊形，其中包含了單點、列狀、環狀、方形、三角形、波浪形、鋸齒狀等各類不規則形狀的空間形式變化。在設計編排方面，則有長短、高低、單一、重疊、層次、切割、複合、對稱、不對稱、交替、交錯、單向、多向、內聚、外擴、對比等多元運用方式。當透過攝影方式拍攝團體隊形時，亦有正面、側面、俯瞰面與仰視面呈現影像紀錄的視角。例如：水上芭蕾常用空拍、水中攝影器材等來呈現內聚性集中、放射性擴展、交錯環繞等多元變化與組合之團體隊形。

動作質感或情緒的表達
（themes concerned with the expressive qualities or moods of movement）

　　在表演的層次中，需要由動作情緒來彰顯音樂性的張力，如此具有內在動機與外在動作的雙向表現，讓由內而外的情緒展現角色個性、劇情發展、舞台張力等。例如：音樂歌舞劇《貓》將年輕力壯的、老邁的、甜美的、妖豔的、霸氣的，以及友好與敵我關係等各種情緒與角色特質多重交織，以動作質感推動著音樂中強大的情緒流與舞台感。

　　以上為筆者對於拉邦原典中十六個動作論題的翻譯、說明與詮釋，進而從當今教育的角度，強調以學習者為中心與做中學的教育思潮，並著重於素養導向的課程與教學，期待能從自發、互動、共好的「自動好」概念，提升帶得走的能力。

美感教育與創意律動舞蹈教學

劉淑英從戴維斯的研究與書籍中，探討「學著去動」的知識形成到「動著去學」的行動方案，解釋並歸納出適合幼兒與兒童的動作理論架構，包含身體（什麼在動？）、動力（如何做動作？）、空間（動作發生的媒介）、關係（行進中的肢體與其他關聯性）（劉淑英譯，2009）。戴維斯的理論源自於拉邦動作理論，透過實務，她體認到教師需要更細化的架構，才能運用在教學之中，所以她分類了三層次的動作元素。筆者將之製成表格，以利教師用於教學、記錄、分析等實踐之動作語彙，連結律動舞蹈中的時間元素發展出多元創意的課程方案與活動設計，並且統整於表演藝術之演出。戴維斯動作理論架構元素表請詳見本章末的附錄。

戴維斯認為，舞蹈不能無中生有，可用音樂、故事、詩句、物體與圖像來刺激舞蹈創意（劉淑英譯，2009）。幼兒手舞足蹈的天性，從自然舞動到聞樂起舞，進而發展為有創思的動作表現，顯示身體與創造性舞蹈在幼教中需要循序漸進地被理解與應用。創造性舞蹈是一種強調幼兒肢體探索且師生與同儕互動的教學法，即使不會跳舞的教師，也可以運用動作元素與多元藝術媒介來引導幼兒舞動的美感經驗；奧福音樂教師具有深厚的藝術素養與教學層次，相信透過以上具體的動作語彙可以發展出更加多元的創意律動舞蹈教學風貌。

活動案例

劉淑英與黃心恬於 2018 年受新北市政府教育局之邀，開發與出版《創藝肢體動一動》的影音教材，其中包括和幼兒園課綱呼應的教學手冊、特別請陳世興為活動所編創的十二首音樂小品來搭配創造性舞蹈活動，並且在真實的幼兒園場域進行教學，剪輯出兩小時的影片。出版後亦舉辦許多實務的研習工作坊，提供教育、舞蹈與音樂領域的教師與專業人士持續探討應用的方式。八個活動案例如下。

活動一：創意手指謠

教學目標：激發生活覺察的聯想力，發展精細的手眼協調活動。

探索重點：手指組合變化

媒材運用：即興改編唸謠

音樂曲目：〈魔法手指頭〉

活動內容：用手指頭扮演唸謠中的角色特色，再延伸發展為生活中的其他主題。

（原版唸謠）

> 一根手指頭，一根手指頭，變啊變啊變成毛毛蟲。
>
> 兩根手指頭，兩根手指頭，變啊變啊變成小白兔。
>
> 三根手指頭，三根手指頭，變啊變啊變成小花貓。
>
> 四根手指頭，四根手指頭，變啊變啊變成螃蟹走。
>
> 五根手指頭，五根手指頭，變啊變啊變成小鳥飛。

延伸創藝：以動物、植物、食物、工具、職業、氣候、情緒等生活中的觀察，發展不同主題與表徵的創意手指謠。

活動二：鱷魚與猴子

教學目標：搭配一種器具材料，進行肢體模仿與創作。

探索重點：改編唸謠、造形創作

媒材運用：唸謠語句、泡棉條

音樂曲目：〈鱷魚與猴子〉

活動內容：運用故事改編手指謠，配合音樂與泡棉條發想創意肢體動作。

延伸創藝：以單一或多樣媒介（如泡棉條、球、布、紙張、呼拉圈等），發展幼兒操作性動作的多元聯想與肢體創意。

活動三：奇妙的鏡子

教學目標：1. 覺察與模仿做出流暢與連貫的動作。

2. 連結身體部位與動詞語彙的表達。

探索重點：隱形鏡子模仿、動詞表達

媒材運用：動詞語彙、樂句段落

音樂曲目：〈奇妙的鏡子〉

活動內容：1. 找到雙胞胎：一人在前方帶領一群幼兒觀察模仿其動作。

2. 故事鏡子：運用故事情境發展動詞語彙，由幼兒發想設計與組合一連串的身體動作。

延伸創藝：鏡子遊戲可讓雙人或小組間輪流擔任帶領者。

活動四：肢體碰一碰

教學目標：運用物件與節奏的點，增加手握球及肢體的協調與敏捷。

探索重點：單一與複合身體部位、協調與控制、組合與創造

媒材運用：節奏與卡祖笛（Kazoo）音色、球

音樂曲目：〈點點傳球樂〉、〈頑皮卡祖笛〉、〈魚兒水中游〉

活動內容：1. 點點節奏樂：運用點點球引發探索音樂特性和動作質感與不同身體部位的協調運用。

2. 你我點碰點：願意與他人合作，發展身體部位的碰觸並聆聽夥伴的肢體律動。

3. 點點接觸即興：運用肢體的感受與想法來回應獨特的樂器音色，探索並合作展現創意，接觸即興的移位組合動作。

4. 傳球樂。

（延伸版）

我的—我的—我的—我的，你的—我的—你的—我的，

上面—下面—左邊—右邊，你的—我的—你的—我的，

上上—下下—左左—右右，你的—我的—你的—我的，

在前—在後—在前—在後，你的—我的—你的—我的，

向前—向後—繞一圈，你的—我的—你的—我的。

延伸創藝：搭配清晰的引導話語，變化動作力度強弱、移動方向、節奏長短與速度快慢。

活動五：線條遊戲場

教學目標：1. 理解個人與共有空間中所設置的標示，創意運用對比的非移位與移位動作。

2. 覺察路徑並發展創意的移位性動作，安全地完成任務。

探索重點：移位路徑、延伸線條

媒材運用：流動旋律、鬆緊帶

音樂曲目：〈肢體橡皮筋〉慢版、〈穿越冒險場〉、〈小木偶劇場〉

活動內容：1. 小木偶：嘗試理解個人空間與共有空間的關係，並配合身體部位與媒材的探索。

2. 一起連連看：用身體上下、前後、裡外的動作變化，解讀並回應共有空間的移位路徑。

3. 穿越冒險場：用流暢音樂與鬆緊帶於個人和共有空間展現肌肉協調與延伸移位變化。

延伸創藝：覺察群體共有空間的物件或標示，呈現集體造形的設計，並發展獨特的行進方式來呼應不同的音樂性。

活動六：肢體橡皮筋

教學目標：1. 運用聲音的特色探索身體收放伸展的質感。

2. 操作鬆緊帶的特性，發展精細動作與大肌肉的控制與延展。

探索重點：肢體延伸、立體造形

媒材運用：向上音階與滑音、鬆緊帶、彈性布袋

音樂曲目：〈肢體橡皮筋〉快版、〈小木偶劇場〉、〈穿越冒險場〉

活動內容：1. 如果我是橡皮筋：以想像力出發，嘗試用動作探索音樂特色與個人身體空間的展現。

2. 身音對話：結合音樂的意象與動作的想像，創造流暢與細膩的連貫動作。

3. 彈力大變身：結合舊經驗和新器材，增強肢體延伸的肌肉記憶並進行多元想像的展現。

延伸創藝：音樂元素的變化可以產生肢體多元的質感，並專注於四肢不同方向的力度延伸，產生低、中、高層次力流軌跡。

活動七：闖關好好玩

教學目標：1. 善用不同的身體造形與力度變化，發展動態平衡的控制能力。

2. 與他人合作舞動經驗中，發展動作的組合與創新玩法。

探索重點：組合與創作、團體合作

媒材運用：音樂流動與靜止、鬆緊帶

音樂曲目：〈點點傳球樂〉、〈肢體橡皮筋〉慢版、〈穿越冒險場〉

活動內容：傳球樂、鏡子遊戲、肢體碰一碰、線條遊戲場等活動的組合運用與新玩法。

延伸創藝：點、線、面與三維立體的身形設計，運用不同質感的音樂增強其肢體協調、美感展現與合作創作等體驗。

活動八：影子變變變

教學目標：觀察光影大小變化與身體相對位置的空間關係，進行創作。

探索重點：影像觀察與詮釋

媒材運用：情境音樂、光影投射

音樂曲目：〈影子追追追〉、〈影子變變變〉

活動內容：1. 影子追追追：嘗試做出自創的動作，展現個人獨特風格。

　　　　　2. 影子變變變：與他人在光影投射下，共同運用身體造形進行即興扮演。

　　　　　3. 影子實驗劇場：故事情境與音樂結合，引導幼兒運用想像力集體創作。

延伸創藝：改變室內投影光源，或是運用戶外空間的日照產生更多光影形體的變化，同時手持道具（例如：彩帶的舞動）或身穿造形衣物，以增加觀賞視覺的敏銳度。

結語

　　教育部為提升國人美感素養，2014 年起推動美感教育中長程計畫第一期五年計畫「臺灣・好美～美感從幼起、美力終身學」，期待有脈絡、有系統與有層次性地在各階段厚植本國美感與文化創意之軟實力。在「美感從幼起，104 年美力成果首次發表」（教育部，2015）中，尤其注重幼兒教育的啟蒙，強化在日常中對視、聽、味、觸、嗅等經驗，並提供藝術資源以開發感知美的潛能，進而讓每一位幼兒成為美的探索者、創作者及欣賞者。特別針對師生互動、個別合宜發展提供專業工作坊，以增進師資美感素養的覺察力與教學策略的多元化。

　　本文以拉邦與戴維斯之動作理論架構的元素為基礎，透過學習者的感知經驗發展出具有視、聽、動覺互為支持的教學活動。尤其是將「活動像遊戲，教具變玩具」的理念，在師生互動的創意律動舞蹈中體現出具有美感的表演藝術創作，亦呼應奧福音樂教育多元感知經驗的素養導向教學，期能和各位學有專精的奧福教師與專家們分享，讓音樂律動的覺察辨識與表達溝通能從幼起，將美感藝術融入生活與國家課程之中，讓每一位學習者都能發揮終身美力的生命能量。

附錄　戴維斯動作理論架構元素表（劉淑英整理）

主要類別 （main category）	從屬類別 （sub-categories）	深層要素 （further divisions）
身體 （body）	行動 （action）	移動行進 （travelling）
		重心運用與轉移 （weight taking and transference）
		飛躍（flight）
	設計 （design）	操作（handling）
		對稱（symmetry）
		不對稱（asymmetry）
	清晰度 （articulation）	帶領身體部分的動作 （parts leading the movement）
		強調身體部分的動作 （parts highlighting the movement）
		限制身體部分的動作 （parts limiting the movement）
	形狀 （shape）	長而延伸的 （long and stretched）
		寬而延伸的 （wide and stretched）
		弧形的（curved）
		扭曲形的（twisted）
	流暢 （fluency）	連續依次的（succesive）
		同時發生的（simultaneous）
動力 （dynamics）	重心 （weight）	強壯的（strong）
		穩固的（firm）
		輕輕的（light）
		溫和的（gentle）
	空間 （space）	直的（straight）
		指定的（direct）
		可變通的／起伏的 （flexible/wavy）
	時間 （time）	快的／突然的 （quick/sudden）
		慢的／持續的 （slow/sustained）
	流動 （flow）	控制的／收斂性的 （controlled/bound）
		不間斷的／不受控制的 （ongoing/free）

附錄　戴維斯動作理論架構元素表（劉淑英整理）（續）

主要類別 （main category）	從屬類別 （sub-categories）	深層要素 （further divisions）
空間 （space）	尺寸 （size）	大的（big）
		小的（small）
	區位 （zone）	在前面的（in front）
		在背後的（behind）
		在旁邊的（to the side）
		上面的（above）
		下面的（below）
	伸展 （extension）	近的（near）
		遠的（far）
	層次 （level）	高的（hight）
		低的（low）
	方向 （direction）	向前的（forwards）
		向後的（backwards）
		向旁邊的（sidewards）
		向上的（upwards）
		向下的（downwards）
	路徑（地面）／軌跡（空中） （pathway/patterns）	筆直的（straight）
		之字形的（zigzag）
		弧形的（curved）
		扭曲形的（twisted）
關係 （relationships）	身體本身的關聯 （body relates to itself）	身體一半和另一半的運用 （one half with the other half）
		身體各部位聯合運用 （body parts meeting）
		身體各部位分別運用 （body parts parting）
		身體各部位保持接觸關係 （body parts staying in contact）
	身體和物體的關聯 （body relates to objects）	用手操作的（handling）
		可巧妙移動的（manoeuvring）
		穿戴的（wearing）
	身體和其他人的關聯 （body relates to other people）	並排的（alongside）
		一模一樣的（doing the same）
		複製的（copying）
		帶領的（leading）
		跟隨的（following）
		合作的（co-operating）
		競爭的（competing against）

參考文獻

中文部分

張中煖（2016）。腳步：台灣舞蹈教育再找路。台北市：國立台北藝術大學。

教育部（2014）。十二年國民基本教育課程綱要總綱。取自 https://www.naer.edu.tw/PageDoc/Detail? fid=55&id=1293

教育部（2015）。美感從幼起，104 年美力成果首次發表。取自 https://www.edu.tw/News_Content.aspx? n=9E7AC85F1954DDA8&s=88B4714939BEC541

教育部（2016）。幼兒園教保活動課程大綱。取自 https://www.ece.moe.edu.tw/wp-content/uploads/2017/03/幼兒園教保活動課程大綱完整上傳含發布令版 NEW1_頁碼更新版.pdf

劉淑英（譯）（2009）。幼兒動作與舞蹈教育（原作者：M. Davies）。台北市：心理。（原著出版年：2003）

劉淑英、黃心恬（2018）。創藝肢體動一動。新北市：新北市政府。

西文部分

Amabile, T. M. (1989). *Growing up creative: Nurturing a lifetime of creativity*. Buffalo, New York: C. E. F. Press.

哈囉！
這是什麼聲音？

林似宣

教學對象：大班

♪ 不同的哈囉聲音，身體接觸觀察與發展 ♪

　　下午的陽光顯得相當燦爛，幼兒園的孩子們正陸續準備進入音樂教室，才剛午睡起來的孩子們，看起來仍是一臉睡意。

　　宣宣老師預先站在音樂教室門前，等待著大家來上音樂課，孩子們看到老師站在門口，紛紛禮貌地打招呼：「宣宣老師午安。」

　　為了讓孩子們打起精神，老師個別地與一個個準備進入教室的孩子打招呼，這個打招呼的方式很不一樣，是運用了手部不同的肢體接觸及不同聲調，向孩子們說「哈囉」。

　　「哈囉！」老師向排在隊伍第一位的崇明說。此時，老師伸出了一隻手，想與崇明互拍手打招呼。

　　崇明是一個喜歡先默默觀察別人、安靜且話很少的孩子。老師伸手打招呼時，其實心裡有點小小的擔心，擔心害羞的崇明會沒有反應。

　　「哈囉！」崇明顯得有點害羞，一邊小小聲回答老師，同時一邊將一隻手伸出來，輕輕與老師互拍。

　　老師心裡鬆了一口氣，還好崇明願意跟老師互動。接下來，輪到下一位小朋友

芸萱，她是一個非常活潑的孩子。

「哈囉！」老師說完，同時改變肢體接觸方式，雙手向芸萱伸出去，芸萱「啪」了一聲，用她那小小的雙手，用力拍了老師的手掌。

「哈囉！」芸萱大聲地說。

「哎呀！這麼用力呀！」老師甩甩手，嘟起嘴，假裝很痛的樣子。

芸萱開心地笑了，其他孩子看到，也跟著哈哈地笑了出來。孩子們大概都知道，老師是在演戲。芸萱開心地邊走邊跳，跳入了音樂教室。

輪到下一位學生準備進來教室。這時候，老師想要發展更多不同的身體接觸與聲音的變化。

「哈哈哈囉！」老師改變打招呼的詞句，手肘向著下一位小朋友柚子，示意他也用手肘跟老師接觸，柚子聽到老師的招呼聲後，開心地笑開了嘴。

「哈哈哈囉！」柚子大聲地回話，他也很戲劇性地學著老師的聲調，手肘同時跟老師互相碰觸。

站在隊伍後等待的孩子們，看到前方幾位同學與老師的互動，此刻眼神充滿了期待與興奮，似乎瞌睡蟲瞬間都不見了（見照片 4-1 至照片 4-3）。

照片 4-1：雙手打招呼說哈囉

照片 4-2：拳頭打招呼說哈囉

照片 4-3：單手拍擊打招呼說哈囉

　　等全部的小朋友都跟老師分別打完招呼後，老師帶領全班圍成一個大圓圈，並且坐下來。老師想與孩子們一起討論，老師每次的打招呼有什麼不同？

　　「小朋友，剛剛你們準備進來音樂教室的時候，老師是用什麼方式跟你們說『哈囉』的呢？」老師問道。

　　孩子們開始七嘴八舌地發表自己的觀察。

　　「老師用兩隻手跟我 give me five。」睿睿邊說邊伸出雙手示範。

　　「老師也是用雙手跟我拍手的。」芸萱不甘示弱地說。

　　「我的不一樣，是用手的這裡。」此時柚子手指手肘示意。

　　「這個位置叫手肘。」老師教導柚子正確的說法。

　　「手肘。」這時候，調皮的柚子馬上誇張地學老師說話，還故意將最後一個字的音拉長，惹得全班一陣笑聲。

「老師跟我打招呼是先拍這隻手，再拍這隻手。」可景說的同時也分別比出自己的左右手。

「大家都好棒呀！都可以說得很清楚，也能勇敢舉手發表喔！」老師稱讚地說。

此時老師突然發現，崇明竟然默默地舉手，正等待著老師點到他，讓他發表意見。

「崇明，換你說。」老師手指向崇明。

「老師跟我是用一隻手打招呼的。」崇明小聲地說。

「很棒喔！」老師讚美崇明時，心中感到十分地開心，這孩子現在願意主動一起分享想法，真的進步好多。

「老師是先唱『哈囉』，然後才跟我拍手的。」思恩說。

「哇！思恩觀察得很仔細呢！」老師笑著說。

「老師唱『哈囉』的聲音好好笑，好像溜滑梯一樣。」芸萱用手指比出由高到低的線條。

老師心裡想著，確實是一個由高音滑到低音的「哈囉」聲音。

「老師對我唱的『哈囉』聲音，是低低的聲音，好像老爺爺喔！」睿睿學起老爺爺彎腰駝背的樣子。

看到睿睿的樣子，大家笑開了嘴。

「老師對我唱的是『哈哈哈囉』。」此刻，柚子又誇張地模仿起「哈哈哈囉」，他誇張的表情，惹得全班笑聲停止不了。

「老師對我唱的是『哈哈哈哈囉囉囉囉』。」元元似乎要跟柚子比賽似的，多說了許多重複的字。

「元元，老師剛剛向你打招呼有說那麼多個字嗎？」老師笑著問道。

「這樣我的『哈囉』就是世界上最長的了。」元元搔著頭不好意思地說。

「不過，這麼長的『哈囉』，確實是很棒的創作喔！」老師笑著鼓勵元元的發明。

「你們的『哈囉』聲音，除了有長的句子與短的句子、有不同的聲音高低以外，有人發現老師說出來的『哈囉』是快的還是慢的嗎？」老師問孩子們。

「我的老爺爺『哈囉』是慢慢地唱出來的。」睿睿說。

「我的不一樣，老師說『哈哈哈囉』是超級快的。」柚子又戲劇性地喊出「哈哈哈囉」。

孩子們都觀察到與老師打招呼「哈囉」的不同之處，音調有時高亢、有時低沉、有時混和兩種音調；說話聲音上也含有不同的情緒；節奏上也有所變化，有時長有時短；速度上也有快有慢。

另外，孩子們也觀察到，老師與小朋友打招呼時手部接觸的方式不同。有用單手拍的，有用雙手拍的，還有用雙手輪流拍與手肘碰觸。

「大家都好棒，能發現老師的『哈囉』聲音與動作不一樣的地方。現在，你們能不能一起想想看，除了可以用手跟好朋友打招呼外，還可以用身體的哪一個部位來打招呼呢？」老師問道。

孩子們紛紛舉手發表意見。

「我們可以用腳碰腳說『哈囉』。」柚子邊說邊將自己的兩隻腳底黏在一起。

「也可以頭碰頭打招呼。」思恩說完後，手指比一比自己的頭部。

「可以用手指碰在一起。」可景邊說邊將自己雙手食指互相碰一碰。

「還能肩膀碰肩膀。」芸萱聳聳自己的肩膀，似乎表現出她的肩膀能動得很靈活。

「我可以用屁股ㄅㄨㄞˇ　ㄅㄨㄞˇ　ㄅㄨㄞˇ。」元元邊說邊站起來扭動屁股，這動作惹得全班又開始大笑，有的孩子直接笑倒在地板，老師嘴角也跟著上揚。

為了讓課程繼續下去，老師舉起雙手，拍手三下喊出：「小朋友。」手指靠近嘴脣，比出安靜手勢，示意讓孩子冷靜。孩子們看到老師指令，也因此安靜下來。

「大家都發明好多新的打招呼方式，真的好棒。現在請大家先找一位同學當自己的好朋友，你們可以一起創作發明，用身體碰在一起，然後說『哈囉』。」

孩子們找到搭檔的好朋友後，老師再次先請孩子們坐下，等待老師說明遊戲方式。

老師預計以樂器指揮方式，展開活動。老師會先說明樂器聲音所代表的指令，讓孩子們自由發揮身體的接觸，並說出「哈囉」兩個字。

「現在我想邀請一位小朋友先當我的好朋友，老師要先示範一次遊戲怎麼玩。」老師向孩子們發出邀請。

「我！我！我！」孩子們爭先恐後地舉手。

「元元，你先跟老師一起玩吧。」老師手指向元元說。

「為什麼不是我？」「為什麼不是我？」其他舉手的孩子們開始發出哀號聲。

「等一下你們全部的人都可以玩呀！我現在先跟元元玩一次而已，這樣大家才知道怎麼玩這個遊戲。而且，我等一下要幫忙敲樂器，那就不能玩了。」老師說完後，手揉揉眼睛，假意哭泣樣，孩子們看到後，反而開心得哈哈大笑。

「老師假哭。」

「老師是裝的。」

老師的舉動，稍稍平復孩子們的情緒。

「手鼓聲音，代表可以自由地在教室走動；按鐘的聲音，代表要找到你的好朋友，並用身體碰觸打招呼；最後，老師再按出一次按鐘聲，請你要跟好朋友說『哈囉』，當然你們也可以說『哈哈哈囉』。」孩子們聽完老師的最後一句話，笑了出來。

老師邊說邊敲著手鼓，腳步同時也跟著鼓聲走動做示範，元元聰明地配合老師，聽著鼓聲在教室走動。當老師按下按鐘時，老師同時快速找到元元，刻意擺出誇張彎曲的身體造形，並抬起腿部，讓腿可以剛好碰到元元躺在地板上翹高高的腳。之後，老師再次按出第二次的按鐘聲，並向元元說「哈囉」打招呼。觀看的孩子們看完後，覺得真是有趣，用力地幫老師與元元拍手。

「接下來換你們了。」老師說完，孩子們興奮地拉起身旁好朋友的手，快速站了起來。

聲音的指揮遊戲：創作肢體造形與哈囉聲

　　活動開始，老師敲奏手鼓，讓孩子們自由地在教室內走動，鼓的節奏有快有慢。由於孩子們曾經玩過聲音指揮遊戲，多數孩子會用耳朵聆聽鼓聲的快慢節奏，腳步也根據手鼓聲音節奏走動；但是仍有少部分孩子沒有走在鼓聲的拍點上，老師觀察到後，用手掌靠近耳朵的肢體語言來提醒這些孩子們，要用耳朵去聆聽鼓的聲音走路；老師同時也一邊敲奏手鼓，一邊跟著全班走動，此時沒有走在拍點上的孩子，觀察到老師的腳步如何踏走與鼓聲一致，也能立即學習模仿。

　　手鼓聲結束，老師按下按鐘，孩子們聰明地快速找到自己的好朋友，彼此用身體不同部位接觸，變成一個不動的雕像；當第二次按鐘聲響起，孩子們聲音此起彼落，互相跟好朋友說「哈囉」。

　　在活動中老師觀察到，即使只是單純的肢體接觸，每一組孩子展現的方式也都有所不同。有些是兩人站立，面對面，將腳伸向對方的方向，兩人單腳互相碰踏，疊在一起；有的組別是兩人坐下，腳底貼著腳底，兩人雙手互相牽手；還有的組別是一個孩子躺下伸出雙腳，腳底向上朝天空，而另一個孩子以單腳站立，並用一隻腳碰觸躺下孩子的腳，兩人用單手互相牽住；有的組別則是兩人背對背，雙手互相勾住，一個孩子以雙腳站立背起另一個孩子。

　　除了腳碰腳、單手擊掌、雙手擊掌，孩子們還發明了新的玩法，例如：單手交叉互拍、肩膀碰肩膀、頭碰頭、屁股碰屁股、手背碰手背、手碰腳、頭碰手、肚子碰肚子、頭碰肚子、互相背著對方，有些組別還不只單一部位身體接觸，更加上身體兩個部位以上的接觸，每一組創作奇特的造形猶如雕塑作品，這有趣的打招呼方式，讓老師佩服孩子們的想像力（見照片 4-4 至照片 4-6）。

照片 4-4：哈囉的肢體造形創作（一）

照片 4-5：哈囉的肢體造形創作（二）

照片 4-6：哈囉的肢體造形創作（三）

歌唱〈這是什麼聲音〉，聲音創作與發展

一週一次的音樂課，很快又和小朋友見到面了，宣宣老師今天依舊延續上一回的聲音指揮遊戲。活動進行時，老師敲奏著手鼓，孩子們聽著鼓聲的節奏，在教室內自由地走動。此時，老師默默地將鼓聲敲得較為小聲，並不經意地唱出〈這是什麼聲音〉的歌曲（見譜例 4-1）。[1] 歌曲唱完後，老師按下按鐘，第一聲按鐘是代表孩子們需要找到好朋友，並彼此互相運用肢體碰觸；第二聲的按鐘，是代表要與好朋友互相打招呼，說「哈囉」。

🎵 譜例 4-1

劉嘉淑　詞曲
林似宣　編曲

哈　囉　哈　囉　這　是　什　麼　聲　音　這　是　什　麼　聲　音

今天活動開始，老師已經不再規定孩子們必須要找固定的夥伴打招呼。在沒有規定下的活動進行時，孩子們都很自然地快速找到好朋友，一起玩身體接觸遊戲；即使有人找不到好朋友，也會有同學立刻互相幫忙，請找不到朋友的人一起過來玩。從今天的活動中老師可以看到，孩子們發展出三位好朋友的身體接觸造形，甚至更多好朋友的身體接觸。這時，有的孩子發現人數不再是兩人一組，開始有人大喊著「老師」、「老師」。

「老師，老師！他們有三個人是一起玩的。」思恩告狀的語氣。

「沒關係喔！今天老師故意沒有規定大家幾個人一組，所以你們想要幾個人湊在一起都好喔！我們可以兩個人、三個人、很多人一起用身體打招呼。」老師說明遊戲規則已經改變了。老師一說完話後，全班一陣歡呼聲。

「等等我們一起玩。」有孩子互相說著。

1　此曲源自仁仁音樂教育中心出版的書籍《飛飛飛　飛上天》中的〈猜一猜　這是什麼聲音〉。原曲旋律已被筆者稍作更動，歌詞也做了一些變動。原詞為「哈囉　哈囉　誰在你的後面　誰在你的後面」。

「等一下你要來找我喔。」

活動繼續進行，老師敲奏手鼓，同時再唱出歌曲〈這是什麼聲音〉。歌曲一唱完後，老師按下按鐘時，發現這次孩子們的不一樣——孩子們發展出多位朋友一起的身體接觸造形，而且每一組造形都比之前更加有創意。

孩子們在碰觸身體後，都變成不動的雕像作品。老師繼續按第二次按鐘時，孩子們也都跟自己的夥伴說出不同的「哈囉」。此時不同的「哈囉」聲音顯得有點吵鬧，老師為了聆聽不同聲音的表達，給予停止手勢，請孩子們先暫時安靜一下。

孩子們看到老師雙手舉高，呈現一個打叉的形狀，立即聰明地彼此互相提醒該安靜了。

「芸萱，請你說出你剛剛跟朋友打招呼的『哈囉』聲音，讓全班聽一聽！」老師拿起手上的按鐘，將按鐘顛倒方向，假裝拿的是麥克風，隨機地拿到芸萱面前（見照片 4-7）。

照片 4-7：孩子們發明不同的哈囉聲音

「哈……囉！」芸萱說的「哈」字聲音很像雲霄飛車，先低音延續到高音又降下來低音，「囉」這字又特別的短。

孩子們聽完都笑了。

「讓我們一起學芸萱的哈囉聲音吧！」老師笑著說。

老師示意全班跟著一起唸出芸萱發明的「哈囉」，並同時用手在空中畫出聲音線條高低，最後「囉」字時，老師在空中點了一下，代表短短的聲音。

老師又拿起按鐘麥克風，走到柚子面前。

「柚子，請你說出你的『哈囉』聲音好嗎？」老師說。

「哈囉你好（台語）！」柚子說。

柚子將這四個字，慢慢地說出，最後面的「你好」兩個字用台語發音。這樣特別的打招呼方式，又惹得全班哈哈大笑，老師也跟著笑了，心裡默默覺得，柚子真有創意。

「哈囉你好（台語）！」老師指揮全班，慢慢地模仿柚子的創意。

這樣的指揮遊戲玩了一會兒，結束後，老師請全班圍成一個大圓圈坐下來。

「剛剛你們聽鼓聲走路時，有誰聽到老師唱了什麼歌嗎？」老師問道。

孩子們紛紛舉起手來，老師先點了舉手很快的可景，並請他發表。

「老師剛剛有唱『哈囉』。」

「很棒，還有誰聽到什麼不一樣的呢？」

「老師有唱『什麼』。」思恩說。

「好厲害，還有呢？」老師以鼓勵的方式再詢問孩子們。

「有唱『聲音』。」睿睿說。

「對，大家都說得很正確喔！現在我們有『哈囉』、『什麼』、『聲音』，請問有誰可以說出或唱出整句話呢？」老師問道。

「哈囉哈囉，這是什麼聲音？」芸萱用輕輕的聲音唱了出來。

「哇！芸萱唱得真好。現在請你們跟著老師，一起用雙手拍自己的雙腿，先用耳朵仔細聽老師唱一次歌曲。」

「哈囉哈囉，這是什麼聲音，這是什麼聲音？」老師將全曲再次唱一遍。只不過，這次老師歌唱有些變化了，曲子唱完後，老師立即喊出了一聲：「喵。」

孩子們聽到「喵」聲，都呵呵地笑了出來。

「你們猜猜看，最後老師發出誰的聲音呀？」老師故作神秘地問。

「當然是貓咪。」全班孩子不約而同地回答。

「好棒！讓我們來玩一個猜猜看的遊戲。請你們跟著老師一起唱這首曲子，唱完曲子之後，如果想發表聲音的人請舉手，老師會請他發出聲音讓其他同學猜。但是要記得喔！舉手的人心裡要先想一個動物或任何聲音，可是不要說出答案喔！讓大家猜猜看是什麼聲音。」老師說明遊戲規則。

孩子們點點頭，一起與老師拍著固定拍，齊唱歌曲〈這是什麼聲音〉。歌曲唱完後，有好多孩子熱烈地舉手。此時老師手指向莫莉，示意讓她發表聲音。

「汪汪汪，汪汪汪。」莫莉發出的是兩個短音加一個長音的小狗叫聲，並連續叫了兩次。

「這是什麼聲音呀？」老師問全班。

「是狗叫聲。」孩子們幾乎一起回答。

老師臉轉向莫莉，並問：「莫莉，我們猜對了嗎？」

莫莉微笑地點點頭，表示大家猜對了。

「我聽到這個狗叫聲很特別耶！好像每一次都只有叫幾個聲音呢？」老師裝作不知道的樣子。

老師看到崇明在自己座位上，用單手比出三的樣子，此時也有其他孩子迫不及待地說出答案了。

「哇！我看到崇明用手比出三的答案，也聽到好多小朋友都答對了。你們耳朵都好厲害，就是三個聲音。」老師稱讚地說。

「現在讓我們一起學莫莉發明的狗叫聲好嗎？來，請看老師的指揮喔！」老師指揮出短短長的狗叫聲節奏外，緊接著在狗叫聲後，老師雙手在胸前呈現打叉樣子，示意孩子們休息（見譜例 4-2）。孩子們都很聰明，看得懂老師的指揮，老師讓這聲音繼續進行，成為一個頑固伴奏（ostinato）模式。老師在此頑固伴奏下，同時唱出〈這是什麼聲音〉歌曲。

🎵 譜例 4-2

「小朋友，你們剛剛唸狗叫聲音的時候，有聽到老師在唱什麼歌曲嗎？」老師問道。

「哈囉哈囉，這是什麼聲音，這是什麼聲音？」柚子主動地唱出歌曲。

「柚子唱得真好。現在，老師想要把全班分成兩組，一組為『汪汪汪』的聲音，另一組要唱〈這是什麼聲音〉歌曲。」老師說明等一下的活動。

如同切蛋糕一樣，老師將圍坐成圓圈的孩子們劃分成兩組。接下來，老師指揮起孩子們，先讓頑固伴奏模式那一組的狗叫聲出現四次，在頑固伴奏依舊持續進行下，老師再指揮另一組孩子們唱出歌曲〈這是什麼聲音〉，最後合奏出歌曲配上聲音的頑固伴奏（見譜例 4-3）。

🎵 譜例 4-3

劉嘉淑　詞曲
林似宣　編曲
海豚班聲音創作

孩子們無法久坐，此時老師請這兩個組別站起來，各自排成一列火車。

「這一排的火車要出發了，請問你們想要怎樣邊開火車邊唸『汪汪汪』呢？」老師走向頑固伴奏那一組問道。

「我們可以在『汪汪汪』的時候拍手，還可以一起走路喔！」思恩說完後還示範了動作，她的拍手與腳步是同時的。

「好呀！現在讓我們試看看思恩的動作喔！唸『汪汪汪』時要拍手，還要邊走三下喔！」老師默默地想，如果要拍手又要同時走出短短長節奏，這動作其實不太容易，但是仍想讓孩子們試看看。

　　果然，大家試著拍手又同時踏步往前走時，手腳都快打結了，而緊接在『汪汪汪』後方的休止符，大家也無法準確地休息兩拍。

　　「也許我們可以試看看這樣，『汪汪汪』的時候只要拍手就好，休息時我們再踏步兩下呢？」老師提出意見，並示範一次。

　　大家又嘗試了一次老師的建議，這時候孩子們的肢體動作明顯協調許多，將拍手動作與踏腳的動作分開，比之前動作更加容易些。

　　「你們喜歡這個方式嗎？」老師問道。

　　孩子們紛紛點點頭，並說喜歡。

　　「這個比較簡單耶！」睿睿開心地說。

　　「歌唱這一組要出發了，請問大家想好了火車要怎麼走嗎？」老師走向歌唱組問道。

　　「我們就選一個人當火車頭，我們跟著火車頭隨便走來走去，看火車開到哪裡都可以。」芸萱的一連串話，講得超級快速。

　　「好呀！那麼芸萱你先來當火車頭吧！火車開出來時，大家要邊唱邊走，請注意安全喔！芸萱，記得火車頭別走得太快，太快的話後面的同學會跟不上，火車的車廂就有可能斷掉了。」老師提醒著注意事項。

　　芸萱呵呵笑著，並開心地點點頭。

　　活動開始，老師先請小狗聲部的火車開始發聲並行走，接下來再請歌唱組的火車邊唱邊走出來；此時在教室內，可看見兩列火車自由地行走，並合奏出人聲與身體樂器的樂曲（見譜例4-4）。

譜例 4-4

劉嘉淑　詞曲
林似宣　編曲
海豚班聲音創作

〈這是什麼聲音〉＋延伸多聲部創作之聲音合奏

今天，孩子們進入教室後，很自然地自動圍成一個大圓圈，老師見狀也加入孩子們的圓圈行列中。

「小朋友，請問誰記得上一次我們玩什麼遊戲呢？」老師問道。

「上次有兩列火車，有唱歌的火車，還有小狗聲音的火車。」柚子說。

「柚子說得很正確，除了上一回莫莉讓大家猜的狗叫聲外，現在我們再請其他小朋友發出不同的聲音，讓大家猜猜看好嗎？」老師邀請孩子們再發明新的聲音。

孩子們跟著老師雙手拍打在腿上，並齊唱歌曲〈這是什麼聲音〉（見譜例4-1）。由於孩子們都已經熟悉遊戲規則，當歌曲唱完後，許多人立即舉手想發表聲音。

「喵～」崇明發出一聲長長的貓咪叫聲。

「這是什麼聲音呀？」雖然之前老師已經讓全班猜過這個聲音，老師仍問孩子們。

「是貓的聲音。」孩子們一起說。

「是貓的聲音嗎？」老師反過來問崇明。

崇明微笑點點頭。

「我們可以再發明更多新的聲音，再讓其他同學猜猜看，這樣會更好玩喔！」老師鼓勵孩子們踴躍發言。

全班再唱一次歌曲，歌唱結束後，老師請睿睿發言。

睿睿：「ㄚㄚ。」

這聽起來是兩個一樣快的節奏，不過，這個聲音老師也猜不出來了。孩子們開始猜測，到底是什麼會發出「ㄚㄚ」的聲音呢？

「是鴨子。」元元猜測地說。

「是鴨子的聲音嗎？」老師問睿睿。

睿睿搖搖頭。

「是猴子。」柚子接著猜。

睿睿還是搖搖頭。

芸萱：「是烏鴉嗎？」

睿睿開心地點點頭。

「天啊！你們太有創意了！原來是烏鴉。」老師驚訝地說。

老師一說完，好多孩子們在自己座位上，發出「ㄚㄚ」的聲音，並將雙手當翅膀似地一邊揮動。

「哈哈！讓我們一起學烏鴉的聲音，還有加上你們發明的動作，現在全班一起站起來玩吧！」老師說完，也學孩子們用雙手當烏鴉的翅膀揮舞著。

「耶！」孩子們快樂得跳起來大喊。

「不過，烏鴉也不能一直亂喊『ㄚㄚ』，請你們在聽到我演奏刮胡聲音時，才能發出烏鴉聲喔！」老師說明接下來的活動。

此時，老師默默在心裡想，該如何結合孩子們的創作，讓烏鴉聲與狗叫聲兩個聲音不重疊，並有互補的效果。等等要慢慢引導孩子，帶入老師設計的節奏中。

「請聽。」老師拿起刮胡開始刮奏。

運用聲音的指揮遊戲，老師在一開始的刮胡節奏，其實只想讓孩子練習聽聲音走動與休止符的等待。此時孩子們開心地聽著聲音走動，揮舞著翅膀，並發出「ㄚㄚ」的烏鴉叫聲，老師停止演奏時，也能靜止不動地等待（見譜例 4-5）。

🎵 譜例 4-5

接下來，老師再次演奏出另一刮胡的聲音。此聲音為先休息三拍，再刮奏一下，孩子們聽了幾次這樣的頑固伴奏後，完全了解老師設計的模式，很自然地自己數出「一二三」的聲音，再喊一聲烏鴉叫聲「ㄚ」（見譜例 4-6）。

🎵 譜例 4-6

　　這設計主要是要讓孩子們自然而然學會休止符的等待，最後老師將會慢慢地引入到合奏的烏鴉節奏中。

　　最後一次刮胡的節奏，是老師準備將其帶入樂曲合奏中，此頑固伴奏聲音為先休息兩拍，再刮奏兩下。聰明的孩子們聽到老師演奏，很自然地自己數出「一二」，再走動喊出兩聲烏鴉的叫聲「ㄚㄚ」（見譜例 4-7）。

🎵 譜例 4-7

　　「大家都好棒！可是，我們能不能不要大喊『一二』呢？因為，烏鴉應該不會發出『一二』的聲音吧？」老師特意將「一二」兩個字唸出重音，孩子們聽到後都笑了。

　　「讓我們再試試看，這一次是不是比較厲害。」

　　老師再次演奏，孩子們這一次都做得相當好，用氣音將「一二」唸得極為小聲，也有的孩子是在心裡默默數拍子，只用頭部點兩下代替。等孩子們頑固伴奏的節奏（見譜例 4-7）唸得相當穩定時，老師又加入〈這是什麼聲音〉的歌聲。

　　「咦？你們剛剛又聽到什麼呢？」老師問道。

　　「剛剛我們唸『一二ㄚㄚ』烏鴉叫的時候，老師還唱了『這是什麼聲音』。」元元將〈這是什麼聲音〉的歌詞唱了出來。

　　「答對了！接下來我們要分成兩列火車進行，跟上次一樣，一列火車是唱〈這是什麼聲音〉，另一列火車是『一二ㄚㄚ』的烏鴉火車。現在請想要當歌唱的火車，來老師右手這一排；想要當烏鴉的火車，到老師左手這一排。」老師一邊說一邊分別舉起自己的左右手。

　　孩子們快速地走到老師的左右邊，選好自己想要的組別排成兩列火車，老師也分別在兩列火車中選出帶隊的孩子，並請帶隊的孩子注意安全。

　　「現在老師會先請烏鴉的火車開出來喔！歌唱的火車請看老師的指揮，當我指到歌唱的火車時，這一組才能開始唱歌喔！」

　　老師先請烏鴉的頑固伴奏出現四次後，接著指揮歌唱的火車可以開出來了（見譜例4-8）。此時在教室中可以聽到兩個聲部的聲音合奏——旋律聲部與烏鴉聲音的頑固伴奏聲部。

🎵 譜例 4-8

劉嘉淑　詞曲
林似宣　編曲
海豚班聲音創作

　　老師讓學生自由選擇並交換聲部，當反覆練習二聲部合奏時，老師不經意地加入了另一個聲音。

　　「汪汪汪。」老師加入狗叫聲與拍手踏腳的動作，持續地跟著學生們一起合奏。

　　老師指揮孩子們，結束了聲音的合奏。

　　「剛剛你們有聽到老師另一個聲音嗎？」

　　「老師剛剛學小狗的聲音，『汪汪汪』。」芸萱自信地說。

　　「耳朵真好！現在讓我們分成三列火車，好嗎？你們可以重新選擇自己想要的火車聲部。第一列火車是小狗的聲音，想要選擇小狗的火車請到老師的最左邊排成一列；第二列火車是烏鴉的聲音，想要選擇烏鴉的火車請到老師的正前方排成一列；

第三列火車是歌唱〈這是什麼聲音〉，想要選擇歌唱的火車請到老師的最右邊排成一列。」老師一邊說，一邊指揮孩子們排成三排。

孩子們開心地選擇自己想要的聲部，快速地排好隊伍。

三聲部的合奏開始。老師先請小狗聲的頑固伴奏出來，當頑固伴奏出現四次後，老師再次轉向烏鴉這一組頑固伴奏，指揮烏鴉的火車可以開出來了，烏鴉聲音出現四次後，老師再轉向歌唱火車組，指揮歌唱的火車可以唱著歌曲走出來。

這時候教室中可以聽到三個聲部的聲音合奏──小狗的頑固伴奏、烏鴉的頑固伴奏與〈這是什麼聲音〉歌曲歌唱旋律（見譜例 4-9）。

譜例 4-9

劉嘉淑　詞曲
林似宣　編曲
海豚班聲音創作

「崇明有發明貓咪的叫聲，怎麼沒有加進來呢？」莫莉突然舉手說。

「你怎麼還記得？我正準備偷偷學貓叫，就被你發現了！」老師假裝用無奈哀怨的語氣回答。

「被發現了！被發現了！」孩子們哈哈大笑指著老師說。

「現在要請你們三列火車再表演一次，記得還是要看老師指揮再出來喔！不過，這一次的火車不用再走來走去，請你們同一組的火車圍成一個小圈圈坐下來。」老師指揮著孩子們圍成三個圓圈。

孩子聰明地手拉著手圍成小圓圈坐下，此刻教室內有三個小圓圈。

「等等我也要學貓咪的聲音，當你們唱自己的聲音同時，也注意一下老師的貓咪聲音什麼時候出現。我們準備開始喔！」

老師先發出長長的貓咪叫聲，雙手張開在臉旁邊畫出貓咪的鬍鬚，穿梭在教室內三個圈圈中。等貓咪聲音出現四次後，老師繼續發出貓叫聲，同時用手指揮歌唱〈這是什麼聲音〉的組別開始唱歌。

旋律歌唱兩次後，老師指揮歌唱組先休息，同時貓咪聲也停止了。緊接著，老師指揮著小狗聲的頑固伴奏出來後，再指揮烏鴉聲頑固伴奏，最後加入〈這是什麼聲音〉的歌唱旋律。樂曲形成了前半部為二個聲部，後半部為三個聲部的聲音合奏（見譜例 4-10）。

練習過後，老師讓孩子們可以再重新選擇自己想要的聲部。每一組都是各自圍成一個小圓圈：第一組是貓咪聲，第二組是小狗聲，第三組是烏鴉聲，第四組是唱〈這是什麼聲音〉的歌唱組。老師除了指揮外，也運用肢體、表情、嘴型幫忙及提醒各組聲部的孩子們，全班一起演奏〈這是什麼聲音〉的聲音合奏。

　　宣宣老師教的幼兒園有二班大班，除了這一大班—海豚班的聲音創作外，老師在另一大班—天鵝班教學中，也引導孩子們發明不一樣的聲音。孩子們相當有創意地發明了蚊子的聲音、魚的聲音、青蛙的聲音。蚊子的聲音是以蚊子飛舞的聲音「ㄣ」加上拍打蚊子的聲音「ㄆㄚˋ」表現；魚的聲音是孩子們自己想像的聲音，創作出魚兒張開嘴巴「啵啵啵啵」的聲響；青蛙的聲音則是「呱呱呱」。以三種聲音加上歌唱旋律〈這是什麼聲音〉，形成了聲音合奏。譜例 4-11 為天鵝班孩子創作發明後，呈現的聲音合奏樂譜。

　　在動作表現上，孩子們把蚊子飛的聲音「ㄣ」，用手指頭在空中比劃的樣子呈現出來，就好像人類看到蚊子後，手指跟著蚊子飛舞尋找的樣子；而拍打蚊子的聲音「ㄆㄚˋ」，是用雙手互拍表現出打蚊子的樣子；魚的聲音「啵啵啵啵」是用嘴巴唸出聲響，並加上雙手輕拍，緊接著兩拍休止符為雙手手掌互拍黏靠著，呈現魚的樣子，手部左右滑動兩下，腳同時走動兩下，小聲地唸出「游游」，這動作可以讓孩子感受到兩拍休止符的長度；最後青蛙的聲音在動作表現上，孩子們是用嘴巴唸出「呱呱呱」，加上身體蹲著往前跳一下。

老師引入故事並結合學生的聲音創作呈現戲劇效果

　　當海豚班和天鵝班都完成了聲音的創作與合奏後，老師希望接下來的課程能讓孩子們有多次不同練習機會。孩子們可以再次自由選擇不同聲部，讓每個人都有機會輪流到不同聲部合奏。除此之外，老師預備透過口語的故事，將孩子們的創作帶入故事中。

♪ 譜例 4-11

　　孩子們一進入音樂教室，便與老師一起牽手圍成大圓圈。

　　「今天老師要講一個故事。」

　　「耶！耶！」孩子們聽到後，開心得喊出來，臉上充滿期待的表情。孩子們最喜歡聽老師說故事，尤其是關於老師自己的故事。

　　「很可怕喔！你們要聽嗎？」老師故弄玄虛地說（見照片4-8）。

照片4-8：老師結合孩子們創作的聲音說故事

　　大部分的孩子們用力點點頭，老師偷看到有一些孩子臉上浮現擔心的表情。

　　「如果有人聽到覺得可怕，再把自己耳朵搗起來就好了。這樣好嗎？」老師微笑著說。

　　「今天我跟我媽媽一起經過一片森林，我們要去尋找森林裡的糖果屋。聽說糖果屋上有好多好吃的糖果喔！哈哈哈！老師最喜歡吃糖果了。可是我們走著走著，突然我聽到一個好奇怪的聲音『喵』，我嚇得抱著媽媽說：『媽媽，好可怕，這是什麼聲音？是魔鬼嗎？哈囉哈囉，這是什麼聲音，這是什麼聲音？』」老師用誇張的表情、假裝哭泣的聲音唱出〈這是什麼聲音〉，表現出驚嚇的樣子。

　　「哎呀！那個是貓叫的聲音啦！」（見照片4-9）孩子們看到老師的表情，紛紛哈哈大笑。

照片 4-9：聽著老師的故事，孩子們自然地發出貓咪的叫聲

「對呀！後來我媽媽笑我說：『你這個膽小鬼，那是貓的聲音啦！』」老師顯得不好意思地說。

孩子們聽到老師被罵「膽小鬼」，笑得更開心了。

「後來我們繼續走，經過彎彎的小路，突然我又聽到一個奇怪的聲音『汪汪汪』，我嚇得抱著媽媽說：『媽媽，那是魔鬼的聲音嗎？哈囉哈囉，這是什麼聲音，這是什麼聲音？』」老師用假裝哭泣的聲音，唱出〈這是什麼聲音〉，還彎曲著身體，假裝害怕得躲在隔壁小朋友身邊。

「老師，那是小狗的聲音啦！」孩子們再次哈哈大笑。

「原來是小狗的聲音呀！」老師假裝很尷尬的樣子。

「後來我們繼續走，看到遠方真的有一間糖果屋耶！我開心地往前跑，突然我眼前飛過一個黑黑的東西，還發出『ㄚㄚ』的聲音！我嚇得又抱著我的媽媽說：『媽媽，那是巫婆的聲音嗎？哈囉哈囉，這是什麼聲音，這是什麼聲音？』」老師再次假裝哭泣，用微微顫抖的聲音唱出〈這是什麼聲音〉。

「老師那個是烏鴉的聲音啦！」孩子們指著老師大笑。

「喔！原來是烏鴉的聲音呀！」老師表現出恍然大悟的樣子。

「老師你忘記了嗎？這都是我們班發明的聲音呀！」柚子插著腰說。

「對耶！怎麼剛好是我們班發明的聲音，哈哈！現在老師還想再說一次故事，這一次要麻煩你們幫我忙，發出故事中的不同聲音，讓我們一起來表演這個故事吧！」老師拍手道。

老師開始分配工作。

「現在請小朋友分成四組，就是貓咪、小狗、烏鴉、歌唱組。貓咪、小狗、烏鴉的組別最多只能各有六位喔！也就是說，如果貓咪組超過六個人，多的人就要趕快去找其他組一起圍圈圈；因為我們需要多點旋律歌聲，歌唱組人數要多一點，12人或者更多都可以，這樣聲音合奏才會更好聽。」

「現在想要當貓咪的到這邊圍個小圓圈，想要當小狗的到那邊圍個小圓圈，想要當烏鴉的到鋼琴旁圍個小圓圈，想要唱歌的小朋友到老師旁邊圍個小圓圈。小朋友，現在開始選吧！」老師一邊說一邊指揮，孩子們在教室內分成了四個小圓圈。

「現在，我們要一起表演故事，請你們注意老師的指揮喔！例如：老師如果說聽到一個奇怪聲音時，請注意老師的手勢，我會提醒哪一組的聲音什麼時候要出來、什麼時候要結束，每一組都可以加上自己那一組的動作和聲音。等到老師說的故事結束後，我們還要全體一起演出聲音合奏。」老師詳細說明故事與聲音之間如何配合。

孩子們在自己座位上開心地點點頭。雖然不確定全班是否都明白老師的意思，但老師心想，從練習中學習也是很棒的過程。

「現在我要開始說故事喔！請不用擔心，老師會給你們指揮提示，你們只要專心看老師指揮就好了。」

故事開始，老師輕聲敘述。

「今天宣宣老師經過一片森林，準備要去尋找森林裡的糖果屋。聽說糖果屋上有好多好吃的糖果喔！哈哈哈！老師最喜歡吃糖果了。可是走著走著，我突然聽到一個好奇怪的聲音。」

老師說完後，給予貓咪組提示，請他們發出聲音。孩子們聰明地立即發出長長的貓叫聲「喵」，同時也將雙手手掌張開，假裝在自己臉旁邊撥動貓的鬍鬚。老師

等待貓叫聲四次後，給予孩子們停止的手勢，貓咪組立即停下貓叫聲。

「我嚇得抱著媽媽說：『媽媽，好可怕，這是什麼聲音？是魔鬼嗎？』」老師說完後，給予歌唱組提示，請他們唱出歌曲。歌唱組馬上唱出〈這是什麼聲音〉，當歌曲組連續唱到第二次時，老師提示貓咪組，請他們再次發聲。此時教室內同時出現貓咪聲與歌唱旋律的聲音。

「我的媽媽笑我說：『你這個膽小鬼，那是貓的聲音啦！』」老師表現出不好意思的表情。

「我跟媽媽繼續走在森林中，經過彎彎的小路，突然間我又聽到一個奇怪的聲音。」

老師說完後，給予小狗組提示，請他們發出狗叫聲音。孩子們立即發出「汪汪汪」短短長的狗叫聲，同時也運用雙手拍出短短長聲音，接著用雙腳在原地輕踏兩下。老師等待狗叫聲出現四次後，給予孩子們停止的手勢。

「我嚇得抱著媽媽說：『媽媽，那是魔鬼的聲音嗎？』」老師說完後，給予歌唱組提示，孩子們開始唱出〈這是什麼聲音〉。此時，老師覺得孩子們唱出的聲音有點太過開心，不太符合故事情節；孩子們持續唱歌時，老師趕緊站在孩子們旁邊，除了跟著歌唱外，老師臉上露出害怕發抖的表情，多數孩子看到後，便聰明地跟上老師的情緒，唱出較緩慢的歌曲。當歌曲持續進行中，老師提示小狗組發聲，此時教室內同時出現小狗聲音的頑固伴奏與歌唱旋律。

「後來我跟媽媽繼續走向前，看到遠方真的有一間糖果屋耶！我開心地往前跑。突然，我眼前飛過一個黑黑的東西，還發出『ㄚㄚ』的聲音。」老師生動的聲音表情推動著故事的進行。

老師說完後，指揮烏鴉組的孩子們，孩子們立即先點頭兩下，再發出「ㄚㄚ」的烏鴉聲音，同時也運用雙手，假裝舞動烏鴉的翅膀。老師等待烏鴉聲音出現四次後，指揮孩子們停止。

「我嚇得又抱著我的媽媽說：『媽媽，那是巫婆的聲音嗎？』」老師用驚恐的語氣說。

老師說完後，請歌唱組唱出〈這是什麼聲音〉，這一次孩子們聰明地表現出害

怕的歌聲。當歌曲持續進行時，老師指揮烏鴉組發聲，此時教室內同時出現烏鴉聲音的頑固伴奏與歌唱旋律。

「後來我的媽媽告訴我說，原來我們遇到的不是魔鬼，也不是巫婆，是森林小動物歡迎我們來參加糖果屋派對。老師現在要邀請所有小動物全部一起來唱歌，好嗎？請注意看老師指揮喔！」

故事說到最後，老師指揮孩子們輪流演唱，教室中可以聽到不同組合的聲音合奏：貓咪、小狗、烏鴉的頑固伴奏與〈這是什麼聲音〉歌唱旋律聲部（見譜例4-10）（見照片4-10）。

照片 4-10：孩子們與老師一起演唱故事

老師在另一班天鵝班教學中，最後也引用自編故事，結合孩子們創作的聲音：蚊子「ㄣ」「ㄆㄚˋ」的聲音、魚兒張開嘴巴「啵啵啵啵」的聲音、青蛙「呱呱呱」的聲音。這三種聲音加上〈這是什麼聲音〉歌唱旋律，最後呈現出故事結合戲劇、聲音、律動的大合奏（見譜例4-11）。

老師在此音樂律動與聲音的發展教學過程中，透過與孩子們身體不同部位接觸，運用高、低、長、短聲音與節奏變化以及不同的「哈囉」打招呼方式，先讓孩子們

由遊戲中學習模仿，進而再讓孩子們創作身體不同造形接觸，也創造出不同聲音音調、語氣的哈囉聲。

　　由〈這是什麼聲音〉歌曲，讓孩子們發明聲音的創作，也讓孩子們自己發表、創作屬於不同聲音的律動，之後老師再編排孩子們的創作想法，與〈這是什麼聲音〉歌曲結合成一首聲音的合奏曲。最後，再將此聲音的合奏曲，配合上老師講述的故事情節，呈現出故事結合戲劇、聲音、律動的大合奏。

　　孩子們的創作是令人驚奇的，音樂課不僅僅是只有老師單方面教學，老師也能在孩子們的身上獲得許多新的靈感。音樂課是有趣的，在課程中，師生一來一往的互動，激起新的創作火花，音樂律動與聲音發展即在孩子們的創作與老師的整合下生動豐富地呈現。

月娘・圓仔・古仔燈

林似宣

教學對象：大班

元宵節節日討論

　　過完農曆年後，宣宣老師也放完了假期，終於再次與幼兒園孩子們相見了。老師依慣例先與孩子們手牽手圍成大圓圈，等大家都圍好一個大圓圈後，再請大家坐下來。由於農曆新年與元宵節只相隔短短的十五天，課程開始，老師除了與孩子們閒話家常、分享彼此家中過年的活動外，同時也想藉此引導孩子們探討接下來的節日——元宵節。

　　「小朋友好，好久不見了。」老師笑著向孩子們揮手打招呼。

　　「老師你去哪裡了？我怎麼好久沒有看到你？」「老師，你放假放太久了啦！」孩子們開始七嘴八舌地跟老師聊起來。

　　「呵呵！我也要跟我的家人一起過年呀！小朋友，你們過年在家都做了什麼事呢？」老師覺得孩子們童言童語真可愛，笑著回答。

　　此時，孩子們紛紛舉起手來徵求發表，與老師分享過年的點點滴滴。

　　「過年我家裡有貼春聯，這個可以嚇走年獸。」小萬做出年獸的樣子，雙手似爪子般的樣貌。

　　大家看到小萬的樣子，哈哈大笑起來。

「我們家還有放鞭炮，也把年獸嚇走了。」怡菲接著說。

「才沒有年獸啦！那只是傳說中的故事。」小博一本正經地說。

「我跟爸爸、媽媽、爺爺、奶奶拜年，有領到紅包喔！」晴晴說的時候，眼睛笑得彎彎的。

「那個紅包可以叫做壓歲錢。」老師解釋。

「我也有紅包喔！還有吃團圓飯跟糖果。」唐凱說完後，笑得好開心。

「老師問你們喔！現在我們已經過完了農曆年了，接下來，又有一個特別的日子，請問誰知道是什麼日子呢？」老師微笑地問道。

「我知道，是情人節！」小萬立即舉手大喊。

老師被逗樂了，笑彎了腰，心裡默默地想：這孩子被情人節商業活動洗腦了。

「不是情人節啦！你們再想想看。老師提示你們一下，那天會吃這個。」老師邊說邊用雙手手心互相搓揉，做出搓湯圓的樣子。

「喔！我知道了，是湯圓節。」晴晴說。

「不是，應該是元宵節。」小博糾正晴晴的說法。

「小博說對了，就是元宵節。元宵節除了吃湯圓外，誰可以告訴我，還要做什麼呢？」老師問道。

「宣宣老師，我們班的老師說，元宵節的湯圓不能說是湯圓，要叫做元宵。」怡菲說。

「好厲害喔！老師像你們這麼小的時候，都不知道呢！」老師心裡由衷佩服孩子們的生活常識。

「可是現在好多人都把湯圓當作元宵，元宵當作湯圓，那麼請問有什麼不一樣呢？」老師問道。

「我們班最近有滾元宵喔！元宵要用這樣滾。」唐凱邊說邊做出動作，假裝手拿篩子滾元宵的樣子。

老師看了後會心一笑。

「好有趣呀！請問你們滾的元宵裡面有包東西嗎？有包餡料嗎？」

「有啊！我們包的是紅豆口味！」小萬回答。

「那麼怎麼把紅豆包進去呢？」老師問道。

「先切小塊小塊的紅豆泥，然後我們手拿鍋子滾來滾去。」晴晴仔細解釋製作過程。

「要撒什麼粉嗎？」老師提示孩子們可以再說清楚一點。

「要撒糯米粉，然後再放一點水滾一滾，接下來再撒粉，再滾一滾。」小博邊說邊做灑粉的動作。

「好有趣的滾元宵活動，老師小時候都沒有滾過元宵耶！真的太羨慕你們了！」老師用充滿羨慕驚嘆的語氣說。

「滾元宵的時候不能太大力喔！上次我們一起滾元宵時，就差一點把元宵滾出去了。」小萬邊說邊笑，其他孩子聽到也跟著笑得很開心。

「哈哈哈！好好笑！你們既然真的滾過元宵了，現在讓我們一起來玩滾元宵的遊戲，好嗎？」老師邀請孩子們玩遊戲。

「好耶！」孩子們開心得跳起來。

「老師，那麼我們要怎麼玩呢？」怡菲歪著頭問道。

〈月娘・圓仔・古仔燈〉台語歌曲聆聽及教學

「你們看，我把手上小飛盤翻過來，這樣我們就有滾元宵的盤子了。」老師拿出準備好的小飛盤。

「哇！」孩子們發出驚嘆聲。

「等一會兒老師會彈鋼琴，當你們聽到音樂聲時，請用手裡拿的小盤子，做出滾元宵的動作。你們可以聽著音樂聲，在教室內邊走邊做滾元宵動作；當音樂停止時，請你們用身體變成一個圓圓的湯圓，就是我們說的元宵。元宵可以是一個人變成的，或者是很多人一起變成元宵。」老師笑著說。

老師想藉此活動，讓孩子們先聽熟接下來要教唱的歌曲〈月娘・圓仔・古仔燈〉。

「大家請過來排隊拿小飛盤吧！」老師招手請孩子們過來。

孩子們開心地跑到老師面前排隊，每個人都拿到不同顏色的飛盤。

「大家拿好小飛盤後請先各自散開來，請注意，不要跟同學擠在一起喔！我們要開始滾元宵的活動了。」老師給出活動前的指示。

鋼琴聲響起（見譜例 5-1），孩子們聽著音樂，邊走邊做出滾元宵的動作。琴聲結束，孩子們的身體立即擺出不同的元宵造形。

🎵 譜例 5-1

「這裡的元宵都好有創意喔！」老師邊稱讚著邊走到孩子們身旁，觀看著孩子們的肢體創作。

「可是，有一個元宵怎麼不像圓形？是煮壞掉了嗎？」老師看到一堆孩子全部擠在地上，看起來像是孩子們推擠完成的作品。

孩子們聽到老師開玩笑的話語，全都笑開了嘴。

「老師，是他們一直追我，然後黏住我的。」小毅告狀，並用手指著小萬與其他同學。

「老師說我們可以一起變元宵呀！我們要一起黏住，因為元宵也是黏黏的。」小萬不服氣地回話。

「大家要小心安全喔，不要推擠同學。另外，元宵是圓圓的，剛才我看到有一些同學都黏在地板上，這樣會讓人以為元宵沒有煮好，變成燒焦的元宵，黏到鍋子底了，這樣看起來就不像圓圓的元宵了。」老師被孩子們的話語給逗樂了，笑著說。

孩子們聽到「燒焦元宵」紛紛哈哈大笑，此時小萬、小毅與剛才擠在一起的孩

子們，彼此互相指著對方笑著說：「我們燒焦了！」

「現在再玩一次吧！老師來看看，誰能變出好吃的元宵，哪一個元宵是我最想買下來的呢？」

老師的鋼琴聲再次響起，孩子們再次拿起小飛盤，聽著音樂聲，邊走邊做出滾元宵的動作（見譜例 5-1），待琴聲結束即擺出不同的造形（見照片 5-1、照片 5-2）。

照片 5-1：滾元宵肢體活動（一）

照片 5-2：滾元宵肢體活動（二）

活動結束後，老師請孩子們圍成一個大圓圈，並坐下來討論。

「元宵節除了滾元宵外，我們還可以做什麼呢？」老師問道。

「還可以提燈籠。」怡菲立即舉手說。

「我爸爸有幫我用奶粉罐變成燈籠喔！」小毅分享自己特別的燈籠。

老師心裡默默佩服，這位孩子的爸爸也太用心了，奶粉罐做成燈籠是老師小時候的回憶。

「哇！請問你爸爸是怎麼用奶粉罐變成燈籠的呢？」老師問小毅。

「爸爸敲一個洞一個洞在罐子旁邊，然後放燈進去，燈光就從洞跑出來！」小毅比手畫腳地說。

「超級酷！你的燈籠一定是最特別的。」老師比出讚的手勢。

「老師，我的燈籠是一隻牛，是我阿嬤送我的，本來是扁扁的一張紙，後來我的爸爸媽媽幫我一起做的。」小萬說。

「今年是牛年，提著牛燈籠真有趣呀！你跟爸爸媽媽一起組裝時一定很好玩吧？」老師對著小萬說。

「老師，我也有牛的燈籠喔！」唐凱不甘示弱地說。

「真好，我也好想當小孩，這樣就可以得到阿嬤送的牛燈籠了。」老師嘟嘟嘴假裝無奈樣。

孩子們看到老師的樣子都笑了出來。這時候孩子們開始討論起來，有人告訴老師，哪裡可以買燈籠；還有人貼心地告訴老師，他想帶自己的牛燈籠來學校，借給老師提一下造形燈籠。

「老師，我家沒有牛燈籠，只有別的圖案的燈籠。」怡菲有點失落地說。

「有其他的圖案也是很棒的喔！大家都有不同圖案的燈籠，這樣看起來才有趣。」老師給予怡菲正向的鼓勵。

「像我的奶粉罐燈籠就是不一樣的。」小毅開心地說。

「接下來，我們來玩身體變燈籠的遊戲，這一回不是變成圓形的元宵，因為燈籠形狀每一個都不一樣，有可能是彎彎的，有可能是看起來刺刺的、胖胖的、扭來扭去的形狀。」老師說話的同時，運用身體變出各種不同奇怪的燈籠造形，孩子們

邊聽邊看著，老師的動作讓大家笑開了嘴。

　　「老師會先彈奏鋼琴，你們可以在教室裡邊聽音樂邊走走，音樂停止時，請大家用身體變成一個自己發明的燈籠，當然也可以跟別人一起創作喔！」老師將遊戲規則說明一次後，請孩子們開始這次的活動。這一次，老師在彈奏〈月娘・圓仔・古仔燈〉歌曲的同時，也唱出這首台語歌曲（見譜例 5-2）（見照片 5-3）。[1]

🎵 譜例 5-2

照片 5-3：燈籠肢體遊戲

1　為了讓幼兒可以更容易歌唱，老師將原曲〈月娘・圓仔・古仔燈〉往上移高一個全音。

　　肢體活動結束後，老師請孩子們坐下，並與孩子們一起討論活動過程。

　　「剛才玩燈籠肢體遊戲時，你們除了聽到老師彈鋼琴外，還有聽到什麼不一樣的地方呢？」老師問道。

　　「老師剛剛唱『台語』歌。」唐凱故意將「台語」兩個字用閩南語唸出來。

　　老師聽到唐凱講「台語」這兩字，覺得這孩子實在太厲害了，老師笑開了嘴，而其他同學聽到也哈哈大笑。

　　「還有誰聽到什麼呢？」老師繼續問道。

　　「還有『月娘』。」晴晴也用台語將「月娘」唸出來。

　　「好棒，請問有誰知道『月娘』是什麼意思嗎？」老師唸出台語「月娘」，並詢問孩子們。

　　「就是月亮呀！」小博立即舉起手來說。

　　「答對了，『月娘』就是月亮！元宵節又可以稱為小過年，是農曆新年後第一次月圓喔！請問有誰知道，農曆幾月幾號是元宵節呢？」老師說明元宵節的意義，再拋出另一個問題問孩子們。

　　孩子們似乎都不確定日期，開始有人亂猜。

　　「五月五日。」小萬大聲回答。

　　「那個是端午節啦！」老師哈哈大笑。

　　「老師我知道，是二月 26 日。」晴晴說的日期確實是今年元宵節國曆的日子。

　　「晴晴回答的答案只說對一半，因為二月 26 日是今年國曆的元宵節，而元宵節主要是看農曆的日期。正確來說，農曆正月 15『正月十五』（台語）才是元宵節。」老師再次解釋節日的正確說法。

　　「『正月十五月娘圓』（台語），意思是說農曆一月 15 日月亮圓。現在請跟著老師一起唸一次『正月十五月娘圓』。」老師將歌詞中的第一句歌詞用台語唸出來，並解釋其意思，同時教導孩子們一起模仿老師唸誦。

　　「你們還聽到什麼歌詞呢？」老師問道。

　　「有『圓仔』（台語）。」小毅說。

　　「很好，『圓仔』是什麼意思呢？」老師問道。

　　「是湯圓！是元宵！」孩子們幾乎一致回答出答案。

　　不管是唸湯圓還是元宵，老師知道孩子們想要表達的，就是代表元宵節中的元宵。

　　「很棒喔！元宵節會將元宵滾得圓圓的，這也是代表團圓的意思。大家跟老師一起唸一次『圓仔搓得圓圓圓』（台語）。」老師再請孩子們模仿老師唸誦第二句台語歌詞。

　　「還有人聽到什麼嗎？」老師繼續問孩子們。

　　「還有『古仔燈』（台語）。」怡菲舉手說。

　　「請問什麼是『古仔燈』？」老師問道。

　　「這個簡單，就是燈籠呀！」唐凱自信滿滿地快速回答。

　　「哇，你是台語小老師嗎？很厲害耶！竟然知道古仔燈是燈籠。老師還要告訴你們，有些燈籠下面還會掛上讓大家可以猜燈謎的謎語。」老師稱讚地說。

　　「什麼是燈謎呀？」小萬搖著頭問老師。

　　「燈謎就是問你問題。例如說，毛毛蟲的媽媽是誰？」小毅很正經地對著小萬說明。

　　老師聽了哈哈大笑。

　　「所以，請問毛毛蟲的媽媽是誰？」老師笑著接話。

　　「當然是蝴蝶，這麼簡單。」孩子們幾乎一起說出答案。

　　老師再次被孩子們的話語逗樂了。

　　「燈謎還可以問這個，例如說：『看電影時要吃什麼？』」小博繼續討論起謎語的話題。

　　「請問要吃什麼呢？」老師笑著問道。

　　「當然是爆米花呀！」小博正經八百地說。

　　「還有可以問，『電燈要怎樣可以發亮？』」晴晴說出新的燈謎。

　　老師：「當然是插電啊！」

　　「老師你答錯了，答案是，要裝電燈泡。」晴晴笑瞇瞇地回話。

　　這個答案，聽得老師哈哈大笑，老師覺得孩子們說的燈謎真是太有趣了。

　　老師繼續延續〈月娘·圓仔·古仔燈〉歌詞說明：「農曆正月十五，這一天每個地方都會有燈會，並掛上燈籠，『花燈』（台語）的意思也是燈籠。為什麼要叫『花燈』呢？並不是指有花形狀的燈籠，『花燈』的意思是代表各種不一樣的燈籠、好多顏色的燈籠。」

　　「就是有紅橙黃綠藍靛紫。」小博說。

　　「對喔！元宵節的時候，廟裡會掛好多各種顏色的『花燈』，紅橙黃綠藍靛紫就有七個顏色，我們可以稱作『七彩花燈』（台語）。那天大家會提燈籠，就是『舉古仔燈』（台語）。老師小時候會和爸爸媽媽『舉古仔燈』（台語）去逛廟會，還有去廟裡拜拜，並祈求平安。去逛廟寺，就是『旋廟寺』（台語）。」老師在談話過程中，也解釋了〈月娘·圓仔·古仔燈〉台語歌詞的意思。

　　「我們一起唸一次『舉古仔燈旋廟寺』（台語），就是提燈籠去逛廟寺。」老師教導孩子將歌詞中的第三句「舉古仔燈旋廟寺」用台語再次複唸，一邊說還一邊假裝手提著燈籠。

　　「元宵節會有紅橙黃綠藍靛紫各種顏色的燈籠，七彩顏色的燈籠會照亮整個晚上，『照歸暝』（台語）就是照亮整個晚上的意思。請你們跟著老師一起唸『七彩花燈照歸暝』（台語）。」此時，老師也教完整首歌曲的台語歌詞了。

　　「『七彩』（台語）是青菜嗎？」搞笑的小萬突然笑呵呵地問道。

　　此時全班聽到後哄堂大笑，唐凱也笑著糾正小萬：「你不要亂講啦，『七彩』（台語）是很多顏色的意思。」

　　老師也覺得很好笑，笑開了嘴。老師心想小萬說的「七彩」（台語）與「青菜」聽起來真的蠻像的。

　　「老師其實有準備一些燈籠想讓大家提燈籠，可是數量不夠多，我們該怎麼辦？」老師打開櫃子中準備好的燈籠說。

　　「老師，我們可以輪流提燈籠！」怡菲貼心地說。

　　「老師好開心，謝謝你們願意等待分享。另外老師也有發明一種特別的樂器燈籠，你們看！」老師用小鼓棒串在手搖鈴上，鼓棒變成燈籠提把，手搖鈴變成燈籠。

　　「我想要那個，那個比較好玩！」小萬指著手搖鈴燈籠說。

「我也想要那個！」小毅也跟著小萬說。

「呵呵！手搖鈴燈籠你們這麼喜歡呀，等等讓我們一起來提燈籠吧！遊戲中大家可以交換燈籠，老師也會告訴你們，什麼時候可以跟其他同學交換，所以不用擔心提不到自己想要的燈籠喔！」

「這一次老師會先邊彈琴邊唱歌曲，當你們聽到老師唱歌時，請先停止走動喔！老師唱一句之後，再請你們模仿老師唱，你們唱歌的時候，就可以提燈籠邊走邊唱了。這樣大家懂了嗎？」老師說明遊戲規則。

「懂了！懂了！」孩子們因為急著想提燈籠玩，大家都快速喊著。

老師了解一定要實際操作，才能知道孩子們是否真正了解老師的意思。

「來吧！請大家到櫃子前先排好隊喔！」老師打開櫃子，分發不同的造形燈籠給孩子們。

活動進行得相當順利，即使一開始老師彈琴唱歌的時候，會有孩子不小心很自然地跟著音樂走動，但是在多數孩子都了解老師活動規則下，即使有孩子不小心忘了先聆聽聲音，也會立即自己修正。

這個活動主要是讓孩子們由遊戲中學會唱〈月娘・圓仔・古仔燈〉台語歌曲。孩子們在等待老師彈唱同時，學會先聆聽歌曲，能更清楚歌曲中的歌詞；孩子們提燈籠走唱的同時，除了學會唱台語歌曲外，也能同時感受節日氛圍（見譜例 5-3）。

老師用鋼琴聲音彈出高音清脆的兩聲，並跟孩子們說：「聽到這個聲音就可以跟好朋友換燈籠了。」孩子們開心地提著燈籠去和同學們互相交換。

🎵 譜例 5-3

老師運用聲音指揮，讓孩子們很自然地唱了好幾次〈月娘・圓仔・古仔燈〉台語歌曲，同時也與好朋友互相換到不同造形的燈籠（見照片 5-4）。

照片 5-4：唱著歌曲提燈籠

〈月娘・圓仔・古仔燈〉台語歌曲歌唱與填空對唱

今天孩子們進教室後，老師運用不同身體部位，拍打出〈月娘・圓仔・古仔燈〉歌曲的節奏，並請孩子們跟著模仿老師。

「小朋友，有人知道老師剛剛拍了什麼曲子嗎？」老師問道。

孩子們一臉疑惑，沒有回答。

「沒關係，現在請你們先看老師表演，聽聽看，我哼的是什麼歌曲？」老師除了拍打身體樂器外，並用「啦」哼唱出〈月娘・圓仔・古仔燈〉。

「啊哈！是『正月十五月娘圓』（台語）。」唐凱聰明地答對了。

老師比出「讚」的手勢。

「唐凱很棒喔！現在請大家再複習唱一次〈月娘・圓仔・古仔燈〉，老師也會陪著大家一起唱，只不過這一次老師會再多加一個東西。你們唱歌的同時，請幫我

注意看看，老師多做了什麼事情喔！」

　　當孩子們與老師一起唱歌時，老師在唱完每次樂句的結尾處，加了拍手聲音（見譜例 5-4）。

♫ 譜例 5-4

　　　　　　　　　　　　　　　　　　　　　　　　蘇淑華　詞曲
　　　　　　　　　　　　　　　　　　　　　　　　林似宣　移調 編曲

　　「請問剛剛你們唱歌時，聽到老師做了什麼事呢？」老師問道。

　　「老師每次唱完都拍手了。」晴晴積極地答話。

　　「那麼每一次拍手是幾下呢？」老師再問道。

　　「三下！」小博立即回話。

　　「很好，都答對了。但是什麼時候拍手呢？是唱完歌就拍手？還是還沒唱完就拍手？現在，請大家再仔細聽一次喔！」

　　老師再唱一次〈月娘‧圓仔‧古仔燈〉，並在樂句結尾處，拍出短短長三聲的拍手聲（見譜例 5-4）。

　　「老師還沒唱完就拍手，有三下。」老師唱完歌後，晴晴立即舉手回答。

　　「對，是在唱最後一個字時，就拍手三下。」小博詳細地再次描述。

　　「小博與晴晴說得真好！在唱每一句時，老師會在最後一字的地方加入拍手聲。現在讓我們一起來練習吧！」

　　老師與孩子們一起練唱〈月娘‧圓仔‧古仔燈〉，並在樂句結尾處拍出短短長的聲音（見譜例 5-4）。

　　練習多次後，孩子們在唱拍同時，老師默默地又多加入語言節奏（見譜例 5-5）。

🎵 譜例 5-5

蘇淑華　詞曲
林似宣　移調 編曲

　　「請問你們剛剛唱拍歌曲時，誰有聽到老師又多加了什麼東西呢？」孩子們練習完唱拍後，老師問孩子們。

　　「老師後來在我們拍手時，唸『月娘圓』（台語）。」唐凱邊說邊拍起手來。

　　「不是只有唸『月娘圓』（台語）而已，我還聽到有『圓圓圓』（台語）。」小萬在唸「圓圓圓」（台語）時，身體同時也跟著節奏一起扭動。小萬扭動身體時充滿節奏感，老師心裡覺得實在太可愛，忍不住呵呵地笑了出來。

　　「兩位都答對了，當每一句結尾的拍手聲時，老師多唸出歌詞句子的最後三個字；就是啦啦啦啦啦啦『月娘圓』，啦啦啦啦啦啦『圓圓圓』，啦啦啦啦啦啦『旋廟寺』，啦啦啦啦啦啦『照歸暝』。」老師用「啦」字哼唱出曲子旋律，並在句子結尾處唸拍出歌詞。

　　「讓我們一起練習吧！老師會先唱〈月娘・圓仔・古仔燈〉歌曲，你們只要專心接著句子結尾的拍手聲，並且唸出結尾歌詞的三個字。我們一起比賽，看誰最厲害，不會被對手的聲音所影響。」老師說明遊戲規則，並用比賽遊戲方式，培養孩子們專注、合作的能力。

　　老師與孩子們分成兩組，老師一人單獨歌唱，孩子們則是唸拍出語言節奏的填

空式伴奏。活動過程中,老師除了歌唱〈月娘·圓仔·古仔燈〉外,在每一樂句結尾時,也會幫忙給予手勢提點,提醒孩子們此時該出現填空節奏了。

「你們真的人厲害了,大家都表現得相當棒喔!但是你們人實在太多,老師剛剛還差一點唱錯了。哼,這樣不公平啦!」老師插著腰,假意生氣地說。

孩子們看到老師的樣子,大家得意地哈哈大笑。

「現在老師要將你們分成兩組,我來看看分成兩組之後,你們是不是跟剛才一樣厲害喔!」老師站起來,在孩子們坐在地上圍成的大圓圈中,用腳走出圓圈的一半。老師轉頭向著左右兩邊的孩子,再用手指分別比一、二,告訴孩子們,哪一邊是代表第一組,哪一邊代表第二組。

「請先站起來吧!第一組的小朋友,你們先唱歌曲;第二組的小朋友請接著第一組小朋友歌唱句子的後方,當句子結尾時,請唸拍歌詞喔!老師會先給你們預備拍,請看老師的指示再開始。現在聽著老師的鋼琴聲,我們準備開始吧!」老師揮舞著雙手請孩子們起立。

老師彈奏四小節的預備拍,輪到第一組孩子歌唱時,老師將右手指向第一組,點點頭請他們開始歌唱;當第二組的填空拍快到時,老師則用眼神、點頭提醒孩子們。孩子們經過之前的練習,都能夠獨當一面,熟練地呈現歌唱與填空式的說白。在曲子進行多次演奏後,老師再次讓不同的兩組互換聲部練習(見照片 5-5)(見譜例 5-6)。

照片 5-5:歌唱與填空對唱

♪ 譜例 5-6

蘇淑華　詞曲
林似宣　移調 編曲

學生們發表創作不同聲音的頑固伴奏

「老師我告訴你喔！我昨天有看到放煙火。」小毅開心地跟老師分享昨天看到的煙火。

「真的啊！煙火一定很漂亮對不對？」老師微笑地說。

「有花的形狀，還有圓形。還有很多顏色喔！很漂亮。」小毅比手畫腳地形容。

「我有看過愛心形狀！」小萬用雙手比出一個愛心形狀。

「我還有看過星星形狀。」怡菲也舉起手來說。

「我看過笑臉煙火。」晴晴也跟著討論起來。

「謝謝你們好棒的分享。請問煙火有聲音嗎？」老師問道。

「應該會有『劈哩啪啦劈哩啪啦』的聲音吧！」小毅說。

「『劈哩啪啦』這聲音聽起來，應該比較像是鞭炮的聲音吧？」唐凱有不同的想法。

「老師，我覺得這聲音，應該是開始點煙火的聲音。」晴晴發表出自己的想法。

「我知道，那麼點煙火的聲音應該是『ㄕ～』長長的聲音。」小萬發出長長「ㄕ～」的聲音。

「哈哈哈！那是蛇的聲音啦！」唐凱手指著小萬笑著說。

同學們都覺得小萬與唐凱的對話實在太有趣，聽完後，大家都笑得東倒西歪。

「老師，煙火放上去後也會發出劈哩啪啦的聲音呀！」小博說。

「那麼老師請問你們，如果讓你們選擇一個喜歡的聲音，你們會喜歡『劈哩啪啦』這個聲音？還是『ㄕ～』這個聲音呢？」

「『劈哩啪啦劈哩啪啦』這個比較好聽。」多數孩子嚷嚷地說。

少數孩子舉手說「ㄕ～」這聲音比較好聽，同時還用單手旋轉手腕，像蛇一般向上舞動著 S 線條。

這時候，老師心裡突然聯想到：我可以用孩子們創作的『劈哩啪啦』聲音當作頑固伴奏啊！

「老師看到多數同學喜歡『劈哩啪啦』這個聲音，如果將你們的創作變成『劈哩啪啦劈哩啪啦放煙火』，請問你們喜歡嗎？」老師邊說邊唸出「劈哩啪啦劈哩啪啦」的詞句，並在唸「放煙火」的時候，雙手互拍拍出節奏（見譜例 5-7）。

🎵 譜例 5-7

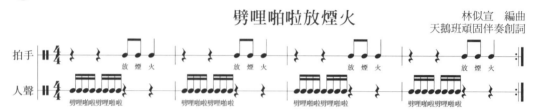

孩子們看完老師示範身體樂器拍打後，有的人馬上點頭說喜歡，有的人開始默默地模仿老師，唸拍出說白節奏。

「大家一起跟著老師唸拍看看吧！」老師邀請孩子們一起練習。

孩子們都很聰明地模仿老師的動作，一邊唸著說白節奏，一邊用雙手拍出「放煙火」的節奏。

「你們喜歡這樣的節奏嗎？」老師再次詢問孩子們。

「喜歡！」孩子們齊聲地回答。

老師再次陪伴孩子們，一起唸拍創作的頑固伴奏（見譜例 5-7），當孩子們唸拍頑固伴奏相當穩定的時候，老師再用「啦」哼唱出〈月娘・圓仔・古仔燈〉歌曲的旋律，雙手也一邊指揮著孩子們唸拍節奏（見譜例 5-8）。

🎵 譜例 5-8

「請問剛才唸拍身體樂器『劈哩啪啦劈哩啪啦放煙火』的時候，有誰聽到老師哼唱了什麼歌曲？」老師問道。

「當然是〈月娘‧圓仔‧古仔燈〉（台語）！」台語高手唐凱快速地回答。

「呵呵！很棒喔！唐凱答對了。現在我要分組，請問有人想跟老師一起當哼唱的這一組嗎？唱歌的同學可以一邊提燈籠一邊唱歌喔！」

「我！我！我想要。」孩子們聽到可以提燈籠，紛紛舉手說。

老師心裡默默想著，太好了，剛好老師需要多一點歌唱的音量，若是頑固伴奏的人數太多，孩子們有可能會將頑固伴奏唸拍得太過大聲，而主要旋律歌聲容易被伴奏聲音覆蓋過去。

老師在班上選出剛剛舉手的孩子們，將他們分配到喜歡的歌唱組。約有三分之二的孩子們分配到歌唱組，剩下三分之一的孩子們則分配到頑固伴奏組。

「現在請歌唱組的小朋友們站起來，到老師這邊排成一列，我們一起來拿燈籠吧！等等你們唱歌的時候，請你們提著燈籠邊走邊唱〈月娘‧圓仔‧古仔燈〉喔！」老師招手請孩子們過來提燈籠。

「噢！這不公平，老師我也好想拿燈籠。」小毅用抱怨又哀求的口氣說。

「等等大家都有機會互相輪流拿到燈籠的，所以不用擔心喔！」老師以溝通的方式讓孩子們明白，大家都有機會輪到不同的聲部。

「跟小毅一樣是唸『劈哩啪啦劈哩啪啦放煙火』的同學們，現在老師又要將你們分成兩組。」老師將頑固伴奏組孩子們，又分成兩個小組。

「現在老師左邊這一組的小朋友，請你們只要在嘴巴唸出『劈哩啪啦劈哩啪啦』這個節奏就好。」老師轉向左邊對孩子們說。

「老師右邊這一組的同學，請你們只要用手拍出……」老師轉向右邊對孩子們說。

老師話還沒說完，孩子們立即聰明地接著老師的話說：「放煙火！」還有的孩子同時邊說邊拍手三下。

「實在是太聰明了！現在請唸『劈哩啪啦劈哩啪啦』及『放煙火』的同學們，一起先圍成小圓圈坐下來；另外，歌唱組的同學們，也請你們提著燈籠邊走邊唱〈月

娘‧圓仔‧古仔燈〉，現在我們準備一起合奏了喔！」老師笑了笑說。

　　老師首先指揮頑固伴奏的兩組孩子們，並給予他們四拍的預備拍；同時老師分別跟著頑固伴奏的兩組孩子們，一起唸出語言說白及做出拍手的動作，等待頑固伴奏進行兩小節後，老師再將頭轉向歌唱組，點頭提醒歌唱組的孩子們，請他們開始提燈籠走唱〈月娘‧圓仔‧古仔燈〉（見譜例 5-8）（見照片 5-6）。

照片 5-6：一邊歌唱一邊提燈籠，並配上說白的頑固伴奏

學生創作新的伴奏聲音

　　時隔一週的音樂課，小萬開心地與老師分享他想到的新聲音。

　　「老師，我想到我之前看煙火飛上去的聲音是『咻』，是這樣的聲音。」小萬發出由低到高「咻」的長音。

　　「哇！謝謝你的新發明，太酷了。」老師覺得這個聲音效果真的很不錯，腦子立即思考著，等一下該如何將此聲音連結之前孩子們發明的頑固伴奏。

　　「老師覺得這個『咻』的聲音真的很棒。」老師唸到「咻」的時候，用單手在空中畫出由低到高的線條。

　　「來，我們一起用身體來玩『啾』的聲音！大家請先站起來，在教室找一個空間，不要跟同學擠在一起喔！雙手打開轉一圈，請找一個自己轉一圈時，不會碰到其他人的地方。」老師邊說邊跟著孩子們，在教室找一個空間轉一圈。

　　老師拿起三角鐵，並敲了一下。

　　「大家聽到三角鐵聲音時，我們要用肢體學煙火飛上去的樣子；除了唸出『啾』的聲音外，請把身體跳起來，手也同時可以畫出煙火飛上去的樣子。」

　　老師說完，示範肢體煙火動作，將身體微蹲，雙腳往上跳，同時用單手畫出由低到高的線條，並唸出「啾」的聲音。

　　孩子們看到老師的肢體動作，紛紛在自己位置上模仿起來。此時可聽到教室各處「啾」的聲音，似乎真的像放起煙火的樣子。

　　「好嘍！讓我們開始煙火的活動。請注意聽，聽到宣宣老師敲三角鐵聲音時才能跳起來喔！」老師呵呵笑地說。

　　老師用三角鐵敲奏出長音，孩子們開心地用肢體向上跳，手也在空氣中畫出煙火向上的線條，嘴巴喊出「啾」的長音。老師等待孩子們穩定地跳躍出老師敲奏的固定拍後，默默在旁邊唱出〈月娘‧圓仔‧古仔燈〉歌曲（見譜例 5-9）。

🎵 譜例 5-9

月娘‧圓仔‧古仔燈

蘇淑華　詞曲
林似宣　移調 編曲

「剛剛你們放煙火的時候，除了老師敲奏三角鐵外，有人聽到什麼其他的聲音嗎？」老師問道。

「當然是『正月十五』。」唐凱馬上唱出樂曲的第一句歌詞。

「真是好耳力！」老師稱讚唐凱，並比出讚的手勢。

「聰明的天鵝班已經創作出許多不同的聲音，像是你們之前創作的『劈哩啪啦劈哩啪啦放煙火』，還有『咻』煙火飛上去的聲音。」老師比手畫腳地將孩子們之前的創作，再次敘述一次。

「我們一起演奏出所有的創作聲音吧！首先老師要進行分組，有些人要幫忙唱出〈月娘・圓仔・古仔燈〉，有些人要唸出『劈哩啪啦劈哩啪啦』的聲音，還需要一組人拍出短短長『放煙火』的節奏，另外還要煙火的聲音，要有人運用肢體往上跳，並唸出『咻』的聲音。」

「老師，這一次是不是該換我們來提燈籠了呢？」小毅快速舉手說。

老師微微一笑，回想起上一回課堂上，小毅喊著自己很想提著燈籠邊走邊唱。

「謝謝小毅提醒。老師今天當然要先邀請上一回唸拍『劈哩啪啦劈哩啪啦』與『放煙火』的小朋友來提燈籠，你們除了提燈籠外，記得要唱出好聽的歌聲喔！」老師拍拍手說。

「耶！我們可以提燈籠了！」小毅與一群孩子們高興得大喊。

「樂曲合奏還是需要多一點歌聲才會好聽喔！所以老師只想邀請五位同學，幫忙唸出『劈哩啪啦劈哩啪啦』，另外五位同學用手拍出『放煙火』的節奏。」老師說明樂曲合奏的聲部的配置。

「另外，還要請五位同學拿著絲巾，拋接絲巾並發出煙火『咻』的聲音。」老師拿出藏在身後的絲巾，唸出「咻」的聲音，並向上拋接。

新的絲巾遊戲，讓孩子們眼睛為之一亮，開始聽到有人喊著：「老師，我好想換成玩絲巾喔！」

「放心，大家都有機會輪流玩到的。」老師笑著說。

「聽到了嗎？我們都會輪流玩到，不要一直換來換去了。」晴晴插著腰，正對著唐凱說。看到這一幕，老師忍不住偷偷地笑了。

　　老師讓孩子們選擇自己想要的聲部，並將同一聲部的孩子們排在一起。

　　「歌唱的同學們，老師想邀請一位同學當小老師，小老師就是火車頭。大家排成　列，跟著小老師邊提著燈籠邊唱歌。火車頭小老師很重要，不能走得太快，不然火車隊伍會容易斷掉，沒辦法連接在一起。請問有誰想要當火車頭呢？」老師向歌唱組孩子們說明遊戲規則，並詢問誰想當火車頭。

　　聽老師說完後，歌唱組孩子們紛紛踴躍舉起手來。

　　老師邀請了活潑的小萬當火車頭，同時再次叮嚀他，帶領火車隊伍的速度不能太急，路線可以自由地彎彎曲曲走來走去。

　　「我們開始一起合奏，請注意老師的指揮喔！」老師說。

　　老師首先指揮「劈哩啪啦劈哩啪啦」與「放煙火」的頑固伴奏，並將此頑固伴奏作為樂曲的前奏。緊接著，老師點頭面向著歌唱組，提示他們開始提著燈籠歌唱〈月娘‧圓仔‧古仔燈〉。同一時間，老師也拿起直笛，將〈月娘‧圓仔‧古仔燈〉樂曲旋律以直笛吹奏出來（見譜例 5-10 之一）。樂曲演奏一次後，接下來，老師指揮煙火組「咻」加入，此時三聲部的頑固伴奏聲音更加豐富：「劈哩啪啦劈哩啪啦」、「放煙火」與「咻」，緊接著第二次旋律歌唱與直笛聲音再次出現（見譜例 5-10 之二）。

🎵 譜例 5-10 之一

月娘・圓仔・古仔燈

蘇淑華　詞曲
林似宣　移調 編曲
天鵝班頑固伴奏創詞

 譜例 5-10 之二

樂器合奏：聲音創作與樂曲結合

「老師，我們可以用樂器敲出這些聲音嗎？」小博問道。

「好呀！我們一起來練習樂器吧！『劈哩啪啦劈哩啪啦』這個聲音，你們想用什麼樂器呢？」

「老師，我們可以用 Bongo 鼓。」小博提議。

Bongo 鼓就是邦哥鼓，孩子們已經習慣唸出 Bongo 原文。

「讓我們來試看看 Bongo 鼓吧！」老師說完後，請孩子們輪流敲敲看。

在練習 Bongo 鼓敲奏時，老師發現有些孩子手部來不及敲奏出快速的「劈哩啪啦劈哩啪啦」節奏。

「老師覺得一字一下敲『劈哩啪啦劈哩啪啦』，好像有點太困難了。如果改成這樣呢？」老師示範在「劈」字才敲出鼓聲（見譜例 5-11）。

🎵 譜例 5-11

林似宣　編曲
天鵝班頑固伴奏創詞

「這樣真的比較容易耶！」小博模仿老師敲奏。

「請問『放煙火』這句話呢？你們想用什麼樂器？」老師繼續問孩子們意見。

「老師，可以用鈴鼓嗎？」怡菲舉手說。

「我想用三角鐵。」小萬有不同意見。

「很好，有自己的想法，很棒喔！我們來試試兩種效果，第一個是 Bongo 鼓聲加上鈴鼓，第二種是 Bongo 鼓加上三角鐵的效果。」老師將兩種組合樂器敲奏給孩子們聆聽。「這兩種聲音配合起來都蠻好聽的，你們覺得呢？」

「我覺得 Bongo 鼓加上鈴鼓的聲音，聽起來很熱鬧。」怡菲說。

「大家覺得呢？」老師再次問孩子們的意見。

多數孩子點點頭認同老師說法，但是此時小萬嘟著嘴說：「但是，我還是想用三角鐵。」

「我們還有煙火的聲音呀，『咻』這個聲音我們可以用三角鐵，這樣我們就有三角鐵的聲音了！」老師馬上想到一個好辦法，小萬聽完之後，圓圓的小臉蛋展現出笑容。

「讓我們一起來試看看 Bongo、鈴鼓、三角鐵合奏起來的效果吧！首先老師會將大家分成四組，第一組我想請幾位小朋友用 Bongo 敲出『劈』哩啪啦，『劈』哩啪啦。」老師刻意將「劈」字加了重音，並在腿上拍了一下。

「第二組需要幾位小朋友用鈴鼓拍出『放煙火』的節奏；第三組的小朋友需要用三角鐵敲奏出『咻』的煙火聲音。除了聲音以外，我們也需要一些看得見的煙火喔！第四組的小朋友請幫忙拋接絲巾，就像煙火飛上去的樣子。至於旋律部分，老師會用直笛吹奏出來喔！」（見照片 5-7）（見譜例 5-12）

照片 5-7：樂器合奏

🎵 譜例 5-12

月娘・圓仔・古仔燈

蘇淑華　詞曲
林似宣　移調 編曲
天鵝班頑固伴奏創詞

　　在幼兒園的另一大班—海豚班，孩子們也討論出不一樣的新創詞。孩子們在〈月娘・圓仔・古仔燈〉中，創作了鞭炮聲：「啪啪啪啪啪」、「砰」；還創造出來不同的說白節奏：「提燈籠」、「猜燈謎」。老師結合了海豚班討論出來的聲音與詞句，並將其做組合編排，最後結合〈月娘・圓仔・古仔燈〉樂曲之合奏。合奏有不同方式，第一種合奏是將孩子們創作的鞭炮聲「啪啪啪啪啪」、「砰」的聲音，運用說白節奏及雙腳踏跳，並配上歌唱〈月娘・圓仔・古仔燈〉來呈現（見譜例5-13）。第二種合奏是將孩子們創造出來「提燈籠」、「猜燈謎」的說白節奏，運用拍腿的身體樂器伴奏與歌曲結合呈現（見譜例5-14）。第三種為綜合海豚班所有創作，運用身體樂器、說白節奏與〈月娘・圓仔・古仔燈〉歌曲之大合奏（見譜例5-15）。

譜例 5-13

譜例 5-14

譜例 5-15

　　〈月娘・圓仔・古仔燈〉的最大特色，是其為一首台語歌曲，老師在教學過程中，透過節日與孩子們探討元宵節發生的事物，由遊戲中讓孩子們聆聽音樂，再漸漸帶入台語歌曲。引導孩子們創作頑固伴奏過程中，老師嘗試著讓孩子們討論元宵節節日，先讓孩子們說出心中對節日的想法，再創作出關於元宵節的詞句與聲音，之後老師再將孩子們發表的聲音、想法、語言說白做統整，創作出屬於各班特有的頑固伴奏。最後結合〈月娘・圓仔・古仔燈〉樂曲與班上孩子們語言．聲音．節奏的創作，呈現出樂曲大合奏。

　　老師與孩子們共同創作出一首首不同風格的〈月娘・圓仔・古仔燈〉，孩子們豐富的想像力與創造力是樂曲創作的泉源。

Section Two

音樂故事活動與古典音樂

幼兒成長的好朋友：
音樂故事

李玲玉

　　故事在世界上創造了魔力和驚奇感，繪本為孩子們提供了通往新世界的窗口。故事的內容提供了學習新思想和訊息的機會，讓幼兒在無意識中透過引人入勝或令人興奮的故事情節學習寶貴的人生課程。講故事是孩子們發展對其他文化的理解、尊重和欣賞的獨特方式，透過講故事，可以鼓勵幼兒學習聆聽，無論是講故事的人或是聽故事的人都能學會耐心、讓別人說話，幼兒藉此也開始學習到別人可能不會用與他們相同的方式解釋事物。另外，幼兒在聽故事的同時，其專注力和聆聽技巧也得到了發展，喜歡聆聽故事為幼兒奠定未來喜歡閱讀的習慣。

幼兒與教師的最愛

　　透過音樂和故事解放幼兒的想像力，老師可依課程目標所需尋找適合的故事文本，單純地透過豐富的聲音表情與肢體語言也可形成一個劇場。若結合鳥笛，人人都可成為漫步森林的公主；加入鼓聲，立刻轉變成偉人傳記中精神抖擻的英雄，虛實之間讓幼兒有多樣的創造性思考與體驗。藉由反覆聽音樂與故事的經驗，累積故事文本情境結合音樂的使用時機，鼓勵幼兒參與音樂故事中的對話及歌唱，教師也能經由此了解幼兒的興趣和理解程度，並從中搭起音樂故事學習的鷹架，讓幼兒們更有意識地學習。

　　各式音樂的體驗，例如：聆聽音樂、隨著音樂舞動身體、隨口哼唱歌曲或即興玩奏樂器，並與故事文學體驗相互連接，提供幼兒多種感官參與的機會。且音樂、文字和圖片有相類似的關係，當故事添加音樂一起體驗，幼兒從中能獲得豐厚的感知，更能增加美感的感官刺激，有助於幼兒理解音樂故事（Donlevy, 2014; Niland, 2007）。換句話說，讓幼兒體驗音樂和故事，這兩項教學活動對幼兒來說都具有愉悅感及滿足感，同時對其視覺與聽覺都能提供豐富的美感體驗，更是學齡前幼兒最喜愛的教學活動之一。

　　有學者（Niland, 2007）強調，別只是讀故事，而是要加入音樂唱故事，依故事的敘述情境，加入適合且多元的音樂元素。也就是在故事敘述的同時，將音樂加入其中，使故事與音樂兩相呼應，幼兒於此同時會經歷具創造性的思考，更可促進幼兒對藝術美感的熱愛。在共讀的過程中，任何故事都能透過增加樂器或自製樂器來伴奏，甚至讓幼兒做出音效，例如：因應角色情緒發出聲音、拍打肢體、模仿動物叫聲或物品聲響等，讓幼兒成為故事中的一部分，甚至編排出一齣音樂故事劇（Fleta, 2017）。

　　亦有學者（Fleta, 2015）認為，在幼兒識字之前，可藉由聆聽與理解來讀故事，而圖畫書中的圖畫，可以幫助幼兒在聽故事時，透過圖像理解故事所要傳達的意境。音樂也是如此，在聆聽音樂的同時，透過語音圖像的引導而「讀」音樂，經驗音樂曲風帶給人的感受；在富含音樂的故事活動中，就算幼兒還不會寫字或畫五線譜也無妨，可以讓幼兒一起共同想像，老師則將編寫過程抄寫下來，記錄彼此創造的音樂故事，並與他人分享這份聲音藝術，傳唱專屬於彼此的美感。

音樂故事的理論

　　教學課程中融入音樂故事有其原理，運用音樂與故事即是人類文化活動的開端。教師應了解課程的參與者，擁有多層次的社會人際關係，探究各階段幼兒的身心靈特徵，活動目標納入具有多方思維與多元面向的發展特性，專業老師更可根據自己

的經驗創造課程腳本和教學素材，編寫出與自己及他人有共鳴的教學教案，即為全幼兒音樂教育模式（holistic music educational approach for young children, HMEAYC）（李玲玉，2012）。

　　此模式融入在課程中的定位，並不是讓孩子學習音樂故事的技巧，而是透過有結構的活動，提供幼兒多變化的課程內容，結合不同形式的感知方式，增強主動學習的意願。專業的老師可根據本身的經驗和喜好，自行為故事添加各式音樂及音效，豐富幼兒的聽覺感受和音樂故事的美感體驗。

　　音樂故事的講述要點，即為故事文本的角色與內文配上合適的音效，可以善加運用有調性、無調性的樂器，或是音效樂器等，為故事編寫主題歌並用木琴敲奏，例如：唸到故事中的貓咪時敲兩下三角鐵，或是在雷雨交加的情境時使用雷鳴管及雨柱，讓講述故事的過程中，伴隨著豐富的樂器聲響。當然，說故事者用符合故事節奏且多變的音色講故事，營造一個聲音豐富又多變的音樂故事，更能激發幼兒的創造力與想像力（李玲玉，2012）。

　　優質的音樂故事程序安排，是令人愉悅的體驗學習關鍵，應把握下列五個要點：(1)應給予富有節奏與旋律的音樂故事環境；(2)根據學習者的需求，提供多元音樂故事內容；(3)掌握動靜穿插的節奏，以保有學習熱忱；(4)了解學生的個別差異，搭配合宜的學習步調；(5)實施音樂故事的時間要長短適中（李玲玉，2012）。

　　全幼兒音樂教育模式中，統整上述五項要點實施並研究，結果發現多元的音樂故事活動課程，對幼兒的注意力發展成效最高（李玲玉，2007），且對幼兒的情緒有正向的影響（施品竹、李玲玉，2017）。若在懷孕七個月至十個月間實施，音樂故事能引起較多的胎動反應（梁瑋如，2017）。

　　從上述研究得知，音樂故事對幼兒甚至胎兒，具有強大的美感魅力。無論是專業的老師或是父母親，都可試著挑選一本自己喜愛、以圖畫為主、內文富趣味性、高重複性的圖畫故事書為題材，並替故事角色與情境搭配多元樂器的音效，讓音樂故事富有音效畫面。每次在故事翻頁時，均可用鐵琴做滑音的聲響，不僅能培養聽故事的默契與等待，也可增加聲音的豐富度。

音樂故事的研究範例分享

　　筆者身為幼兒音樂教育工作者，從事音樂故事創作與研究教學長達二十多年，深切體會幼兒喜歡聽故事的習性，因此多年來將音樂課程以故事為主題的整合方式呈現給幼兒，在故事情節中加入自創重複句型的音樂歌曲或是說白節奏，讓幼兒自然而然地學習歌曲、節奏型與語言記憶。經過多年的經驗，不斷地測試、修正、再測試、再修正，筆者賦予繪本另一種呈現形式──音樂故事繪本。

研究教學範例分享：「萬花筒仙境」

　　此主題音樂故事藉著「紅、橙、黃、綠、藍、紫、白」七種色彩連結故事角色，使用全幼兒音樂教育模式引導孩子們在每一個環節中遊戲和自然學習。各具特色的故事角色們配合其專屬的音樂節奏，在吸引孩子們注意的同時，除了啟發孩子們的學習動機，還能從角色的個性行為學習情緒控制與增進音樂和語文的記憶力，更重要的是在無形中培養孩子們的音樂美感。以下節錄一段故事內容做說明：

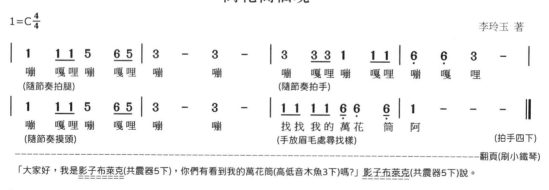

萬花筒仙境

1=C 4/4

李玲玉 著

「大家好，我是影子布萊克(共震器5下)，你們有看到我的萬花筒(高低音木魚3下)嗎?」影子布萊克(共震器5下)說。

「大家好，我是影子布萊克(共震器5下)，你們有看到我的萬花筒(高低音木魚3下)嗎?」影子布萊克(共震器5下)說。

3 2　1 6　5 6　11 2	3　　－　　X X　X X	X　X　X　　X　X　X
你 有　看 到　我 的　萬花　筒　嗎	（萬花　筒阿）	沒看到　　沒看到
（聳肩）（雙手食指做出小圈圈放眼睛）	（拍4下）	（隨節奏用左手食指搖）

3 2　1 6　5 6　11 2	3　　－　　X X　X X	X　X　X　　X　X　X
你 有　看 到　我 的　萬花　筒　嗎	（萬花　筒阿）	沒看到　　沒看到
（聳肩）（雙手食指做出小圈圈放眼睛）	（拍4下）	（隨節奏用左手食指搖）

5 5　5 5　0	5 5　5 5　0	2　6　3　－
萬花　筒阿	萬花　筒阿	在　哪　裡
（從下往上拍4下）	（從下往上拍4下）	（聳肩）

X　－　－　－	X　－　－　－	（敲樹鐘）
Ta　A　A　A	Ta　A　A　A	

———翻頁(刷小鐵琴)

「你們有聽到什麼聲音嗎?」影子布萊克(共震器5下)說。

「哇!是一片藍海耶!」影子布萊克(共震器5下)說。

「你是誰?」影子布萊克(共震器5下)問。

「我是海盜布魯。」海盜布魯(樹鐘4下)用傲慢的聲音說。

3 2　1 6　5 6　11 2	3　　－　　X X　X X	X　X　X　　X　X　X
你 有　看 到　我 的　萬花　筒　嗎	（萬花　筒阿）	沒看到　　沒看到
（聳肩）（雙手食指做出小圈圈放眼睛）	（拍4下）	（隨節奏用右手食指搖）

3 2　1 6　5 6　11 2	3　　－　　X X　X X	X　X　X　　X　X　X
你 有　看 到　我 的　萬花　筒　嗎	（萬花　筒阿）	沒看到　　沒看到
（聳肩）（雙手食指做出小圈圈放眼睛）	（拍4下）	（隨節奏用右手食指搖）

5 5　5 5　0	5 5　5 5　0	2　6　3　－
萬花　筒阿	萬花　筒阿	在　哪　裡
（由下往上拍4下）	（由下往上拍4下）	（聳肩）

「你看到我的萬花筒(高低音木魚3下)嗎?」影子布萊克(共震器5下)問海盜布魯(樹鐘4下)。

「沒有,但是如果你幫我找到我的好朋友魚兒,我就給你一個有用的提示。」海盜布魯(樹鐘4下)說。

「好啊,那你的好朋友長什麼樣子?」影子布萊克(共震器5下)說。

「嗯...我知道牠是海裡最大的魚。」海盜布魯(樹鐘4下)說。

「那有沒有小朋友知道是哪一隻呢?可以指出來嗎?」影子布萊克(共震器5下)問。

X　－　－　－	X　－　－　－	（藍海盜敲樹鐘）
Ta　A　A　A	Ta　A　A　A	

「太好了!現在我們一起念出魔法咒語,你就會被送到你要去的地方了!」海盜布魯(樹鐘4下)說。

———翻頁(刷小鐵琴)

(未完，待續...)

　　本研究旨在探討以自編音樂故事教學提升十五位 2 歲以上、未滿 3 歲幼兒的多元發展，尤其是專注力與情緒調節之成效。具體研究目的與問題如下。

（一）研究目的

1. 探究以自編音樂故事的多元呈現教學，發展幼兒專注力之成效。
2. 探究以自編音樂故事的多元呈現教學，調節幼兒情緒之成效。

（二）研究問題

1. 幼兒是否能夠從自編音樂故事的多元呈現教學中，發展其學習專注力？
2. 幼兒是否能夠從自編音樂故事的多元呈現教學中，發展其情緒調節能力？

　　本研究以立意取樣方式，選取一所私立幼兒園十五位剛入學的 2 歲（未滿 3 歲）之幼兒，運用觀察量表，由不同觀察員交叉比對後測驗出幼兒在專注力與情緒表現情形。圖 6-1 顯示研究對象在三週的基準線觀察後達到一致的需求狀況，實施十三週的教學課程後，專注力由原本的前測 1 分提升至後測 4.5 分；圖 6-2 顯示研究對象在實施十三週的教學課程後，在情緒能力的調節也由原本的 1 分提升至 4.5 分。

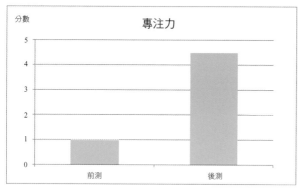

圖 6-1　幼兒專注力前後測

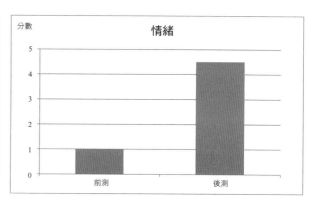

圖 6-2　幼兒情緒前後測

　　圖 6-3 與圖 6-4 顯示出研究樣本在多元音樂故事課程中，專注力與情緒的歷程表現。第一、二、三週為基準線觀察期，經過觀察評量，幼兒在研究教學前的專注

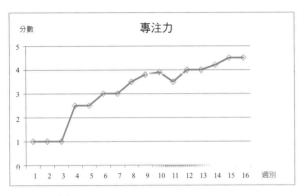

圖 6-3　幼兒專注力表現歷程

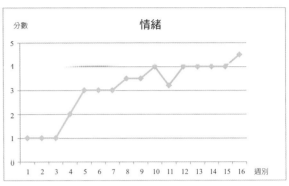

圖 6-4　幼兒情緒表現歷程

力與情緒均處於不穩定的狀態，從帶班老師與家長之訪談得知，有可能是新的學校經驗給幼兒新生帶來分離焦慮引起之情緒不穩定，進而影響其專注力。第四週後進入正式的研究教學，幼兒被音樂故事的多元性所吸引，因此專注力和情緒都有了微幅的提升。除了第十一週因為有幼兒感冒，帶來一些負面的哭鬧情緒，連帶影響其他幼兒的專注力外，基本上曲線幅度呈現穩定地上升。

　　整體而言，十三週的教學過程中，幼兒經歷了適應期、進步期和穩定成長期，不僅專注力逐步提升，情緒也逐漸轉為正向與快樂學習。經由不同的觀察員、老師與家長的交叉比對，歸納出以下幾個促進幼兒成長的因素：

1. 故事結合多元的音樂元素，能引發幼兒的好奇心，進而吸引其注意力。

2. 多元的音樂故事引導方式具有變化，可以吸引幼兒的目光焦點，例如：可觸摸、撕黏、扣、貼的實體故事大書；投影人物多樣變化方式；故事圍裙、手偶、手指偶、戲劇等方式，較容易維持幼兒的注意力。

3. 透過互動式的音樂故事，能夠轉移幼兒的焦慮，不僅改善其負向情緒，還可以提升其社交技巧。

4. 具有目的性地重複音樂說白節奏，可明顯提升幼兒的專注力與記憶力。

5. 音樂故事中的歌曲動作除了提高幼兒的音樂敏銳度外，還能促進肢體動作的發展。

結語

音樂與故事是人與人之間交流的方式，對各年齡層的成人、孩童都有獨特的吸引力。音樂與故事是生活中的調和劑，亦是人類文化歷史中很重要的部分，當文字系統還未建立之前，人們便將生活經歷譜上旋律，藉由音樂與故事這項口述的藝術及智慧，口語傳唱前人的文化及經驗故事，更促使彼此的感知從中產生共鳴。由此可見，音樂和故事是密不可分的。故要培養孩子的人文涵養、認同感和歸屬感，將音樂故事融入到生活或課程活動中是很好的選擇。

參考文獻

中文部分

李玲玉（2007）。運用音樂治療提升特殊幼兒注意力之成效探討。朝陽人文社會學刊，5（1），211-240。

李玲玉（2012）。特殊幼兒音樂育療：理論與實務——家扶基金會臺中發展學園產學合作報告上冊理論篇。台中市：家扶基金會臺中發展學園。

施品竹、李玲玉（2017，5月）。多元音樂故事活動融入親子課程對特殊需求幼兒正向情緒發展之初探性個案研究。論文發表於宋明君（主持人），教保服務人員專業發展。2017 追求卓越的教保專業國際學術研討會，台中市。

梁瑋如（2017）。全幼兒音樂教育模式對胎兒成長反應之初探性研究（碩士論文，朝陽科技大學，台中市）。取自 https://hdl.handle.net/11296/va6j32

西文部分

Donlevy, L. J. (2014). Music, curriculum, and early childhood. *Education Matters: The Journal of Teaching and Learning, 2*(2), 1-9.

Fleta, T. (2015). Active listening for second language learning in the early years. In S. Mourão & M. Lourenço (Eds.), *Early years second language education: International perspectives on theory and practice* (pp. 137-148). Miltou Park, UK: Routledge.

Fleta, T. (2017). The sounds of picturebooks for English language learning. *Children's Literature in English Language Education Journal, 5*(1), 21-43. ISSN 2195-5212

Niland, A. (2007). Musical stories: Strategies for integrating literature and music for young children. *Australasian Journal of Early Childhood, 32*(4), 7-11. https://doi.org/10.1177/183693910703200403

音樂故事活動
「小毛不可以」

張惠敏

教學對象：小班

♪♪ 繪本故事大意／課程設計靈感 ♪♪

　　我在寫這篇時特別有感。《小毛不可以》是我和我的小孩最喜愛的繪本之一，有我和他們兒時的親子回憶，沒想到現在竟串聯起在愛彌兒和小朋友們的傳唱。從未想過這些繪本會變成我的音樂教學教材之一，許多從前點點滴滴的溫馨回憶，透過奧福教學的活動設計，好像一條繩子串起許多有趣又溫暖的愛的漣漪。

　　《小毛不可以》繪本中捕捉了小毛的古靈精怪，也精確描繪出孩子的頑皮行徑，小毛的媽媽總是說：「小毛，不可以！」例如：小毛，不可以爬高高！小毛，安靜！小毛，不要玩食物！小毛，不要挖鼻孔！小毛，把玩具收好！小毛，不可以在屋子裡打球！小毛，我說不可以……最後小毛打破花瓶，媽媽讓小毛坐在小板凳上面對牆壁反省，小毛轉過頭邊哭邊看著媽媽。最後媽媽說：「小毛，過來。」小毛投入媽媽懷抱時，媽媽說：「小毛乖，媽媽愛你。」幼兒的行為與心理從繪本中一覽無遺。

　　從繪本中第一個小毛爬高高想拿糖果的畫面，以及「小毛不可以」的文字，可以想見，這是每一個幼兒必經的過程吧！於是我以這個開頭為構想，編了說白兒歌，融入繪本，展開了今天的課程。

備課：課前先把動物玩偶放在教室高處位置

　　上課前小朋友還沒進教室時，我先把幾個動物玩偶放在教室不同角落高處的位置，以備活動發展到需要小朋友找找看「哪裡有動物爬得太高下不來」時，小朋友可以用唱歌把他們救下來。

課前暖身：節奏說白引導

　　當小朋友一個一個進來教室時，我請小朋友圍圈圈坐下來。我問小朋友：「你們聽看看，是什麼聲音？要注意聽喔！」我一邊小聲唱「ki ki ko ko ki ko ko」（見譜例 7-1），一邊等待他們一個一個安靜圍坐下來，想要用這句語言節奏吸引小朋友的注意。

🎵 譜例 7-1

kiko 歌

張惠敏

　　小穎馬上舉手說。

　　「敏敏老師我知道，是 ki ko ko 啦！」小穎很得意的表情。我用眼神示意並跟小穎點了點頭，繼續唱著。

「是敲東西的聲音！」安安用驚奇的口氣說。當小朋友發覺自己的答案跟別人不同時，都會格外地興奮。

「你們都答對了！」我點點頭說。

此時小朋友已經全部安靜圍坐在自己的位子上了，接下來，我想要以這個節奏動機來進行身體節奏。

帶著小朋友模仿老師以不同的身體樂器感應〈kiko 歌〉的節奏時，引導的順序是由老師先示範一次邊唱兒歌邊拍打節奏，再請小朋友模仿老師做三次一樣的動作。[1]於是我帶著小朋友做了以下的動作：

第一動作：我把兩隻手打開，說：「像鱷魚的大～嘴巴。」用雙手手臂拍打，一邊唱「ki ki ko ko ki ko ko」（見照片 7-1）。

第二動作：我伸出兩隻食指，說：「像小雞的小嘴巴。」小朋友跟著我用食指敲著〈kiko 歌〉（見照片 7-2）。

第三動作：我伸出兩個拳頭，邊敲拳頭邊唱〈kiko 歌〉（見照片 7-3）。

照片 7-1：鱷魚的大嘴巴

1　每個動作都模仿三次，可以讓小朋友確實掌握節奏。我也觀察到小朋友必須透過反覆模仿來修正與調整自己的節奏，以便跟大家一樣。

照片 7-2：小雞的小嘴巴

照片 7-3：伸出兩個拳頭

　　我接著唱出〈小毛不可以〉歌（見譜例7-2），然後跟小朋友說了繪本的故事：「小毛是一個很調皮的小孩，他的媽媽喜歡唱歌，總是會對小毛唱著：『小毛～不可以，小毛～乖』。」當我拿出繪本時，看見小朋友閃亮亮的眼睛和開心期待的表情，心想聽故事真的是孩子最喜愛的事。

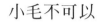

進入繪本：繪本、主題歌與語言節奏

　　班級老師協助我將小朋友調整成兩排，面對著我。我拿出繪本給小朋友看封面，一邊唱著〈kiko 歌〉，一邊問小朋友：「小毛怎麼了？」小朋友們搶著發言。

　　「小毛爬高高。」小樂表情緊張地說。

　　「他踩在書上面。」玥玥也舉手說。

　　「他想看魚。」小策小小聲地說。

　　「魚缸快要掉下來了啦！」小嬡瞪大眼睛說。

　　我又唱著〈kiko 歌〉然後假裝跌倒了，大叫：「唉呀！屁股好痛啊！」我摸著好痛的屁股問小朋友：「這個時候小毛的媽媽總是要唱什麼歌，才能讓小毛乖？」

　　小朋友幾乎異口同聲說是〈小毛不可以〉歌。我再一次提高語氣說：「小朋友，你們答對了！〈小毛不可以〉是一首很神奇的歌喔！小毛聽見媽媽唱完這首歌，一定就會說：『Yes，媽咪，我不會爬高高了！』」

　　我翻開了繪本的第一頁，小毛正站在椅子上，手伸高高想要吃糖果。我唱了〈kiko 歌〉後，問道：「喔喔！媽咪說，小毛要先乖乖吃完飯才可以吃一顆糖果，請問小朋友，小毛會發生什麼事？」

　　「我知道，他會『蹦！』跌倒！」小嬡自己做出跌倒樣，邊說邊摸著自己屁股喊：「屁股好痛喔！」

　　我請小朋友唱歌讓小毛變乖，小朋友便跟著我一起唱：「小毛～不可以，小毛～乖。」然候再一起立正行舉手禮大聲喊：「Yes！」

小朋友跟著老師扮演兩種角色，一會兒演小毛，一會兒演媽媽。我知道他們很愛學敬禮的模樣，他們說那樣像是警察。我告訴小朋友：「你們好厲害，有辦法讓小毛乖乖聽話耶！」

繪本往下頁翻，小毛全身髒兮兮地進來客廳。我又唱〈kiko歌〉，然後說：「我們趕快幫助小毛把身體清乾淨。」再同時唱著：「小毛～不可以，小毛～乖。」

我裝成小毛的聲音說：「Yes！我要來洗澡洗乾淨。」再翻到下一頁……之後的每一頁都是小毛調皮的行為，有愛玩水、玩食物、拿鍋具敲敲打打、不想結束看電視、在床上一直跳來跳去、喜歡挖鼻孔、玩具沒有收好……這些熟悉的行為彷彿都是小朋友在家會做的事。我都是用〈kiko歌〉引導，不用再多說什麼話，小朋友已經知道要唱「小毛～不可以，小毛～乖」來幫助小毛變乖，就好像也在告訴自己：「要乖乖的呦！」當小朋友唱著〈小毛不可以〉歌的時候，表情是認真的，而且聲音像小天使一樣好聽呢！更可愛的是，他們每次用敬禮動作說「Yes」時的有趣模樣。

一直到繪本的最後，小毛忍不住在客廳丟球，打破了花瓶，哭坐在角落面對牆壁，但是身體轉過來看著媽媽。我告訴小朋友，媽媽請小毛冷靜五分鐘時，小朋友們的表情顯得不安，靜靜地望著我……等我翻到最後一頁，看見了小毛在媽媽的懷抱裡。

「媽咪說：『小毛，我愛你！』」我的語氣變慢變輕，小朋友也變得很安靜，小小眼睛裡的眼神有終於鬆了一口氣的感覺，是一種純真柔和的閃亮。這就是我最愛這本繪本的地方——除了幼兒的行為與心理從圖畫中一覽無遺外，不管孩子怎麼調皮搗蛋，我們都知道，媽媽會一直愛我們的。

音樂遊戲：用節奏說白解救爬高高動物／重複練習節奏說白與歌曲

「叮鈴鈴鈴……叮鈴鈴鈴……」我假裝有電話來了，要聽電話：「喂喂喂……什麼？你說什麼？有動物爬高高！下不來？需要小朋友一起幫忙解救？……喔～好的好的！我們馬上出發去救動物喔！」

　　「有誰要跟我一起去救動物們的？」「我！我！我！」大部分小朋友都急著舉手，很興奮地站起來，迫不及待似的。

　　我請小朋友們一起來找看看，教室裡有哪個動物爬高高，需要我們來救他們。小朋友們眼睛銳利地四處張望尋找，很快地發現了全部的動物。

　　「鴨子在那裡～」小昕搶先說，開心地好像找到寶藏一樣。

　　「黑熊在那裡～」小翼也指著門後面。

　　「大象在那裡～猴子在那裡～」其他小朋友也激動地說。

　　我先把食指放在嘴巴發出「噓」聲讓小朋友安靜，然後輕聲說：「那我們先去救鴨子吧！Go！」我手上拿著高低音木魚唱著〈kiko歌〉，小朋友跟著我走向鴨子（見照片 7-4）。我用更輕的聲音告訴小朋友：「我們一起唱〈小毛不可以〉歌好嗎？」小朋友立刻激動唱著，似乎急著想救出動物（見譜例 7-3）。

照片 7-4：救救小鴨子

🎵 譜例 7-3

kiko 歌＋小毛不可以

張惠敏　旋律編曲

ki ki ko ko ki ko ko　　ki ki ko ko ki ko ko　　小　毛— 不 可_以　　小　毛 _ 乖

「現在我們來去救小猴子吧！Go！」我用緊張的語氣說。當我敲著高低音木魚時，小朋友已經邊跟著我同聲唱著〈kiko 歌〉邊走向小猴子（見照片 7-5）。

「看到小猴子爬到高高的地方了嗎？他好危險，我們一起唱歌救救小猴子好嗎？」於是，大家一起唱出〈小毛不可以〉的歌曲，然後請老師把小猴子拿下來。小朋友很開心又救了小猴子。

使用一樣的模式，我們又用〈kiko 歌〉和〈小毛不可以〉（見譜例 7-3）開心地救出黑熊和大象，透過音樂遊戲再次達到重複練習的目的。

照片 7-5：救救小猴子

模仿節奏／身體節奏 1：〈小毛不可以節奏〉

今天是繪本《小毛不可以》的第二堂課，小朋友一進教室，我便請他們排成一直線，說：「我們一起來搭小火車吧！」安安迅速地第一個走來我面前，我拉起安安的手說：「快來呦！我們的小火車快要出發囉！」接著唱：「嘟—嘟—火車火車嘟嘟嘟—」（見譜例 7-4）。

🎵 譜例 7-4

火車

張惠敏

嘟　　嘟　　火　車　火　車　嘟　嘟　嘟

小朋友聽到我唱火車的歌曲，很快便搭好呈一直線的小火車。我牽著第一個安安小火車說：「出發，嘟—嘟—火車火車嘟嘟嘟—」小朋友慢慢地往前移動，也跟著我一起唱。搭起小火車是小朋友平時在園裡最熟悉和常做的，我今天的目的是想從小火車慢慢地移動、唱歌，然後可以走成一個圈圈。

小朋友圍成大圈圈坐下來後，我拿出了巧虎手偶，反覆唱著〈小毛不可以〉歌，然後跟小朋友說：「巧虎要來跟有坐下來、腳有打叉叉的人打招呼喔！」小朋友們紛紛坐端正，老師邊唱歌邊跟小朋友一一打完招呼。小朋友真的很愛被巧虎摸頭的打招呼方式呢！大家都能很快地注意聆聽老師唱的歌，並乖乖地等待被摸頭。

接下來，我請小朋友注意看看老師在做什麼？我用很慢的速度拍了〈小毛不可以〉的節奏（見譜例 7-5），連續拍了幾次。剛開始嘴巴一邊唸著無律語言節奏一邊拍打，接著我不發出聲音地邊唸邊拍出節奏。小樂很快地舉手說：「老師我知道，是〈小毛不可以〉。」

「小樂你好聰明喔！有聽出來是〈小毛不可以〉。」我說。

🎵 譜例 7-5

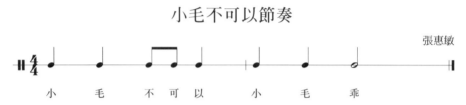

小毛不可以節奏

張惠敏

小　毛　不　可　以　　小　毛　乖

接下來是模仿老師練習譜例 7-5 的〈小毛不可以節奏〉拍打，我們一起唸著並且進行拍手、拍腿、摸頭、動肩膀、拍地板等動作。然後我問小朋友：「有人想要再發明新的動作嗎？」

「敏敏老師，可以捏捏手。」容容一邊小小聲地說，一邊用她的兩個小小的指頭捏捏捏。

「哇！好有趣喔！我們一起來學容容捏一捏。」我用誇張的語氣說。小朋友們一起唸著〈小毛不可以節奏〉，一邊輕捏自己的另一隻手。這時小穎說：「好像在按摩喔！」大家聽到「按摩」都笑了出來。

🎵 身體節奏 2：〈kiko 歌節奏〉的模奏／即興創作 🎵

上一節課進行了〈kiko 歌〉的無律節奏部分，這次我預計發展成即興創作。我帶著小朋友透過拍腿、拍屁股、踏步、食指點點鼻子等身體樂器拍打，讓他們熟悉並能掌握節奏型（見譜例 7-6）。

🎵 譜例 7-6

kiko 歌節奏

張惠敏

ki　ki　ko　ko　ki　ko　ko　　ki　ki　ko　ko　ki　ko　ko

　　「想看看，還可以敲哪裡？有人要發明動作嗎？我來看誰很棒可以發明。」有幾個小朋友踴躍舉手，看來他們都躍躍欲試。我看到小策手舉很快，便請他回答。小策用一隻拳頭敲自己的頭，一邊唸著〈kiko 歌節奏〉。我發覺小策會輕輕地敲自己，心裡一方面開心小朋友會探索各種身體樂器，但還是忍不住想要提醒一下，於是我笑著說：「喔喔！敲敲頭要記得跟小策一樣小小力喔！要不然我們的頭會喊：『救命呀！救命呀！好痛喔！』」我故意假裝敲好大力，假裝好痛的樣子，小朋友們一直笑。

　　「我想邀請可以跟小策一樣輕輕敲、會保護自己頭的小朋友，我們學小策剛剛的動作一起做喔！」於是我們一起做了拳頭輕輕碰頭的節奏。我還發現一件有趣的事，當小朋友輕輕敲時，唸出的〈kiko 歌節奏〉聲音就變得輕輕的，真的很有趣。我繼續問小朋友：「你們覺得還可以敲哪裡？」

　　「這裡！」小昕舉手說，並用拳頭碰了額頭。

　　我開始再度思考，是否該引導小朋友分散在頭部、臉部的地方？我學小昕邊碰額頭邊唸〈kiko 歌節奏〉，接著用拳頭放在下巴說：「我現在是老公公了！請小朋友跟我一起……」我的聲音變成老阿公的樣子，和小朋友一起用拳頭碰下巴地唸著「ki ki ko ko ki ko ko」，很慢很慢的。

　　「想看看，身體還有哪個部位可以『ki ki ko ko ki ko ko』？」我一邊說一邊故意動一動全身。小嬡說：「拍大肚子。」大家一直笑，小嬡有點錯愕。我表示喜歡小嬡的發明，因為這樣可以按摩肚子。小嬡和其他小朋友都開心地笑了。

　　「啊！我想到了！我們來搥搥背。我們在家幫媽咪、爸比搥背時，也可以一邊唸『ki ki ko ko ki ko ko』。」我請一個小朋友假裝當我的媽咪，接著請小朋友兩人一組進行搥搥背的〈kiko 歌節奏〉（見譜例 7-6）。

音樂律動

　　我作了一首二段式的律動音樂，恰好配上這首兒歌的節奏（見譜例 7-7），因為這首樂曲是有旋律的，所以配上我們唸出的無律語言節奏時非常有趣。我先讓小朋

友圍坐成一個大圓圈，再用拳頭敲拳頭一邊唸「ki ki ko ko ki ko ko」，並說：「有跟敏敏老師一起做的人就有機會被摸頭呦，被摸到頭的小朋友會變成小青蛙，小青蛙可以跳到圓圈中間喔！」我們繼續唸著語言節奏，大概有八隻小青蛙已經在中間了。

我先對著中間八隻小青蛙說：「你們負責唱 B 段『ki ki ko ko ki ko ko』，要站起來一邊唱一邊敲拳頭喔！」然後再用雙手指著外圈的小朋友說：「外圈的小朋友要唱 A 段『小毛不可以，小毛乖』，請你們坐在原地一邊唱一邊拍手。」剛開始時指示要慢一些，等小朋友熟悉後再配上我編的律動音樂（見照片 7-6）。

照片 7-6：圍坐外圈的小朋友唱歌加拍手（A 段）

輪到中間的小朋友站起來敲拳頭唱歌（B 段）

樂器敲奏：ＡＢＡＢ／無律（語言節奏）

接下來，將律動的 A、B 兩段發展為樂器敲奏。小朋友經過身體樂器的拍打，再進行到樂器敲打會變成很自然的事。我們進行了樂器敲奏，配上我創作的律動音樂（參考譜例 7-7）。

A 段：鈴鼓。

B 段：雞蛋沙鈴。

🎵 譜例 7-7

今天有小朋友最喜愛的「阿嬤老師」（劉嘉淑老師）進園和我們一起上音樂課，接下來我想要改變一下遊戲，這次請小朋友一邊唱歌一邊敲擊樂器（見譜例 7-8）。

🎵 譜例 7-8

　　「今天我們要玩不一樣的遊戲喔！請大家先看看敏敏老師和阿嬤老師的表演喔！」

　　我拿雞蛋沙鈴代表「小毛組」，阿嬤老師拿鈴鼓代表「kiko 組」。我先請阿嬤老師唱加演奏兩遍〈kiko 歌〉後，我再加入唱加敲奏〈小毛不可以〉。小朋友們睜大眼睛看著，同時聽到兩個聲部的歌聲加樂器敲擊聲，感覺好好玩、好新鮮，忍不住拍起手來。我和阿嬤老師站好，向小朋友深深一鞠躬。

　　「要不要玩玩看呀？」我問小朋友。

　　「要！要！我要！」全班都跳起來說，小朋友永遠都是熱情的配合者。於是我帶「小毛組」，阿嬤老師帶「kiko 組」，樂器也換成手鼓和高低音木魚（見照片7-7）。

　　小班的幼兒可以一邊唱歌同時敲擊樂器，因為敲擊的節奏跟歌詞節奏相同，每個字敲一下，所以容易成功。

　　透過繪本，融入音樂元素，最後用樂器敲奏結束課程單元。對於我初發心想要將我最喜愛的繪本成為我音樂教材之一，成功做到了感到開心，更有信心讓日後的教學產生很大的動能。

照片 7-7：樂器敲奏

註：本章活動參考繪本為《小毛不可以》
　　文・圖／大衛・夏儂
　　譯／歐陽菊映
　　出版發行／台灣麥克股份有限公司

音樂故事活動
「小雞查理」

張惠敏

教學對象：幼幼班

繪本故事大意

　　《健康的小雞查理》是一本大開頁設計、充滿驚奇與想像的趣味立體書。小雞查理非常愛吃，他吃了好多東西，所以越長越大。小雞查理喜歡吃健康的食物，他有一個胖胖的大肚子、強壯的大嘴巴、又尖又長的大爪子。

課前暖身：情境引導

　　幼幼班的年齡平均 2 歲多，當小朋友一個一個進來教室時，幾個小朋友會開心地對我說：「敏敏老師！～」接著小不隆咚的身體慢慢地走到靠牆邊位置坐下，小晞還給了我一個笑嘻嘻的表情。有的小朋友會用一臉迷茫的神情看著我，慢慢、小心翼翼地走到位置坐下來。我可以想像帶班老師剛將他們從教室空間帶到這另一個空間，對他們來說彷彿移動到了另一個世界。

「小朋友，我是巧虎，我是你們的好朋友喔！我還知道你們是榕樹班呢！」我拿出了他們最熟悉的巧虎手偶說。

當小朋友看到巧虎似乎都解鎖了，臉上出現開心的表情回應著巧虎手偶。還帶著生疏表情的幾個小朋友也對巧虎打了招呼，我們互相和巧虎都說了：「你好！」

「請小朋友全部站起來搭小火車，我們要出發去公園囉！巧虎也好想要一起去公園溜滑梯呢！」於是我牽著已經搭好一列小火車的小朋友唱著：「嘟—嘟—火車火車嘟嘟嘟—」（見第 7 章，譜例 7-4）。

「你要去哪裡？」我接著問小朋友。這裡我要引導小朋友一起說出：「我要去公園。」（見譜例 8-1）。

🎵 譜例 8-1

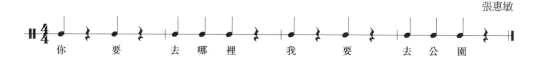

張惠敏

「耶！公園到了！我們和巧虎一起來溜滑梯吧！」假裝公園到了，我開心地說。大家一起蹲下來，準備用兩隻手往上數樓梯「一、二、三、四」。小朋友邊唸邊慢慢站起，雙手已經舉得很高，甚至踮起腳尖想把自己小小的身體撐高。我帶著小朋友一起「咻！～」地兩隻手帶動身體往下滑，這時候的他們已經在地板上東倒西歪了。

這是幼幼班最愛玩的肢體遊戲。我們重複了三次之後，又拉著小火車繼續走，走到圍成一個圓圈，然後坐下來。

進入繪本：繪本與語言節奏

小朋友看我拿著封面有著一隻可愛小雞的繪本，都用充滿期待的可愛笑臉一直看著我，他們知道老師要講故事囉！我故作神秘地說：「小雞查理是一隻健康寶寶的小雞呦！他從來不挑食，不管媽媽準備什麼，他都會吃，我們來看看小雞查理吃

了什麼？」

「小雞查理愛吃米，do do do！do do do！」翻開第一頁圖片，我指著在吃食物的小雞說。這是我設計的語言節奏（見譜例 8-2）。

🎵 譜例 8-2

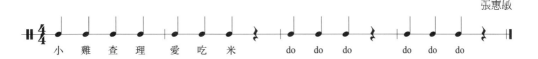

「小雞查理因為吃了好多米，所以他有一個大大的肚子。」我用誇張的語氣說，同時翻到立體書的大肚子頁面。

小榆笑著用兩隻手模仿小雞拍著她的肚子，其他小朋友看到，也跟著拍拍自己的肚子，好像每個人都有大肚子喔！我順著小朋友拍大肚子的動作，乾脆把大家當成小雞，我們一起邊拍肚子邊唸語言節奏：「小雞查理愛吃米，do do do！do do do！」看著他們的可愛模樣，不禁讓我好想再繼續告訴他們小雞查理還有其他驚奇呢！

「小雞查理因為愛吃米，上帝給他一個尖尖的大嘴巴。」我接著誇張地說，同時翻到書的立體大嘴巴，看見小朋友們露出驚奇的笑臉。小凱忍不住躍躍欲試向前，想要用手摸書中的大嘴巴。「小雞查理想要跟你們做朋友，他說你們可以輕輕地摸他的大嘴巴。」我小聲地說，然後把書拿到小朋友的面前，小朋友小心翼翼地摸了小雞的嘴巴。這時我發現小軒很勇敢地把他小小的指頭伸進小雞嘴巴，又很快縮了回去，這一幕逗得我笑了出來，小朋友也跟著笑翻了。我希望除了讓小朋友滿足好奇心及觸覺，也跟小雞有更貼近的連結。我繼續以前面的步驟帶著小朋友往下進行，小雞還有一個大腳丫……最後翻到小雞查理的媽咪。當小朋友看見小雞查理的媽咪原來比他們想像得還要大時，都驚訝地張大了嘴。就這樣，我們重複著同樣的語言節奏：「小雞查理愛吃米，do do do！do do do！」從大肚子、大嘴巴、大腳丫，最後還有一個更大的媽咪保護健康的小雞（見照片 8-1、照片 8-2）。

照片 8-1：繪本故事──對繪本充滿好奇又開心的小朋友

照片 8-2：學小雞查理的大腳丫

肢體遊戲 1：模仿繪本動作

　　我想要把小朋友變成繪本裡的小雞，於是請小朋友把手心打開並說：「敏敏老師現在要把米倒到你們手裡，我們一起來學小雞查理吃米。」小朋友一個接一個地把手心打開，等著我假裝把米倒給他們。接著我們一起用一隻手的食指點另一手的手心，剛開始時我用很慢的速度，一邊點手心一邊唸：「小雞查理愛吃米，do do do！do do do！」

「我要吃草莓的！」阿邦突然小小聲說。

「好的，沒問題，我們來加草莓口味的。」我回答他。

「我要香蕉的！」小雅接著說。

「好的，再加香蕉！那我們再吃一次喔！」一樣的語言節奏加點手心的動作又做一次。小朋友學我說：「Amm！～」假裝全部吃掉！我接著說：「那我們都會跟小雞查理一樣，有一個大大的肚子囉。」我帶著一群小雞拍著大肚子繼續說：「小雞查理愛吃米，do do do！ do do do！」

接著我們一起用兩手當大嘴巴、坐下來把自己的大腳丫舉高高，並且配合唸著語言節奏（見照片 8-3）。

照片 8-3：模仿繪本裡的動作

🎵 肢體遊戲 2：聽鼓聲走路／停止模仿繪本動作 🎵

「請每一隻小雞跟著敏敏老師的鈴鼓聲走路，我們還要一邊走一邊唸『小雞查理愛吃米，do do do！do do do！』喔！」我拿出鈴鼓說。於是一群小雞們跟著老師的鈴鼓聲走在教室裡，一邊唸著語言節奏。

「當你們聽到三角鐵的聲音時，請變成大肚子。」接著我停下來，敲了三角鐵說。這時全部小朋友都挺出了自己的大肚子呢！真是有趣的畫面。

　　我會再次提醒小朋友，只要聽到老師敲三角鐵，就代表要停下來！小朋友繼續跟著鈴鼓聲走路同時邊唸語言節奏，但是這次我故意用很慢的速度說：「現在小雞有一點累，想慢慢走。」帶著他們用很慢的速度走，一直到我敲了一聲三角鐵，才停下來。

　　「變成大腳丫。」我依然用很慢的速度說。有的小朋友直接單腳就舉起大腳丫，東倒西歪的模樣真的很有趣，有的小朋友則是坐下來把兩隻大腳丫舉高高。

　　當我們再玩一次時，我敲了三角鐵正要說：「變成……」阿偉突然接了我的話說：「變成毛毛蟲。」我笑了，太有趣了！毛毛蟲是上週的課程主題。

　　「那就變成毛毛蟲！」我順著阿偉說。果不其然，全部小雞好快地一起在地板上爬，可見他們對於上週課程有著深刻記憶。那麼，我就用毛毛蟲來做今天課程的結尾吧！

肢體遊戲 3：複習上週所教的歌曲

　　這次把鈴鼓聲換成刮胡，比較像毛毛蟲在爬的聲音，由小朋友口中的阿嬤老師——劉嘉淑老師幫我們刮出聲音，我帶著小朋友趴在地板上隨著刮胡聲音的快與慢，學毛毛蟲往前爬（見照片 8-4、照片 8-5）！

照片 8-4：聽鼓聲與刮胡聲的毛毛蟲爬呀爬

照片 8-5：一群快樂的毛毛蟲再爬過來

　　爬到一個定點後，我們接著唱：「毛毛蟲，毛毛蟲，快出來，快出來，請你快出來。」（見譜例 8-3）接著小朋友全部站起來變成蝴蝶飛起來了。我看見一群很興奮的小蝴蝶在教室裡飛。

🎵 譜例 8-3

毛毛蟲

劉嘉淑

毛＿毛＿蟲　　毛＿毛＿蟲　　快出來　快出來　請你快出來

課前暖身：繪本再次融合語言節奏

　　進入第二週課程，小朋友進教室後，在帶班老師協助下讓小朋友和我圍坐成一個圓圈。我請小朋友把一隻手心打開說：「小雞查理肚子餓了，想吃米，我們來餵他吧！」我再用另一手假裝小雞的嘴巴，在我的手心「do do do」地吃米。小朋友看到我的動作，也跟著模仿，臉上露出滿足的笑容，好像真的在餵小雞一樣。

　　我和小朋友一邊點手心，一邊複習上週的語言節奏：「小雞查理愛吃米，do do do！do do do！」隨著繪本裡面小雞查理每次出現大肚子、大嘴巴、大腳丫之前，我帶著小朋友依序用身體樂器拍打語言節奏，例如：拍肚子、拍手、踏腳（見照片 8-6），一邊翻到立體頁面。

照片 8-6：語言節奏

語言節奏變成兒歌：無律到旋律／教唱

　　複習過小雞的語言節奏後，我帶著小朋友站起來，然後張開雙手轉個圈坐下來。「敏敏老師要請大家看我表演喔！我想看看誰知道敏敏老師做了什麼？」接著，我一邊唱〈小雞查理〉的歌曲（見譜例 8-4），一邊表演律動。我邊學小雞的模樣走路邊唱歌，當我唱到「do do do！do do do！」時就停住腳步，並且邊唱邊做敲敲敲、點點點或拍拍拍等動作。我表演了好幾次後，問小朋友：「你們看到老師做了什麼？」

譜例 8-4

小朋友開心又熱烈地回應之後，我請小朋友跟我一起一邊唱〈小雞查理〉的歌曲，一邊表演律動。

樂器敲奏：用玩具槌敲地板對應歌唱的「do do do」節奏

我發給每位小朋友一個玩具槌，然後大家蹲下來，邊走邊敲邊唸語言節奏，就像在餵小雞一樣。我們一起加上旋律唱：「小雞查理愛吃米，do do do！do do do！」（見譜例 8-5）

「小雞查理吃到肚子變得好大喔！」我說。小朋友也學我站起來把自己的肚子挺得大大的。這時我帶著小朋友用手拍著肚子，同時一邊唸著語言節奏。

譜例 8-5

「小雞查理吃到嘴巴變得好大喔！」我接著說。這時我帶著小朋友兩手往前伸直打開像大嘴巴一樣，用玩具槌敲手心，一邊唸著語言節奏；第二次我們用玩具槌敲地板（見照片 8-7）。

同樣的方式，下一個是敲自己的大腳丫。最後可再延伸敲屁股、背、肩膀、腿等。

照片 8-7：用玩具槌敲地板

肢體遊戲 4：小雞查理發展延伸到毛毛蟲

因應上週結束課程前，順著小朋友的回應以毛毛蟲做結尾，我決定將小雞查理課程繼續發展到毛毛蟲作為結合。

我用敲棒滑了小鐵琴，說：「我是魔術師喔！等你聽到這個聲音時，代表我要把全部的小雞變成毛毛蟲。」我再滑了一下鐵琴，小朋友果真很有默契地全部趴在地板上，可見他們好愛扮演毛毛蟲呀！

教室的另一邊，我請兩位帶班老師拉開藍色的大布條，舉高高地等待我們爬過去。小朋友聽著我拍鈴鼓的聲音，往藍色的布方向爬（見照片 8-8）。

照片 8-8：唱歌的毛毛蟲爬呀爬

　　等我們全部爬到藍色的布下時，我說：「我們要把自己變成一個蛹，包起來。」小朋友學著我的動作把自己包起來。

　　「老師會把布放下來喔！要把我們全部包起來！敏敏老師會在裡面保護你們喔！」（見照片 8-9）當布放下來的時候，小朋友鬆開自己的身體，好奇地看著這狹小的空間，這時我特別注意到小瑾緊張的表情，我摸著她的背說：「敏敏老師保護你。」

　　「我們要一起唱〈毛毛蟲〉的歌，才會變成美麗的蝴蝶飛出來！」我接著說。於是我和小朋友唱：「毛毛蟲，毛毛蟲，快出來，快出來，請你快出來。」（見譜例 8-3）兩位帶班老師聽到我們唱到最後的「快出來」時，一起把藍色的布往上打開來。這時，一群小蝴蝶興奮地飛出來了（見照片 8-10）！我想小朋友最驚奇的應該是藍色布打開的那一剎那！又是一張張開心的笑臉，準備結束今天的課程。

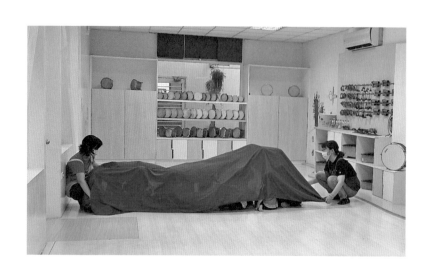

照片 8-9：唱完歌的毛毛蟲躲進去大布裡，就像蛹一樣包起來

照片 8-10：毛毛蟲再唱一次歌，變成蝴蝶飛出來

註：本章活動參考繪本為《健康的小雞查理》
　　文／尼克・丹奇菲爾德
　　圖／安特・帕克
　　譯／張瑩瑩、關惜玉
　　出版發行／台灣麥克股份有限公司

音樂故事活動
「快樂小農場」

張惠敏

教學對象：中班

從繪本出發

　　在愛彌兒幼兒園圖書室，我發現一本有趣的立體書《好棒的農場》。這是一本可推、可拉又可以轉的趣味厚紙板立體書，農場裡東奔西跑的動物們、忙碌的景象，配合我自創的一首〈快樂小農場〉兒歌（見譜例 9-1），讓孩子從會動的玩具書延伸想像空間到歌唱與肢體律動，以及肢體的即興創作，最後到樂器的敲奏，有趣又好玩。

教學敘事

　　透過遊戲具體感應下列三種節奏，並經由內化連結到具體物的排列：「咕咕咕、咕咕咕」、「跳跳跳」、「哞～哞～」。

暖身：用歌曲喚醒剛睡醒的孩子

在中班孩子進來教室、我們互相打了招呼之後，我請小朋友坐下來並且閉上眼睛。我唱一首歌請他們注意聽，再問他們聽到什麼動物的聲音？

「走走走到小農場，公雞來了咕咕咕、咕咕咕，小兔子小兔子跳跳跳，哞～哞～母牛在跳舞。」（見譜例 9-1）。

🎵 譜例 9-1

快樂小農場

張惠敏

小朋友安靜聽著我唱歌，很有趣的畫面是有些小朋友假裝閉眼，偷偷睜開其中一隻瞇瞇眼看著我，而且一定以為自己掩飾得很好。

「有誰聽到敏敏老師唱了什麼動物呢？」我問小朋友。

我才一說完，好多小朋友紛紛激動說著他們聽到的動物，因為他們很開心自己知道答案，我知道他們有比剛進教室時更清醒了呦！

「我想要請有禮貌的小朋友回答，要會舉手並耐心等待我請他說，才可以說出答案喔！」

此時，小朋友舉著手等我一個一個點到名，才說出答案來。

進入繪本故事

我邀請小朋友跟我一起去農場，看看有哪些可愛的動物，然後打開了繪本的第一頁（見照片 9-1、照片 9-2）。

照片 9-1：聽故事時，要讓排坐成二至三排的小朋友可以清楚看到老師的書

照片 9-2：專注看繪本的小朋友

「吃飯時間到了，公雞想要請農場的動物集合，小朋友可以幫老師找看看公雞在哪裡？」

「在那裡，我看到了。」維維指著繪本說。「在那裡，在那裡，我看到了。」很多小朋友看到了也紛紛指著繪本激動地說。

「公雞說，咕咕咕，咕咕咕，大家來吃飯。小鴨子快來吃飯，小朋友，你們幫我找找小鴨子。」我用手指著公雞。聰明眼快的小朋友很快地找到兩隻小鴨和一隻母鴨，就這樣，大家的小眼睛轉呀轉地忙著找書上的動物。

「咕咕咕，咕咕咕，快來吃飯喔！是誰躲在大穀倉啊！」我又指著公雞說。「哞～哞～」我接著拉開大穀倉的藍色門說。

「是牛。」小朋友很興奮地說。

「哞～哞～我好想出來跳舞呀！」我指著母牛學母牛說話。

「我找到了！小鴨子在大穀倉裡。」小嫒指著書中大穀倉的地方說，表情好像找到寶物似地開心。

農場裡，忙呀忙，好多動物東奔西跑。透過繪本的立體書操作，我們找到好多動物。動物真的是小朋友很喜歡的好朋友，每個孩子都找得好開心又踴躍地搶答。

因為兒歌裡還有一個小兔子的元素，我合上立體書時，突然假裝接起電話說：「喂喂喂～喔！原來是兔子媽咪啊！好的，好的，……我再幫你轉告牛媽媽說小兔子要請假，不一起來吃飯了。好的，……不客氣，掰掰～」掛上電話後，我告訴了小朋友，兔子媽咪打電話來幫小兔子跟農場的牛媽媽請假，因為小兔子正在排隊打疫苗，等打完疫苗就可以和大家一起跳來跳去了。

「喔～所以你們剛才有聽到我唱小兔子小兔子跳跳跳。」我故意很驚訝地說。小朋友一個一個跟我點著頭呢！

歌曲律動：從歌曲律動發展到對應肢體的律動

我請小朋友站起來，把手打開，轉一圈，分散開走到教室各處沒有人的地方。我們接著唱歌並加上律動：「走走走到小農場，公雞來了咕咕咕、咕咕咕，小兔子小兔子跳跳跳，哞～哞～母牛在跳舞。」（見譜例 9-1）唱到公雞、小兔子與母牛時，都是配合手勢以及身體跳動。這當中，我發現小朋友最喜歡唱到「小兔子小兔

子跳跳跳」的動作。而「母牛在跳舞」時我們雙手舉高轉圈圈，也是小朋友好愛的動作。

　　我在「咕咕咕、咕咕咕」的語言節奏拍拍手，代表「ti ti ta　ti ti ta」的節奏，同時請小朋友注意看老師做了什麼？

　　「敏敏老師，我知道，你拍拍手。」容容馬上舉手說。

　　「哇！容容你太厲害！表示你有注意看呦！」

　　我又請孩子們注意看老師唱到「小兔子小兔子跳跳跳」時，做了什麼？

　　小朋友專心看著，發現我在「跳跳跳」的語言節奏時兩手拍拍腿，代表「ta ta ta」的節奏。

　　「敏敏老師，我知道，『跳跳跳』。」這次小宇很快地舉手，並一邊唸一邊拍拍腿。小朋友真的太棒了！

　　我繼續用一樣方式進行做了母牛的「哞～哞～」語言節奏，用手伸直輪流刷手臂動作，代表兩個二分音符「tu—tu—」節奏。

　　我和小朋友分別唱著公雞來了「咕咕咕、咕咕咕」，小兔子小兔子「跳跳跳」和「哞～哞～」母牛在跳舞，對應到動物的叫聲分別是拍拍手、拍拍腿和刷手臂的動作。

　　等小朋友都清楚知道我的三個語言節奏對應的身體律動後，我們站起來準備走路唱歌，並加上剛剛的動作唱完整首歌（見照片 9-3、照片 9-4）。

　　當我們進行完歌曲律動後，小威說：「敏敏老師，我知道，『小兔子小兔子跳跳跳』可以變成『小鴨子小鴨子呱呱呱』。」哇！真是太棒了，此時激發了小朋友的即興創作呢！

照片 9-3：音樂律動「哞～哞～」

照片 9-4：音樂律動「走走走到小農場」

內在聽覺練習

內在聽覺訓練是在沒有聲音進行的狀況下，靠著心唱想像來感覺到歌曲在無聲中的進行。換句話說，那三個動物的聲音節奏是唱在心裡。對於中班小朋友來說，

要練習內在聽覺是一項挑戰，記得劉嘉淑老師說過大班較適宜，但因為這三個節奏比較簡單，所以我想在中班試試看，同時我知道必須用很慢的速度來進行，才會增加成功的機率。

我請小朋友坐下，等到大家都專注圍坐在我面前才開始進行。

「噓～現在我們一起把公雞的『咕咕咕、咕咕咕』叫聲變成秘密，不可以說出去，只能拍拍手喔！」我以小聲又神秘的口氣說，接著示範唱「公雞來了」，並用拍拍手代表「咕咕咕」而不唱出聲，請小朋友跟著我做一次（見照片9-5）。

接著的小兔子與牛，我們也用同樣的步驟進行。我們在這首〈快樂小農場〉唱歌、律動和語言節奏中結束了今天的課程。

我試驗教學了兩個中班，其中有一班很不錯；另有一班可能因當天各種不同條件環境影響而較為浮躁，所以效果不彰。果然，雖然是很簡單的三個節奏，但要速度很慢地進行，才能完成這個活動。這首歌我同時也教了兩個小班，用很慢的速度進行，意外地竟然兩個小班都做得很棒喲！

照片 9-5：拍出語言節奏，但在動物叫聲部分嘴巴不出聲

暖身：不同速度的歌唱

課程進行來到了第二堂，剛睡醒的午後，小朋友已經在教室圍坐成一個大圓圈了，我照慣例從先暖身開始了今天的課程。

為了吸引小朋友注意，我拿出一隻兔子玩偶跟大家打招呼，我假裝成兔子說：「小朋友，聽說農場裡有一隻母牛好愛跳舞喔！你們認識她嗎？」

「我認識！我知道！」好多小朋友舉著手說。

「那有誰要跟我一起去農場找愛跳舞的母牛呀？」我接著又學兔子說。這時很多孩子舉著手。

我手拿著兔子玩偶，一邊唱著〈快樂小農場〉的兒歌，一邊繞走在圈圈外，請小朋友注意我唱完會偷偷把兔子放在誰的背後？

最後我放在小瑄的背後。

然後換成小瑄拿著兔子走在圈圈外，大家一起唱歌，等全部唱完歌她停下腳步，就再把兔子放在另一個小朋友背後（見照片 9-6、照片 9-7）。為了激發全部小朋友都能一起唱歌，我說：「小瑄等等你要放在有認真唱歌的小朋友後面喔！」果真我這麼一說，教室的歌聲變宏亮了些，可知每個小朋友都想拿到兔子玩偶。

「小朋友，我在農場遇到了一隻蝸牛，我們跟蝸牛一起散步吧！」我接著很慢地說著。這時，我們唱得很慢很慢。

在這個暖身唱歌活動中，我會一邊拍鈴鼓來主導拍子的快與慢，有時學蝸牛唱很慢，有時學兔子唱快的，讓小朋友去感受用不同的速度唱歌，融入不同的情境。

照片 9-6：一個小朋友帶著玩偶繞著圓圈走，大家邊唱歌

照片 9-7：等唱完歌，小朋友把兔子玩偶放在某一個小朋友背後

創意肢體：跳舞的母牛／木頭牛

「小朋友，我看到母牛在跳舞了！而且好好笑喔！」我故作驚奇地說。接著我轉圓圈又扭扭腰和屁股，假裝在跳舞的樣子，小朋友看了也覺得很好笑。

「小朋友，那你們會學母牛跳舞嗎？或是你也可以發明自己的跳舞。」我問小朋友說。

「敏敏老師，我會。」很多小朋友躍躍欲試地說。我們接著一起學母牛跳舞。

我觀察到容容不好意思地擺動了自己的身體，小嫚好開心地雙手舉高轉圈圈……我也一邊跳著舞，一邊告訴小朋友說：「我看到○○跳得好好看喔！」或是說：「已經有 20 隻可愛的牛跳得好好看喔！我好喜歡。」在這個短短的過程中，幾乎全部的小朋友都開心地跳起自己發明的舞蹈動作了。

這時我敲了一下三角鐵說：「全部變成～木頭牛！而且你的木頭牛不要跟別人一樣。」我同時也示範變成靜止的牛——身體傾斜，手一高一低。我再敲一下三角鐵說：「現在變成跳舞的牛！」我們又開始跳舞。

這樣的動與靜肢體創作交替重複幾次，我也會提醒小朋友，可以跟剛剛一樣的動作，也可以一直發明新的喔！在木頭牛部分我有時也會指示兩人一組，兩人搭配一起發明的創意肢體也很有趣。

三角鐵指令是我上課時和小朋友習慣的默契，而且每當小朋友做到老師的指示，我就會走到他們面前大聲說出來，例如：「你的發明我好喜歡喔！」更能激發小朋友的創作潛能。因為全班一起做，有些剛開始會害羞的孩子看大家做，也會慢慢地跟上，願意嘗試不同的肢體創作，從中獲得肢體即興造形的樂趣。

頑固伴奏 1：聲音節奏＋身體樂器

我從〈快樂小農場〉這首兒歌的素材延伸了一句聲音節奏（見譜例 9-2），並加上身體樂器。我們唸「咕咕咕、咕咕咕，哞～哞～」幾次之後，由嘉淑老師在一旁幫我們唱起〈快樂小農場〉的歌，我和小朋友的這句聲音節奏變成了頑固伴奏。當嘉淑老師唱完歌曲的時候，我帶著小朋友唸的「咕咕咕、咕咕咕，哞～哞～」一句比一句小聲地結束。

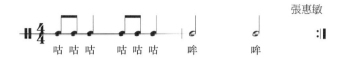

🎵 譜例 9-2

張惠敏

咕 咕 咕　咕 咕 咕　哞　　哞

「我覺得我們和阿嬤老師一起合唱感覺好好聽喔！那現在換我們唱〈快樂小農場〉的歌，然後阿嬤老師來幫我們咕咕咕伴奏，我們來一起聽看看，一定也很好聽！」

「咕咕咕、咕咕咕，哞～哞～」阿嬤老師開始說白當成前奏，從小聲開始，一句比一句大聲，大約四句之後，我準備帶小朋友開始唱歌。

「走走走到小農場，公雞來了咕咕咕、咕咕咕，小兔子小兔子跳跳跳，哞～哞～母牛在跳舞。」（見譜例 9-1）我們也加上動作。

「咕咕咕、咕咕咕，哞～哞～」當我們歌曲結束時，阿嬤老師繼續不停地唸著，一句比一句小聲到結束。

頑固伴奏 2：歌曲＋頑固伴奏

我讓小朋友圍坐成一個大圓圈，分成兩個半圓，一組當歌唱組唱〈快樂小農場〉，另一組是伴奏組唸「咕咕咕、咕咕咕，哞～哞～」。我先請伴奏組唸兩次「咕咕咕、咕咕咕，哞～哞～」，然後再請歌唱組加入（見譜例 9-3）。喔！有了之前全班一起當「咕咕咕」伴奏組加上老師歌唱，以及全班當歌唱組唱〈快樂小農場〉加上老師伴奏的練習，這時由小朋友分成兩組，老師當指揮，他們是可以很清楚地完成我設計的這個合唱活動，頑固伴奏組同時還可以加上身體樂器。

🎵 譜例 9-3

快樂小農場＋頑固伴奏

張惠敏

接下來為了不讓小朋友久坐，我讓歌唱組起來動一動，搭小火車繞著伴奏組唱歌。再請圍成圓圈的伴奏組唸著：「咕咕咕、咕咕咕，哞～哞～」同時加上身體樂器。歌唱組的小火車搭著火車在旁邊等著，等到伴奏組唸兩次之後開始邊走邊唱著：「走走走到小農場，公雞來了咕咕咕、咕咕咕，小兔子小兔子跳跳跳，哞～哞～母牛在跳舞。」當唱完時，伴奏組繼續唸著，直到看老師的指示結束（見照片 9-8、照片 9-9）。再用同樣的方式，兩組交換進行，讓每一個小朋友都能當伴奏同時聽到別人唱歌，並且能感受自己唱歌時，聽到別人在伴奏的聲音。

照片 9-8：外圈走動是歌唱組，內圈是伴奏組

照片 9-9：外圈唱完歌停下來，聽伴奏組做結尾樂段

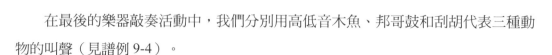
樂器

　　在最後的樂器敲奏活動中，我們分別用高低音木魚、邦哥鼓和刮胡代表三種動物的叫聲（見譜例 9-4）。

　　我把小朋友分成三組，分別持代表三種動物叫聲的樂器，我們在歌聲與樂器的敲奏下結束了今天美好的音樂課（見照片 9-10）。

🎵 譜例 9-4

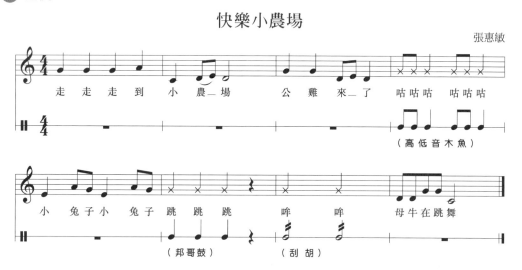

快樂小農場

張惠敏

（高低音木魚）

（邦哥鼓）　　（刮胡）

照片 9-10：樂器合奏

內在聽覺的引導：透過遊戲具體感應三種節奏

補述敘事教學：在先前嘗試的內在聽覺教學經驗中，因為效果不如預期，這件事我一直放在心上，不斷思考是否有更好的引導方法？後來透過和嘉淑老師在教學討論中想到，可以試試看用具體物，再透過遊戲來感應這三種節奏，或許上一次的內在聽覺練習引導前就是少了這一個步驟。

備課的材料有：裁成長方形的各色雲彩紙 10 張、具體物品數個。

當小朋友進到音樂教室時，看見教室多了不一樣的東西都感到很新奇。「哇！農場動物好想念小朋友，我們再去一次吧！」當我開始唱著〈快樂小農場〉的歌，小朋友已經能朗朗上口地跟著我一起唱了，我們重複唱了三次，並且在唱到動物的三種叫聲時，小朋友都還記得動作呢！

我在教室的各角落地上擺放好長方形紙，上面各放著三種具體物，分別對應三種節奏，當我唱到〈快樂小農場〉歌詞裡的叫聲時，我會一邊指著地上代表該節奏的具體物，由左至右；接著我再隨便站到其中一張長方形紙的前面，指著其中一種具體物問小朋友：「請問這是哪一種動物的叫聲？」小朋友都能馬上回答出來。我很慢地接著說：

「當老師開始唱歌時你就開始慢慢走，選一個你想去的位置，但是如果你看到你想去的長方形紙位置已經有三個人了，那你就要換選另一張喔！」果然小朋友超級棒，在我唱完歌時都選好自己的位置了。當然，我故意唱得很慢很慢，讓他們可以從容地走到自己想要的節奏位置。

接下來我們一起唱〈快樂小農場〉，當唱到是自己的節奏時，就用手一邊指著具體物（見照片 9-11 至照片 9-13）。

此課程本來以為在樂器部分就結束記錄了，但經過修正後，更知道日後教學如何精準抓到適齡適性的引導，可以讓教學更加的順利。

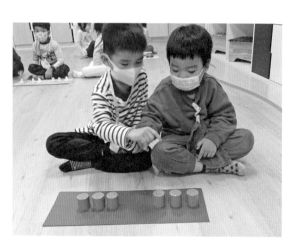

照片 9-11：內在聽覺的「咕咕咕、咕咕咕」

照片 9-12：內在聽覺的「哞～哞～」

照片 9-13：內在聽覺的「跳跳跳」

註：本章活動參考繪本為《好棒的農場》
　　文‧圖／麗貝嘉‧芬（Rebecca Finn）
　　譯／李紫蓉
　　出版發行／上人文化事業股份有限公司

Chapter 10

音樂故事活動
「怕浪費的奶奶」

張惠敏

教學對象：中班

　　關於繪本的初發心，是源於第一次跟劉嘉淑老師見面會談，聊到關於在奧福課程裡希望多融入繪本之時。我當時心裡就想：太好了！繪本是我的最愛，也是我陪伴我的孩子成長共同的傳唱，我非常樂意嘗試看看。後來發現在每一次課程運用繪本引導中，跟著幼兒園小朋友的想像力一起飛翔，所發展出的音樂遊戲與語言節奏，進而到樂器敲奏，都特別的有趣呢！對我而言，每一次課堂的繪本互動就好比當年我對我孩子的講述，我相信每次課堂的繪本引導會是我和小朋友愛的交流。因為幼兒容易進入故事中的角色，無形中奶奶對小毛的提醒讓他們產生同理，彷彿在家也是這樣的生活經驗，有時毋需說教，德育之教，就在一堂有趣的音樂活動中。

 繪本故事大意

　　《怕浪費的奶奶》講述的是，有個可愛的小男孩小毛在吃飯，但是他吃到臉上和碗裡都是飯粒，怕浪費的奶奶一出現就說：「真是浪～費～呀！」當小毛在刷牙時，怕浪費的奶奶看著水龍頭流不停的水，又說：「真是～浪～費～呀！」

後來小毛把用過的紙團亂丟、色鉛筆丟滿地、吃完橘子後把橘子皮丟滿垃圾桶時，奶奶總是唱著這首歌，展開各種生活智慧的教學，同時又像糾察隊一樣提醒小毛不要浪費。

課前暖身

我希望利用情境引導，讓剛睡醒的孩子能融入課程內容中，並熟悉老師所設計的旋律性加上語言節奏充滿童趣的音樂。

這是一本我非常喜愛的繪本，有點好笑，也有些誇張，故事中機智的奶奶和小毛之間的互動常是我們生活的寫照，用貼近生活的題材融入音樂教學讓我對課程充滿期待。小朋友一進教室，我便說：「我們一起來手牽手，圍一個很大又好吃的大甜甜圈喔！」這時我們一邊牽手一邊唱著：「圍個甜甜圈，圍個甜甜圈，大家手拉手來圍個甜甜圈。」

唱歌結束時，圈圈也圍好了，我給孩子們下一個活動的指引，同時也用口頭獎勵好的行為楷模：「我要請倪倪來選口味，因為我剛才看到她好快就跟旁邊的小朋友牽好手。」

「我要草莓的！」倪倪露出滿足的表情說。

我邀請小朋友一起把這麼大的甜甜圈吃掉，大家假裝大口吃。

「吃完甜甜圈我們要不要刷刷牙呢？」我用提問的方式引導孩子下一個步驟。

「要！」小朋友一起回答著。我們一起演出刷牙、打開水龍頭、關水的動作。

「嘟嘟嘟……，」我假裝打電話，用老奶奶的語氣很苦惱地說：「敏敏老師啊，我的孫子小毛每次刷牙的時候，一打開水龍頭就會忘記關水，等刷完牙，已經浪費好多水呦！你快來幫我想想辦法呀！要怎麼讓小毛不浪費呢？」

天真的小朋友看著我一直皺眉，也跟著皺眉回應，似乎迫不及待想要幫助老奶奶。接著我變回到敏敏老師的語氣說：

「好的，奶奶請您放心，我來請最聰明的楓樹班一起幫忙。」

「小朋友，我們一起來看看小毛到底還浪費了什麼？」我說。

　　小朋友圍坐在老師身旁、每個人都可看到書的位置。此時，我觀察到每雙小眼睛都已經閃亮亮地在等待著呢！

進入繪本：兩個音樂動機

　　我用很苦惱的表情說著：「奶奶看到小毛桌上的飯沒有吃光，還掉滿地，奶奶會唱：『真是浪～費～呀～浪！費！』」（見譜例 10-1）。

🎵 譜例 10-1

真是浪費呀

張惠敏 編曲

真　　　　是　浪——費——呀　　　浪　費

　　「小朋友，你們覺得要怎麼幫奶奶解決小毛的問題？」

　　「老師，我知道，請奶奶餵小毛。」小丞很快地舉手說。

　　「這是一個方法，可是小毛不是小 baby 耶！他應該可以自己吃。」

　　其實這個問題很可能是有些小朋友的日常，於是他們更期待故事發展，想知道後來小毛到底怎麼樣了。

　　「啊！我想到了，我們來唸咒語：『ma con ya da bu bu, ma con ya da bu bu』，把小毛變不浪費。」（見譜例 10-2）。

　　我帶著小朋友一起唱：「ma con ya da bu bu, ma con ya da bu bu，真是浪～費～呀～浪！費！」（見譜例 10-3）。

🎵 譜例 10-2

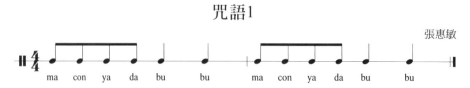

🎵 譜例 10-3

　　「哇！小朋友，你們好屬害呀！小毛真的不浪費了，把飯吃光光了。」我表現出充滿驚奇的表情，接著翻到下一頁。

　　「看到小毛刷牙打開水龍頭又忘記關了，奶奶立刻唱『真是浪～費呀～浪！費！』」當我說到奶奶時，故意停頓一下並放慢速度，目的是引導小朋友和我一起接著唱，這時已經有幾個小朋友會跟著我唱。

　　「那小朋友，我們一起唸咒語再唱歌吧！」

　　「ma con ya da bu bu, ma con ya da bu bu，真是浪～費～呀～浪！費！」

　　「小朋友你們是魔術師嗎？不然怎麼那麼屬害！小毛聽到咒語馬上把水關掉了呢！」我裝作驚奇的表情，成功地吸引了孩子們的注意力。

　　我看見小朋友臉上露出得意表情，接著翻下一頁，書上的小毛在哭。

　　「喔喔！小毛怎麼了？」我問道。

　　「小毛哭了。」小朋友也皺起眉頭。

　　「奶奶看到小毛哭哭，著急地唱著：『真是浪～費～呀～浪！費！』」我說道，但小朋友疑惑地看著我。

　　「小朋友，為什麼奶奶說浪費眼淚？我們一起來想一想。」

「不能哭太久，眼睛會壞掉。」小育猜測。

「哭太久會變笨笨。」小安認真地說。這次是換我忍不住笑了出來。

「哭完會口渴。」容容也急忙舉手說。

有時小朋友的答案有趣也有那麼點道理，而且是很認真在思考的呢！我接著說：「那我們在唱歌之前先來唸咒語，這樣就可以讓小毛真的不哭了。」

咒語加主題歌曲，魔力加倍

老師和小朋友一起大聲唱著。我學著小毛的語氣說：「謝謝你們，我不會隨便愛哭哭了。」

這個時候，我會問小朋友：「是誰這麼厲害，好像魔術師一樣地讓小毛變不浪費了呢？」其實，眼前小朋友充滿自信滿足開心的表情已經回應我了：可以助人是一件愉悅的事啊！當中小丞的回答讓我印象深刻。

「是敏敏老師！」小丞認真地說道。

「為什麼你覺得是敏敏老師？」我驚訝又好奇地問。

「因為是你教我們的呀！」教他們變厲害的這個思維邏輯讓我會心一笑。

我繼續翻閱繪本的下一頁，小毛揉了好多紙團到處亂丟。這時小朋友不約而同地唱起：

「ma con ya da bu bu, ma con ya da bu bu，真是浪～費～呀～浪！費！」咦，這次不用再提醒，全班響亮地一起唱出呢！

「小朋友你們真的好像魔術師喔！奶奶和小毛把地上亂丟的紙團全部打開，塗上顏色，黏一黏、貼一貼，變成一隻人恐龍了耶！」

我繼續翻到下一頁，小毛把短短的色鉛筆丟掉。

「奶奶又要唱什麼呢？」我故意放慢速度說。

「ma con ya da bu bu, ma con ya da bu bu，真是浪～費～呀～浪！費！」小朋友不約而同、充滿自信又聲音宏亮地跟我一起唱出。

「哇！厲害的楓樹班唱的咒語，讓我們來看看發生了什麼事？」

眼前每一雙小眼睛用力睜大，像是捨不得閉起來一樣地等著我翻下一頁，這一幕真的很有趣！

「奶奶和小毛把短短的色鉛筆全部綁起來，畫了一幅彩虹圖。」我很驚奇地說。

再往下一頁翻，小毛吃橘子，丟了好多橘子皮在垃圾桶裡。

「奶奶一定會唱『真是浪～費～呀～浪！費！』」我說。

此時換我用疑惑的眼神看著小朋友，並且詢問：「小朋友，你們可以告訴我，為什麼奶奶覺得橘子皮丟掉是浪費？」

「橘子皮可以曬乾泡澡。」小睿馬上舉手說。太聰明了！我猜小睿一定聽大人說過！

「喔！原來還可以這樣啊！水果的皮還有功用喔！」

「就像柚子皮也可以曬乾！」小慕一副很有自信的樣子說著。

「老師我知道，柚子皮可以剝下來當帽子……」小安好像發現一個新奇的答案激動地說。

這就是孩子們教我的事，有時我覺得他們想的比大人還要豐富呢！

「那我們一起來幫助奶奶，把小毛變成不浪費的小孩好嗎？」

「ma con ya da bu bu, ma con ya da bu bu，真是浪～費～呀～浪！費！」全班一起大聲唱著，我聽見這次的咒語聲充滿著開心呢（見照片 10-1、照片 10-2）！

我發現無律的咒語加上旋律的歌唱，不但具有童趣，還可以讓幼兒在接唱歌曲時，能夠唱準音高，真是好玩又有效果的歌唱遊戲。

照片 10-1：準備唸咒語的小朋友，並期待老師翻頁看到結果

照片 10-2：唸完咒語，看到圖畫中小毛變不浪費了，臉上都露出開心笑容

音樂遊戲 1：故事性接唱

音樂遊戲的目的是利用不同遊戲激發小朋友唱歌的興趣。

把小朋友分成兩組，分散在教室兩邊，兩組面對面。

A 組往前走一步唱：「真是浪～費～呀～」。

B 組往前跳一步同時唸：「浪！費！」（見譜例 10-4）（見照片 10-3）。

♪ 譜例 10-4

真是浪費呀

照片 10-3：A 組往前走一步唱：「真是浪～費～呀～」

B 組往前跳一步同時唸：「浪！費！」

進行到兩組靠近了，B 組的說白可以改成「不浪費」。

B 組再往前跳一步同時唸：「不浪費」。

A 組唱：「真是浪～費～呀～」同時往後退一步（見譜例 10-5）。

🎵 譜例 10-5

我觀察到，要從每個一拍的「浪費」轉變成「不浪費」，單獨的語言節奏本來沒什麼問題，但是要從唱「真是浪～費～呀～」接「不浪費」，在我教學的兩個中班，有一班部分小朋友總是唸成各一拍，另一班有一半可以模仿我唱的兩個半拍加一拍。這是有趣的結果，我無意間發現，中班的小朋友教會我可以用 4 + 2 + 4 的混合拍唱歌，感覺那麼自然而有趣。原來混合拍子的歌曲，4 歲中班的幼兒是可以即興變奏喔！這是我讓小朋友藉由咒語把大家變成不浪費的小孩時的大收穫。

下課時，小朋友由老師帶領穿好鞋，準備走回班級教室，而我在音樂教室裡聽到走廊傳來小朋友開心唸著「咒語」聲，時而唱著「真是浪～費～呀～浪！費！」，聲音迴盪走廊越來越遠。

創意咒語

創意咒語的目的是希望透過模仿引起小朋友肢體創作動力。

時間過了一週，今天是第二堂課，我們延續上週主題課程，小朋友一進教室圍好圓圈坐下，我便從模仿身體樂器的節奏開始進行暖身。經過幾次的節奏模仿後，我突然唸出上週的咒語，並搭配誇張的動作，小朋友看到我的誇張動作覺得有趣，發出了笑聲。

我看到他們眼神發亮著，一定想著老師到底今天要帶他們玩什麼有趣的音樂！

「敏敏老師你好好笑喔！」小丞忍不住舉手說著。

「我這樣做可以把咒語變得更厲害呦！」我故意張大眼睛用驚奇的口氣回答。

於是我再唸一次，並且用動作配合，一開始雙手握緊、低頭、眼睛緊閉貌似祈

求什麼巫術，再來睜開眼換不同動作唸「bu bu」兩字，這時有幾個小朋友已經跟著我做了。我每次的咒語唸到「bu bu」兩字就會換動作，在小朋友模仿我的動作過程中，我的速度會保持彈性，例如：變慢，這樣小朋友才來得及模仿老師的動作或者增加神秘感。

「現在我們一起唸咒語，但是請你發明自己的動作喔！可以跟別人不一樣。」我一邊說著，一邊迫不及待想要看到孩子們的肢體創作。

我們接著一起重複唸著「咒語」並配合動作。這時我會一邊做一邊偷瞄小朋友的反應，有些小朋友會用雙手變化不同動作，有的加上表情，有的身體傾斜在地，有的用到一隻腳歪歪地抬起身體（見照片 10-4）。實在太有趣了！看見孩子們臉上不斷浮現開心的笑容，我心裡湧現一股暖心的力量。

以全班一起進行的肢體創作，會讓每個小朋友都敢即興創作，能隨意照著自己想法，把動作表現出來。這當中只要孩子願意表現，就達到即興創作的目的了。即興創作沒有對或錯，老師要觀察小朋友的亮點並多給予鼓勵和肯定，讓孩子得到成功的滿足。

我接著和小朋友討論剛剛進行的肢體創作，並模仿幾個小朋友的動作，再請全班一起模仿一次，再次大大地誇讚他們好棒呦！

照片 10-4：唸到「bu bu」時小朋友的肢體創作

故事咒語

課程進入第三堂課，我簡短地重複故事，每翻一頁就和小朋友進行上週的兩個音樂動機，目的是藉由翻閱繪本的幾個生活經驗圖畫、音樂動機的唱和語言節奏融入再次練習，更增添閱讀的樂趣。

音樂遊戲 2

課程進行中小朋友坐久了，記得要讓他們起來動一動，這是我常常提醒自己要注意的。今天要從兩人一組的音樂遊戲培養動作默契，動作需要穩定平衡並感應節奏和拍子的變化。

課程開始，我們依照慣例唱著歌，手拉手圍好一個大圈圈。

「真是浪～費～呀～」我帶著小朋友手拉手，身體邊搖邊唱。

「浪！費！」我們邊唸邊踏腳兩下。

接著我請小朋友兩人一組，唱「真是浪～費～呀～」時兩人手拉手，身體邊搖邊唱。唸「浪！費！」時兩人手互拍兩下。

待小朋友熟悉音樂遊戲，我準備加入「咒語」，變成二個聲部（見譜例10-6）。

「ma con ya da」我們一起拍腿四下邊唸著。

「bu bu」拍手兩下邊唸著。

身體節奏可以換成身體各部位，拍手、拍手背、拍腿、摸鼻子、摸臉頰、拍屁股、摸頭等。

🎵 譜例 10-6

兩個音樂動機：二部合唱

二部合唱對於中班來說是一個大膽的嘗試。

我將小朋友分成男生組和女生組，分別是「奶奶隊」和「咒語隊」。先請咒語隊練習一次，並配合身體樂器，一個字拍一下，先拍一下腿再拍一下手。

「咒語隊太厲害了！有人想要當小老師嗎？」我馬上問道。

「老師，我！」小珊勇敢舉著手說。

「好的，請小珊來前面當小老師。」

「那奶奶隊一定也很厲害，我們也來練習一次。」我又接著說。當我們唱到「浪費」兩字時，同時踏腳。

接下來進行的方式同前，也是邀請一位小朋友當小老師。兩邊都經過幾次練習後再交換，目的是要讓每一個小朋友都熟悉這兩個音樂動機。

「接下來我們的咒語要變成更厲害的，但是請你們要注意看敏敏老師喔！我比到哪邊，哪邊才可以唱。」接下來需要讓孩子更專注，我待全班都安靜下來時說道。

進行的方式是先讓咒語隊將說白節奏當成頑固伴奏一直重複，同時加上拍腿和拍手的身體節奏，老師觀察小朋友（包含小老師）穩定後，指示奶奶隊唱的歌加入，唱了幾次後指示停止。此時咒語尚在進行，我會指示下一句再小聲，一直到很小聲結束。我觀察到每一次的再小聲反而會讓小朋友的注意力更集中，很意外地這時候最整齊呢！

附上譜例 10-7，可以像這樣子進行：

譜例 10-7

咒語二部合唱

張惠敏

　　從活動觀察中發現，這樣嘗試的結果並沒有達到想像中的效果，因為有些亂，讓我感到些許挫折。於是我又找嘉淑老師討論，看看問題出在哪裡或是如何改進。我很幸運，嘉淑老師給我的教學空間很大，不會設限或是框架我提出的、想做的教學內容，只要可行，試了再調整。

　　這次嘉淑老師告訴我，當幼兒學唱一首歌時，要同時掌握歌詞與高低旋律是很難兼顧的，所以用虛字當歌詞是最合適的方式，可以讓幼兒專心把音唱準。尤其這次上這主題的幼兒才中班上學期的年紀，進行二部頑固伴奏會亂是正常的。或許我們把這些音樂動機當成是一首 solo 的曲子也很好聽，只有語言節奏發展也很棒！

新的咒語發想

　　從繪本發展出的語言節奏或是咒語，似乎有些強調「浪費」這個負向語言的感覺，為著孩子們的品格教育，我想導正為正向的語言，再加上為了可以成為一首八小節音樂，於是我延伸出第三個音樂動機（見譜例 10-8）。新的音樂動機又讓我有想法可以帶小朋友玩一整節課了，包含身體節奏的即興與絲巾的音樂遊戲。調整後的心情讓我又重新燃起教學熱忱，開始期待下一次上課了。最後整個主題課程結束時將會用一首咒語歌來呈現（見譜例 10-9）。

🎵 譜例 10-8

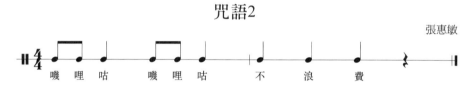

🎵 譜例 10-9

咒語歌的暖身

　　課程來到第四堂課，又到了充滿期待上課的午後，進行「怕浪費的奶奶」活動幾次後，小朋友對於咒語以及奶奶唱的歌已經有一定的熟悉感，我預計今天為我設計完整的一首咒語歌（見譜例 10-9）做一個鋪陳。

　　帶班老師已經帶領小朋友脫好鞋在外面排成一排，我到門口開心地邀請小朋友說：「請小朋友跟敏敏老師搭小火車，一起出發去公園找小毛玩。」

　　我當火車頭面對小朋友，搭起了一條長長的火車，一邊唱，一邊圍成一個大圓圈。

　　「ma con ya da bu bu, ma con ya da bu bu，真是浪～費～呀～浪！費！」我重複唱著，帶著小火車慢慢地在教室裡繞，用歌聲暖身預備接下來的活動。小火車慢慢繞成一個大圓圈，然後讓小朋友圍圈坐下來。

身體節奏的即興

　　從模仿老師開始，重複的練習讓小朋友在腦海裡儲存身體節奏的動作語彙，預備接下來的即興創作。

　　在進入後四小節的「嘰哩咕」咒語時，為了要讓剛坐下的小朋友可以靜心，我先從讓他們模仿我的四拍身體節奏引導起，每個節奏小朋友跟著做，重複三次才換節奏。再來進入「嘰哩咕」的節奏，固定的節奏型與說白，但身體部位可以換，例如：「嘰哩咕，嘰哩咕」（拍手），「不浪費！」（雙手輕拍頭）。

　　模仿老師幾個身體節奏後，我請小朋友站起來，順序由頭到腳，會有更多身體部位空間可進行。尤其是食指點鼻子、身體歪一邊拍屁股這個動作，孩子們都會覺得很有趣。我們進行不同身體部位後，我對小朋友說：「請你跟我一起做，你可以跟我一樣，也可以發明不同的動作喔！」

在跟小朋友一起進行的同時，我觀察到很多小朋友會把剛剛模仿老師的動作組合起來，但有些小朋友還是會跟我同步做一樣的。相信透過重複幾次這樣的模仿，小朋友會慢慢累積身體動作語彙，從模仿到可以即興是必然的。

音樂遊戲 3：絲巾遊戲

延伸「嘰哩咕」的咒語，我打算進行一個有趣的音樂遊戲。我拿出了一條紫色絲巾然後展開來，並準備一個三角鐵備用。

我手抓絲巾左右兩角，讓絲巾隨著音樂搖擺並唱著：「ma con ya da bu bu, ma con ya da bu bu，真是浪～費～呀～浪！費！」（見譜例 10-9 的第一至四小節，速度可彈性，隨著擺動絲巾的樂句感調整，唱一至二次）。

當小朋友唱完，我敲了一下三角鐵說：「聽到三角鐵的聲音，請你立刻變成絲巾木頭人。你可變這樣（蓋住頭），你也可變這樣（當披肩像超人），你也可變這樣（把絲巾拉成一直線加上身體姿勢變化）。」

平時我會在動態的行進中，用一聲三角鐵當成靜止的指示，這個已經和小朋友達成默契，每一次的靜止木頭人，小朋友都要根據我的口令發明一個肢體動作，有時一人，有時二至三人一起創作。

「嘰哩咕，嘰哩咕，不浪費！嘰哩咕，嘰哩咕，不浪費！」我邊唸語言節奏邊把絲巾揉成一團（見譜例 10-9 第五至八小節，等唸完時，一團絲巾已經被我塞到衣服裡面了）。

「喔喔！絲巾被我變不見了。」我接著驚訝地說。

小朋友看到我把絲巾藏起來，一直開心地笑著。

「我知道絲巾藏在你的衣服裡。」小安開心地說。

「噓～是假裝的變不見啦！」我很小聲故作神秘地說。

小朋友每次都好配合，願意相信這個有趣的假裝，就像我們假裝吃甜甜圈那樣感到好好吃一樣，我就喜歡他們這樣的單純。

我請小朋友跟我一起唸三次〈咒語 1〉：「第一次要很小聲，第二次一點點大聲，第三次最大聲，然後說一聲：『蹦！』絲巾就變出來了喔！」

我帶著小朋友唸了三次，從小小聲到最大聲，在「蹦」的同時，把絲巾拿出來往上丟並且跳起來，小朋友像是看到放煙火一樣開心，等待著換他們玩。

我帶著小朋友玩了好幾次，觀察到當他們抓著打開的絲巾唱著「ma con ya da bu bu, ma con ya da bu bu，真是浪～費～呀～浪！費！」時，隨著樂句感擺動絲巾是小心翼翼的，唱的歌是好聽的；當唸到「嘰哩咕，嘰哩咕，不浪費！」兩次時，我們故意越唸越快增加緊張刺激感，直到大家都把絲巾揉成一團藏在衣服裡，我也強烈感受到每個小朋友認真等待我指示拿出來的咒語；等到「蹦」一聲，全部的小朋友跳起來拋絲巾時，我聽到世界上最開心的笑聲煙火呢（見照片 10-5 至照片 10-7）！

繪本故事是可以發酵貫穿整學期的。在往後的課程中，不管是一首歌、一句咒語，只要是從小朋友口中唱出，都會是有生命、有情感、有故事的。

照片 10-5：絲巾遊戲 1——隨著絲巾搖擺唱歌

照片 10-6：絲巾遊戲 2——唸咒語準備把藏起來的絲巾變出來

註：本章活動參考繪本為
　　《怕浪費的奶奶》
　　文・圖／真珠真理子
　　譯／米雅
　　出版發行／三之三文化
　　事業股份有限公司

照片 10-7：絲巾遊戲 3——絲巾變出來

古典音樂欣賞
〈中國舞〉

張惠敏

教學對象：大班

　　曾經與劉嘉淑老師討論如何藉由古典音樂玩出新創意，又兼具感受音樂的美。從和嘉淑老師的對談中，信手拈來都是滿滿點子，可以融入故事、遊戲、律動、語言節奏、肢體創作、樂器，到認識曲式，讓我興奮地躍躍欲試，期待著和小朋友玩出有趣的火花呢！

　　要藉由古典音樂玩出新創意，又兼具感受音樂的樂趣，我一直思考有哪些素材可以使用。經過和嘉淑老師的討論，我得到一個很有趣的音樂建議，於是來試試〈中國舞〉（見譜例 11-1）。這首〈中國舞〉音樂的線條與點，可以進行音樂的肢體、遊戲、律動、舞蹈等活動，或是進行音畫等等，真的很有趣。

　　《胡桃鉗》是俄國作曲家柴可夫斯基（P. I. Tchaikovsky, 1840-1893）於 1892 年創作的芭雷舞劇音樂，〈中國舞〉是其中的一個選曲。這是一首中庸快板 4/4 拍子的樂曲。在低音管與低音大提琴單調的伴奏上，由長笛奏出一口氣音階上行的旋律，代表線狀的音樂；而弦樂器的撥奏，清楚地聽到是代表點狀的音樂。

　　此次音樂欣賞活動涵蓋了律動、肢體創作；絲巾、鞋帶和紙鶴音樂遊戲；樂器敲奏，以及我最期待的聽音樂畫畫。

♪ 譜例 11-1

中國舞
The Nutcracker (suite), Op. 71a

Pyotr Tchaikovsky

課前暖身：肢體動作喚醒小朋友身體動覺＋音樂欣賞

　　小朋友一進教室，我們互相打了招呼後，他們便在教室圍坐成一個大圈圈。我沒有說話，想要用動作吸引小朋友，可能需要用有趣的節奏來喚醒他們的身體動覺。我做了幫輪胎打氣的動作，讓全部小朋友跟著做，我有時快、有時慢。幾次之後，變成一個穩定速度的動作。

　　「一、二、三、四、五、六、七、八。」我邊做打氣動作邊數著。中國舞點狀音樂部分剛好是八個點。

　　「你們知道我在做什麼嗎？」我打完氣之後問著小朋友。

　　「我知道，敏敏老師在打氣。」慕慕很快速舉手說。

　　「慕慕你答對了耶！跟敏敏老師空中 give me five！」我用故作驚訝的表情說，我們有默契地在原地坐著將手舉了起來，做了空中 give me five 的動作。

　　我假裝擦擦汗，用緊張表情接著說：「敏敏老師在騎腳踏車，可是一直騎一直騎，發現輪胎沒氣了，所以我必須找打氣筒幫腳踏車打氣。小朋友，我們一起來聽音樂騎腳踏車喔！」

　　我準備播放〈中國舞〉的音樂。我想藉著聽音樂，讓小朋友跟著我一起做打氣（見照片 11-1）和騎腳踏車這兩個動作，也感受音樂的點、線條性狀。我發現這個時候邊聽音樂邊做動作的小朋友顯得很專注呢！

　　當音樂走完一次之後，我假裝好累地擦汗說著：「我們騎腳踏車騎得好遠喔！休息一下吧！哇～我們來到草原耶！我看到了好多蝴蝶飛在我們身邊了。」我模仿蝴蝶飛的動作說著。

　　「小朋友，我是漂亮蝴蝶，你們好啊！」我學蝴蝶說道。

　　「漂亮蝴蝶你好。」小朋友開心回答著。

　　「你們看喔！我會揮動我的翅膀做運動呢！一、二、三、四、五、六、七、八。」我把兩手掌打開朝下，兩個拇指靠在一起模仿翅膀飛著。

照片 11-1：聽〈中國舞〉音樂做點狀的打氣動作

「你們會學我這樣拍動小翅膀嗎？」我問。此時小朋友也學我把兩隻手靠在一起，拇指對拇指，變成小翅膀拍動了。

接著我把兩隻手臂整個打開說：「我現在變成大蝴蝶媽媽了。」小朋友也跟我一樣做著大肢體的飛翔（見照片 11-2、照片 11-3）。我再放一次〈中國舞〉音樂，教室裡充滿著大蝴蝶和小蝴蝶飛翔與拍動翅膀的畫面。

這是聽音樂肢體動作延伸，我們把點狀音樂變成拍翅膀做運動，線狀音樂變成大肢體飛翔，聽著音樂進行肢體動作。

照片 11-2：〈中國舞〉音樂點狀的大肢體

照片 11-3：〈中國舞〉音樂線狀的大肢體

音樂欣賞與律動：透過律動來感應音樂的段落與音樂元素

　　我透過無數次的律動遊戲來讓小朋友感應音樂的樂句，接下來，我運用在每次上課前後穿插律動，或是在聽音樂時用肢體暖身，或是結束課程前進行聽音樂動動肢體，來達到音樂欣賞真正內化到孩子心裡的目的，而且可以讓孩子更熟悉音樂的段落感。

　　小朋友全部坐下後，我拿出一隻青蛙玩偶，假裝他跳了出來。

　　「小朋友你們好啊！我剛剛看到好多蝴蝶聽著音樂，好像在跳舞，真有趣啊！」我學青蛙說著。

　　「我也好想要一起跳，登、登、登、登、⋯⋯」青蛙哼著〈中國舞〉第一句點狀音樂一邊跳著說道。

　　「我要徵求一隻蝴蝶和一隻小青蛙，一起聽音樂飛來飛去和一起跳跳跳。」我看向小朋友。

　　小恩和翔翔很快地舉手。我預計先由兩位小朋友示範，接下來再讓更多小朋友分成兩組進行活動。當小恩聽到一開始的線狀音樂就飛跑（見照片 11-4），等到點狀音樂出現，翔翔開始學青蛙跳（見照片 11-5），同時我也拿著手上的青蛙玩偶一起跳了八下作為提示。小朋友需要時間來反覆聽熟音樂的段落，我發現小恩很專注地聽到線條的音樂就開始跑，而忘記擺動翅膀，不過這都是過程，可以分辨音樂段落已經很厲害了。

　　「哇！我們一起給小恩和翔翔拍拍手，因為他們真的好棒喔！」音樂結束時我對著其他小朋友說。

照片 11-4：小朋友聽到線狀音樂跑著　　　照片 11-5：小朋友跟著點狀音樂跳著

接下來我將小朋友分成蝴蝶組和青蛙組，一樣進行音樂律動。有時青蛙組跳累了，可換成雙手拍腿的身體打擊（見照片 11-6、照片 11-7）。

照片 11-6：蝴蝶組小朋友跟著線狀音樂擺動　　照片 11-7：青蛙組小朋友跟著點狀音樂拍腿
　　　　　翅膀飛著

我希望設計更多的律動遊戲，並喜歡用不同的情境，讓小朋友可以透過每次新的律動遊戲，體驗並更熟悉樂曲中線狀與點狀音樂段落感。於是，有了之後三個律動遊戲的發想：絲巾、鞋帶和紙鶴的音樂律動遊戲。

音樂遊戲 1：絲巾
——記住音樂所對應的動作和增添趣味性

　　一如往常又來到午後的音樂課，剛午睡完的小朋友進到教室，跟老師打招呼後，都紛紛靠著牆壁邊的位置坐了下來。我想先用〈中國舞〉音樂開啟小朋友的動覺，於是拿出一條絲巾，同時用比手畫腳方式請大家注意看我。

　　當〈中國舞〉線狀音樂出現時，我讓絲巾飄動（見照片 11-8），進行到點狀音樂時則甩動絲巾。小朋友非常專注地聽著音樂看老師的動作。

　　因為有上節課青蛙跳動八下的律動經驗，慢慢地在音樂進行到一半時，我觀察到有幾個小朋友雙手跟著我一起動起來，好像他們也拿著絲巾一樣，還有幾個小朋友身體躍躍欲試地想跳起來。

　　跟著老師絲巾的甩動，小珊首先跳起來，小佑也跳起來，有趣的是，隨著音樂快到尾聲，有一半的小朋友跟著點狀音樂跳了起來（見照片 11-9）。

照片 11-8：老師跟著〈中國舞〉線狀音樂飄動絲巾

照片 11-9：小朋友慢慢不自覺地跟著老師甩動絲巾跳了起來

「哇！你們有聽懂音樂什麼時候要跳八下耶！」我驚訝地說。

「敏敏老師，我們看你絲巾一直跳，我們就知道是青蛙跳了。」小珊舉手興奮說著。

「我忍不住要給你們比讚了啦！」我雙手比出讚說道。

「那我接下來準備把絲巾交給女生，她聽到音樂可以拿著絲巾飛到一隻男生青蛙前面，停下來不能動喔！」我說完後拿著絲巾哼唱旋律停在慕慕前面。

「慕慕換你跳八下，跳完時也不能動。」我對著慕慕說，並且在慕慕跳時幫他哼唱旋律。

等慕慕跳完八下，我一樣哼著旋律和拿著絲巾飛到翔翔前面，指示翔翔準備跳八下。

當我發下絲巾給女生之前，很清楚地告知遊戲規則：在飛到青蛙前停下來的時候一定要變成木頭人不能動，青蛙才會跳（見照片 11-10、照片 11-11）。

進行第二次時，我讓男女生角色互換，也觀察到當男生拿著絲巾聽音樂時比較像在奔跑。雖然孩子戴著口罩，我還是可以從眼神感覺到他們臉上的笑容，尤其他們在音樂結束時，瞬間將絲巾揉一團往上拋的樣子，色彩繽紛的畫面很美呢！

照片 11-10：女生拿絲巾跟著線狀音樂舞動

照片 11-11：男生聽到點狀音樂開始跳動

　　以下是另一大班的絲巾音樂遊戲。我想嘗試不同道具組合以增添趣味，讓小朋友藉由具體物品操作，也藉由玩來感受音樂。我用煙火當作主題，而且最受小朋友喜愛的阿嬤老師今天也進園跟我們一起上音樂課，我可以跟阿嬤老師同時示範線與點兩個角色。

　　「敏敏老師昨天經過一個公園，被天空中的一個景象吸引了。那邊『啾～砰！』這邊也『啾～砰！』」我驚奇地表演煙火的樣子。

　　「小朋友你們知道我看到了什麼嗎？」我故作玄虛地問他們。

　　「老師，我知道，是煙火。」小琪很快舉手說著。

　　「是鞭炮啦！」小育笑著舉手說。

　　「小琪答對了，跟敏敏老師空中 give me five！」我邊和小琪有默契地舉手 give me five 邊說著。

　　「我昨天聽到『砰』的煙火很像這個聲音。」我拿玩具槌邊敲邊說著。

　　「小朋友，請你們注意看我和阿嬤老師的表演喔！」我說完後，和阿嬤老師一同跟著〈中國舞〉音樂進行線狀與點狀律動（見照片 11-12）。但這次我們不是播放音樂，而是用嘴巴哼唱，因為這樣可以先隨自己速度停下講解，小朋友也能更清楚地看到示範。我特別叮嚀小朋友，做完絲巾線條動作要記得停下來變成木頭人。等到哼唱點狀音樂，阿嬤老師的玩具槌任意敲地上、敲自己身體部位、敲手，也會敲我的背後，小朋友看到一直咯咯笑，真的很有趣。

照片 11-12：老師示範絲巾代表線狀，玩具槌代表點狀

「有人想表演給大家看嗎？」在示範結束後，我問小朋友。

我先選了兩位小朋友，一個拿絲巾，一個拿玩具槌，他們跟著我哼唱的速度動了起來。我利用中間停頓時再次強調，一定要停下來變成木頭人。等小朋友都清楚了遊戲規則，我才開始將班上分為兩組，並播放〈中國舞〉音樂，全班一起玩絲巾與玩具槌的音樂律動。

音樂遊戲 2：鞋帶

有了前幾次的律動及絲巾音樂遊戲經驗，小朋友對於〈中國舞〉這首音樂已經越來越熟悉。在一次與嘉淑老師的教學討論中，嘉淑老師提到，可以讓小朋友玩看看鞋帶遊戲！我心想：對耶！鞋帶是我常用於大班音樂課教

照片 11-13：各種顏色的鞋帶，常用為音樂遊戲的教具

具之一（見照片 11-13），這樣又多了一個玩法。

「請小朋友注意看敏敏老師和阿嬤老師的示範喔！」我拿出一條鞋帶，和阿嬤老師一人抓住一頭說道。

我們依然用嘴巴哼唱音樂，以方便清楚示範（請見照片 11-14 至照片 11-16 的教學過程演示）。

照片 11-14：隨著哼唱線狀旋律，鞋帶由低往高拉

照片 11-15：隨著哼唱點狀旋律，甩鞋帶八下

照片 11-16：隨著哼唱點狀旋律，也可兩人拉著鞋帶
走一圈

　　示範結束後，發下鞋帶，兩人一組，播放〈中國舞〉音樂，老師和小朋友一起進行鞋帶音樂遊戲（見照片 11-17 至照片 11-19）。

照片 11-17：一開始先將鞋帶放低

照片 11-18：隨著線狀音樂將鞋帶拉高

照片 11-19：隨著點狀音樂甩鞋帶

全班的鞋帶音樂遊戲進行一次後，從小朋友開心的笑聲裡感覺得出他們的歡喜，也得知他們享受著這音樂。

「我覺得你們實在太棒了！」我邊雙手比出讚邊說道。

「我們一起來變成彩色蜘蛛網好嗎？」我繼續說著。

小朋友用驚奇的眼神看著我，一定在想，敏敏老師要變什麼魔術啊？於是我將六位小朋友的鞋帶拉在一起，變成多線的鞋帶遊戲（見照片 11-20 至照片 11-21）。

照片 11-20：多線的鞋帶音樂遊戲

照片 11-21：音樂結束我們剛好停在動作上變木頭人

鞋帶遊戲是一個很有趣的活動，只要有阿嬤老師在，除了多一位老師支援外，也能以更清楚的教學步驟帶小朋友一起玩音樂，更何況孩子們都好愛阿嬤老師呢！

音樂遊戲 3：紙鶴

　　為了讓小朋友能感受音樂並內化進到心裡面，要透過很多律動或遊戲來反覆練習，藉由「玩」來學習，所以老師要不斷思考到底還有哪些教具、玩具可以用於教學。在和嘉淑老師的教學討論中提到，我有一次在 2 至 3 歲親子音樂課中曾用過紙鶴，讓孩子坐在父母懷裡，當父母隨音樂拉動紙鶴翅膀而舞動彼此身體，真的是充滿童趣。於是我想，如果用在幼兒園教學，小朋友拿到紙鶴一定也會很喜歡。我想大班孩子的小肌肉發展應該可拉動紙鶴的尾巴了，不過老師首先要做的功課，是要事先摺好與班上孩子人數等量的紙鶴，也算是我送給他們的禮物！

　　上課這天到來，我拿出第一隻紙鶴跟小朋友打招呼：「哈囉小朋友，你們知道我是誰嗎？」

　　小朋友用充滿驚奇的眼神，好奇地看著我手中的紙鶴（見照片 11-22）。

照片 11-22：老師拿出紙鶴吸引了小朋友目光

「我的名字叫作紙鶴，而且我的翅膀會動來動去呦！」我拉動紙鶴尾巴說道。

小朋友各個張大眼睛感到新奇地笑著。我接著哼唱〈中國舞〉旋律，把紙鶴飛動起來並拉動翅膀，小朋友專心看著，期待等等可以玩紙鶴。

在操作紙鶴之前，我先帶小朋友進行暖身動作，一起動動食指和拇指，數著一、二、三、四、五、六、七、八（見照片 11-23）。

照片 11-23：操作紙鶴前的小肌肉引導

接著，我將紙鶴發給每一個小朋友，大家開心地按照老師剛剛教的，手應該捏在哪裡，練習著怎麼讓紙鶴的翅膀動起來。當小朋友自己操作成功時，我看見他們開心滿足的笑容，還有小朋友會去教還沒成功的同學，這些畫面令我印象深刻。

小朋友花了一點時間便操作順手了，我們試著用翅膀動一動彼此打招呼。接下來預計進行〈中國舞〉的紙鶴音樂遊戲——線條飛行與停下點狀拉動翅膀（見照片 11-24 至照片 11-25）。

照片 11-24：音樂進行到點狀，我們拉動紙鶴尾巴動翅膀

照片 11-25：音樂結束，小朋友停在 ending 動作

　　經過兩班大班紙鶴的音樂遊戲，看到小朋友如此喜愛，我決定也給中班的小朋友玩看看紙鶴。我將其用在當時教學活動內容延伸，根據節奏唸謠配合紙鶴的翅膀震動非常有趣，而且也是小肌肉操作很好的練習。果不其然，中班的小朋友也超級愛紙鶴呢（見照片 11-26）！

照片 11-26：中班小朋友也開心玩紙鶴

　　當時的課程主題是母親節，我決定讓全幼兒園的小朋友都能玩到紙鶴（見照片 11-27），於是連小、幼班都準備了紙鶴，作為課程延伸的小活動。小班雖不是每個孩子都可順利操作翅膀，但是他們玩起紙鶴跟著音樂律動就很開心，也讓他們能將紙鶴開心帶回家，動動翅膀跟媽媽說聲：「母親節快樂，媽媽我愛您！」

照片 11-27：音樂結束，大家捨不得放下自己的紙鶴，舉高高跟鏡頭打招呼

　　以線狀和點狀音樂感受來說，揮動鞋帶和上下甩動鞋帶可結合動覺和視覺，有重量的線讓小朋友感受更深刻。接著轉換成從耳朵聽到音樂、操作紙鶴的飛翔與揮動翅膀的動覺感應音樂的段落時，小朋友便能輕易地融入音樂中。我觀察到小朋友開心、愉悅、主動且熱烈地參與其中，有歡笑也有大大的成就感。

　　順著我們進行過線狀與點狀各種活動之後，我發現小朋友越來越熟悉樂曲的段落，也能掌握旋律樂句與固定拍點，接下來很自然地可以進入樂器敲擊的項目了。有時我們進行樂器敲奏課程，不是為了增進敲奏樂器技巧而敲，更常是順著活動發展延伸，自然會進入敲擊樂器與音樂配合，再進一步透過樂器敲擊深入感應線狀和點狀音樂。這個項目的進行，我希望把律動動作轉化到樂器的敲擊，優點是給小朋友任何樂器都能自然地敲奏。

樂器敲奏 1

　　我希望小朋友專注在點狀音樂，在發下樂器之前便先練習身體樂器——敲拳頭。播放音樂時，小朋友聽到點狀音樂就敲拳頭（見照片 11-28），待進行一次後老師才發下手搖鈴（見照片 11-29）。

照片 11-28：點狀音樂的身體樂器——敲拳頭

照片 11-29：聽音樂走動，點狀音樂停下敲手搖鈴

樂器敲奏 2：延伸指揮遊戲

當小朋友進行完手搖鈴活動回來圍坐時，我讓一半的小朋友換成手拿三角鐵。

「請小朋友注意看敏敏老師的手喔！我的手動哪邊，哪邊才可以敲出聲音喔！」我兩手舉高說道。

為了讓小朋友專注，我任意地指揮不同邊，從一下、兩下，有慢、有快，到固定的拍子（見照片 11-30）。

「有人想當指揮家嗎？」在指揮樂器敲奏之後，我問道。

「敏敏老師，我！」小育很快舉手看著我。

「太好了，就由小育來當指揮家。」我邊邀請小育邊說道。

經過三位小朋友的指揮遊戲後（見照片 11-31），我播放〈中國舞〉音樂，全班一起進行樂器敲奏（見譜例 11-2）（見照片 11-32）。

照片 11-30：老師指揮手搖鈴與三角鐵敲奏

照片 11-31：由一位自願小朋友指揮樂器，小朋友們特別專注

照片 11-32：最後播放〈中國舞〉，小朋友看老師指揮敲奏樂器

♫ 譜例 11-2

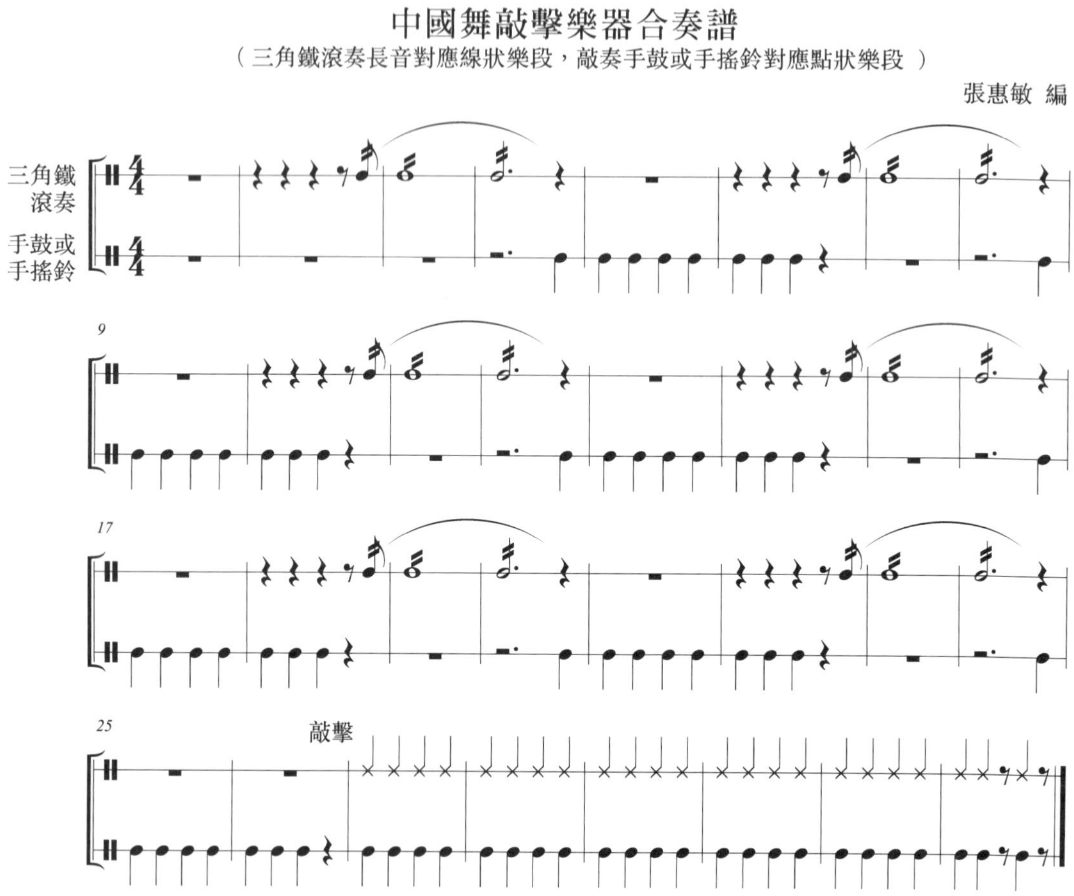

中國舞敲擊樂器合奏譜
（三角鐵滾奏長音對應線狀樂段，敲奏手鼓或手搖鈴對應點狀樂段）

張惠敏 編

聽音樂畫畫：音樂的性狀──點狀與線狀

　　最後即將進入用耳朵聽、再用筆畫下線條和點的活動。在這過程前，我們也配合音樂用手在空中畫畫，進行了幾次的課前暖身或課後複習。我熱切期待著，小朋友也蓄勢待發地準備實際操作。

　　終於來到最期待的聽音樂畫畫活動了！謝謝幼兒園園長及老師的支援，為我們這堂課準備了圖畫紙與蠟筆，並將小朋友分好組別，所以進行得很順利。

　　我們準備了 15 張四開的圖畫紙，每一張紙由兩位小朋友負責，一位負責畫點，一位負責畫線。一開始由我和阿嬤老師示範聽音樂畫畫，第二次再由小朋友操作（見

照片 11-33 至照片 11-35）。

　　大家都畫得好開心，負責畫點或是畫線的小朋友，也都能配合聽到的音樂作畫。音樂進行過一次還意猶未盡，有些小朋友表示還想再聽音樂畫一次呢！於是我讓他們把圖畫紙翻過來，再聽一次音樂作畫。讓我最有成就感的是，我們一起完成了這個原本以為很困難的音樂活動。

照片 11-33：老師先示範聽音樂畫圖

照片 11-34：小朋友聽音樂畫圖 1

照片 11-35：小朋友聽音樂畫圖 2

　　透過每次和嘉淑老師的教學討論，一次又一次上課的修正，我終於完成最想做的音樂欣賞教學。一次又一次和小朋友互動，從律動、肢體創作，絲巾、鞋帶和紙鶴音樂遊戲，到樂器敲擊，還有我當初以為完成不了的聽音樂畫畫，竟然也都完成了。我也從來沒想過，一首家喻戶曉的古典音樂作品竟可以融入我的幼兒音樂教學，透過好玩的活動，深入孩子的心中，讓他們感受到音樂的美好。原來音樂也可以這麼玩，這為對幼兒音樂教育抱持熱忱的我，大大注入了一股強大的信心與力量呢！

Section Three

童謠與身體打擊

奧福教學之
理論與實踐¹

劉沛晴

　　卡爾・奧福（Carl Orff）是二十世紀德國作曲家與音樂教育家，他的音樂教學理念具有創造性與啟發性，尤其特別注重本土文化的特性和素材，以淺近、自然、遊戲方式開啟兒童的藝術視野，這樣的理念普遍受到世界各國音樂工作者的肯定。

　　奧福教學（Orff-Schulwerk）是奧福的音樂教育理念，「Schulwerk」德文直譯為「學校作品」。1963 年奧福公開表示，他認為音樂是可以讓大家一起合作完成創作音樂作品，透過音樂跨越學習領域，穿梭在各個學科之間。奧福覺得要能執行這個想法，最理想的場所就是學校（陳淑文，2006；劉沛晴，2013；劉沛晴譯，2016；Orff, 1978）。本文所引用的「Schulwerk」，即為學校透過實際的實踐教學之意（劉沛晴，2013；Warner, 1991）。

　　奧福教學是一種方法（approach），是理念、是方式，奧福的教育理念是全面關照、綜合（comprehensive）的人文藝術理念，重視藝術整體化的美感經驗。奧福教學沒有固定、特定或是已經被設定「單一系統性」的教學程序；奧福教師以學習者為中心，關照學習者的需求與個別差異，安排環環扣連、合適的多元多樣化活動，藉由多元感官的學習，幫助學習者從中累積經驗、激發潛能，它是一種音樂藝術整

1　本文修改自國立清華大學 2021-2022 總計畫「幼兒教育師培大學師資美感素養教師專業學習社群
　　計畫——實踐有美、有品質的師資培育」之子計畫一（音樂）：幼教師培教師音樂素養提升社群
　　2022 年 5 月 20 日線上演講文。

合的學習方法。以下，我將分為三部分：「關於奧福與其教學之理論」、「大學課程教學活動舉隅」、「幼兒園的藝術整合課程方案教學」之師生共創的經驗為部分舉例，與大家分享。

關於奧福與其教學之理論

「elementare」釋義

德文「elementare」似乎會被翻譯成「elementary」英文用字來表意，這樣很容易會被誤導向幼兒或是初級的意思。事實上，「elementary」和「elemental」這兩個英文字無法表達「elementare」的全意。德文「elementare musik」意指「孩子玩音樂是一種生活體驗，從最簡單、基礎的元素開始，是在一種自然的狀態下以學習音樂的方式來製作音樂」（林淑芳口譯，Beidinger 專題演講，2013）。奧福以「原始、順乎自然的音樂」（elementare musik）為核心理念。德文「elementare」具有原始素材的、先天本能、順乎自然、基礎、元素等多種解釋（林淑芳，2013；陳淑文，2006；劉沛晴，2013）。最重要的是「elementare musik」並不是等於簡單的，它是一種透過身體來體驗的學習和製作音樂的方式；「基礎音樂和律動」是連在一起的。英文的「elemental」（基礎）的字義接近德文「elementare」，現在我們較常以英文「elemental」來解釋它，所以在一些奧福教學文獻中會出現「基礎音樂」（elementare musik）這個專有名詞。

綜合藝術之美感素養成長中的奧福與其作品

奧福出生於 1895 年，在慕尼黑長大，爸爸是軍人，媽媽會彈鋼琴。奧福從小學鋼琴、小管風琴、大提琴等多種樂器，每天晚上他最喜歡和媽媽玩四手鋼琴聯彈「大聲和小聲」的音樂遊戲。4 歲時奧福看了懸絲偶戲後，自此非常喜歡戲劇，爸爸媽媽製作戲台送給他，他便常玩戲偶、為家庭偶戲創作音樂。1914 年奧福自慕尼黑音

樂院畢業後，一直在劇院工作，他擔任指揮，以及創作戲劇音樂。同年，他和舞蹈家瑪莉‧魏格曼（Mary Wigman, 1886-1973）相識，自此開啟創作的新思維。當時的德國充滿了「新舞蹈」的創新潮流，1924 年奧福接受多羅西‧古茵特（Dorothee Günther, 1896-1975）邀請，一起創立「古茵特學校」，提倡「一個自然、有生命力」的律動教育。在創作方面，奧福開始改編蒙特威爾第（C. Monteverdi, 1567-1643）的作品，1930 至 1933 年間擔任慕尼黑巴哈音樂學會指揮，演出巴哈（J. S. Bach, 1685-1750）和舒次（H. Schütz, 1585-1672）的作品。著名的《布蘭詩歌》（*Carmina Burana*, 1937）是奧福感到最滿意的作品，他採集不同年代神職人員的拉丁文詩詞，採用有別於傳統作曲形式，將古詩集寫成戲劇的創作，運用合唱團、大量的打擊樂和簡短的節奏型，以反覆形式作為獨特的作曲方式來表現他心目中「ele-mentare」的想法；接續，他也以同樣的模式創作清唱劇《卡圖利詩歌》（*Catullib-urana*, 1942）；他還運用孩子們喜歡的故事，寫出格林童話歌劇《月亮》（*Der Mond*, 1938）、《聰明的女人》（*Die Kluge*, 1942）。依此脈絡可知，奧福從小受戲劇的綜合藝術、美感素養的薰習成長，對他的作品創作風格影響甚深。

二十世紀藝術思潮時代背景：從原始、自然中尋找再創造的動力

奧福年輕時處於二十世紀初歐美思想動盪的時代。奧福音樂研究學者 M. Kugler（2011）指出 1881 至 1930 年間是「走入現代」（Aufbruch in die Moderne）的時期，藝術界為表現主義、野獸派畫風；舞蹈界由鄧肯（Isadora Duncan, 1877-1927）開啟新的創作思維。整個德國充斥著革新、教育改革，各個領域的發展過程中呈現出劇烈、衝擊性的變化，意圖衝撞傳統美學的藝術規範，同時也實現了許多的可能性。

「野獸派」畫家馬諦斯（Henri Matisse, 1869-1954）試圖從強烈色彩掙脫傳統創作表現；1905 至 1907 年間，他運用紅、黃、藍、綠等顏色表現原始自然本質的畫風；1909 年、1932 年分別以「舞蹈」、「舞者 II」為題，1946 年運用剪貼畫《爵士樂》（*Jazz*），透過繪畫表現音樂藝術關聯創作。曾任教於德國包浩斯學院的「藍騎士」學會創始人康定斯基（Wassily Kandinsky, 1866-1944）在著作《精神與藝術的

關聯》（*Concerning the Spiritual in Art*）談及繪畫與音樂以及色彩和心理的關係（余敏玲譯，2013；吳莉君譯，2011；Kandinsky, 1978）。克利（Paul Klee, 1879-1940）具有音樂養成背景，他的著作《繪畫音樂》（*Paul Klee: Painting Music*）和康定斯基都具有相同的觀點，從「點」、「線」、「面」提及音樂和圖像的連結（Kandinsky, 1978; Klee, 1983）。這個時代藝術界充滿著從自然本質中尋找再創作而形成一股新的潮流。奧福（Orff, 1978）提到當時美國舞蹈家鄧肯是啟動「新舞蹈運動」的舞者，她是脫掉芭蕾舞鞋、赤足登上舞台的第一人，運用天生具有的肢體動作，如同小孩子的走、踏、跑、跳、轉圈等簡單自然的舞步，每種情緒都以適當的動作表現她的創作（詹宏志譯，1985）。鄧肯的創新舞蹈受到俄國舞團經理笛亞基列夫（Serge Diaghilev, 1872-1929）矚目，因而聘請了許多音樂家為芭蕾舞劇寫出新舞蹈的音樂，其中最著名的作品之一《春之祭》（*The Rite of Spring*）是史特拉文斯基（I. Stravinsky, 1882-1971）以具有複雜、強烈節奏、運用許多不和諧音，以及打擊樂器、管樂製造令人驚豔的聲響來展現原始感（胡金山，1997；陳淑文，2016）。二十世紀開啟新的藝術思潮，整個大環境充滿了從原始、自然中尋找再創造的動力，從藝術界、舞蹈界至音樂界的變革與教育改革進入另一個新的階段（陳淑文，2016；劉沛晴，2013；Kugler, 2011）。

🎵 跨域統合的藝術教育理念形成

奧福的跨域統合的藝術教育理念形成，分為四個階段。

階段一：「基礎音樂」原始、自然的音樂概念萌芽

瑪莉・魏格曼是影響奧福的重要人物，促使他萌生「基礎音樂」原始、自然音樂理念。魏格曼是位優秀的舞者，她是現代舞之父拉邦[2]（Rudolf von Laban, 1879-1958）的助理，也是達克羅茲（E. J. Dalcroze, 1865-1950）和拉邦的學生。她

2　當時拉邦倡導「舞蹈—音高—文字」（Tanz-Ton-Wort）的教育性舞蹈概念。拉邦建立舞蹈教育理論，以舞譜、動作分析解釋創造性舞蹈，其理論的建立與奧福理念形成在歷史軌跡上是平行的。因之，拉邦的舞蹈教育和奧福教學的創造性舞蹈有相似的動作教學基本元素，也是奧福音樂律動的重要基礎（陳淑文，2016）。

曾經在德國德勒斯登市的赫勒勞（Hellerau）「音樂與節奏教育機構」接受舞蹈訓練，學習即興的原則與能力，並創造了一種新的表現性舞蹈。當時，在藝術界和舞蹈教育界，拉邦和魏格曼這兩個人的作品都具有相當的影響力（陳淑文，2016；劉沛晴譯，2016）。1914 年魏格曼邀請奧福觀賞她的「表現性」新舞蹈創作《女巫之舞》（*Witch Dance*），奧福從舞蹈創作中感受到「原始、自然的力量」（elemental quality）而萌起「基礎音樂」的理念，由此發想「創造一個原始的律動教育」（creating an organic movement education）（Goodkin, 2002a; VOSA, 2011; Warner, 1991）。當時奧福心中萌起念想：「這樣的舞蹈構思和我心中的自然、原始音樂，有相似之處啊！」（Orff, 1978）

階段二：「音樂舞蹈合一的教育」——創立古茵特學校

1. 這是一個為藝術和教育內容重新定位的年代

　　第一次世界大戰結束，整個大環境充斥著一種新的身體覺醒，由內到外的解放思維。1924 年，多羅西・古茵特邀請奧福一起創立「古茵特學校」作為「律動體操、基礎音樂和藝術舞蹈」的教育場域。[3] 奧福（Orff, 1976）形容古茵特在舞蹈、藝術、文學等方面多所涉獵，她是一位具遠瞻性的舞蹈教育者。創校初始，奧福聽了音樂學家暨德國樂器博物館館長庫爾特・薩赫斯（Curt Sachs, 1881-1959）的建議「以鼓作為開始」（in the beginning was the drum），意即以節奏統合音樂和舞蹈。

　　在當時講求細緻化的純藝術氛圍中，奧福燃起異於傳統的反動熱情，他從生活與環境中思考，由簡單、容易的方向著手，從人的價值出發，將「elementare」作為新的概念，它是自然存在的。從音樂建構的觀點，則是基礎的、元素性的，也是生活中本來就存在的，例如：在非洲部落中，「鼓」即是生活中傳達訊息的媒介。奧福提出將音樂、詩歌與舞蹈合一的整體藝術構念。「聲音高低、速度或長短的傳達聲響」，這個發想受到庫爾特・薩赫斯的認同與肯定，他告訴奧福說：「原始、自

3　當時魏格曼以聳動、創新的新舞蹈崛起，她也是運用搖鈴、鼓等簡單樂器為新舞蹈伴奏的第一人，這樣的表現性創作風格對奧福影響甚深，因而將新舞蹈與音樂創作融入古茵特創校的教學（Orff, 1978）。

然就是你的基礎（the elemental is your element）。」並建議奧福從鼓開始啟發人類的原動力（Goodkin, 2002b; Orff, 1976, p.15）。就這樣，奧福運用鼓引導舞蹈成為自然的音樂律動教學概念，促使舞蹈與音樂有緊密的關聯，並從拍擊身體部位發展獲得來自拍手（hand-clapping）、彈指（finger-snapping）、踏腳（stamping）等所發出的節奏聲響，成為律動與合奏的整合（Orff, 1978）。傳統舞蹈教學大多依賴鋼琴伴奏，奧福引進多種節奏樂器為舞蹈伴奏的做法，自此開啟從原始、自然中尋求再創造的實際改革。奧福（Orff, 1976）認為節奏不是抽象概念，節奏就在生活中；可以透過很多種方式教節奏，它是很具效果的。我們從拍手、彈指、踏腳的聲響，依此單一方式再進行組合，也可以變化從簡單到困難的形式，透過很多不同的方式進行律動舞蹈教學；透過肢體和打擊樂器發出的節奏和舞蹈是兩相契合的。

2. 兩位生力軍為學校注入更多的創作能量

　　奧福和古茵特在古茵特學校進行肢體與音樂韻律配合的師資培育教學。奧福以直笛作為主要旋律的樂器，運用鼓、鑼、木琴等簡單的打擊樂器，同時也採用鋼琴聯彈形式幫助這些具有舞蹈基礎的學生尋找新的聲響、啟發創作的想法（陳柏君譯，2016；Keetman, 1978）。1926 年凱特曼（G. Keetman, 1904-1990）與蕾克絲（Maja Lex, 1906-1986）成為學校教師。凱特曼擅長教學、為舞團配器編曲；蕾克絲是位優秀的舞者，具有極高的音樂和舞蹈天分，她充滿新舞蹈表演形式的想法。這兩位生力軍為古茵特學校注入更多的創作能量。

3. 即興是一種想像力的遊戲

　　奧福（Orff, 1978）認為「基礎音樂」的起點就是即興。他覺得即興是一種想像力的遊戲，藉由樂器發展所有可能性，透過簡單的節奏、旋律、持續低音、頑固節奏型去喚醒及訓練想像力。教師負責營造這種神奇、美好又富有激發力的學習氛圍，透過教師不斷地鼓勵，也能以令人驚奇的方式激發學生的潛能。那幾年古茵特學校的學習，對當時大部分的學生來說，是一個令人難忘的學習經驗高峰期，也是激發創作力最高的時期。「音樂、舞蹈合一」的理念透過古茵特學校成立的「古茵特舞團」巡迴展演，獲得極大的迴響並榮獲國際舞蹈大獎。可惜，古茵特學校於 1945 年

時毀於第二次世界大戰，凱特曼回憶：「當時我們沒有攝影、錄音的能力，學校與樂器全部被摧毀，老師和學生們只僅存隨身攜帶的直笛，以前曾經創作的音樂、舞蹈仍存心中。」（陳柏君譯，2016；劉沛晴譯，2016；Keetman, 1978; Orff, 1978）

階段三：「音樂、舞蹈、語言合一的教育」——奧福兒童音樂

1. 新的開始，也是另一個新的實驗機會

　　奧福認為應該在學校施行節奏教育，尤其是在學前教育階段就該開始，不要等到青春期之後才做。第二次世界大戰後，1948 年奧福接獲德國巴伐利亞廣播電台的邀請，電話的另一端問道：「你能寫一些讓孩子自己演奏的音樂嗎？我們認為這樣會特別吸引孩子，我們正考慮做一系列的節目。」這個邀請再度點燃奧福音樂教學的念想，同時也開啟奧福許多新的思考。奧福覺得，以「Schulwerk」作為原始形式來看，那適用於古茵特的律動舞蹈培訓教師，不適合小孩子。因此，這個製作「兒童音樂廣播節目」的邀約對奧福而言，是一個新的開始，也是另一個新的實驗機會。

　　音樂、律動合而為一，對於孩子來說是很自然的，但是對於當時德國年輕人而言，卻學得很辛苦。這項事實讓奧福了解到這個新教育思考的關鍵點，也更清楚、明白過去的「Schulwerk」還欠缺些什麼。他說：「我們從來就沒有把唱歌的聲音和說話的語言放在它應有的位置。」奧福認為，應該把唸謠、詩詞、歌唱都當成決定性的出發點。奧福不想為電台邀約而寫「他們期待所謂的『兒童音樂』」，但他仍接受電台的委託，最重要的是，奧福使用他自己的方式去執行製作這個電台廣播節目，同時他邀請凱特曼和另一位教師魯道夫‧可麥爾（Rodolf Kirmeyer, 1894-1974）以「為了孩子」及「跟著孩子們做」的想法為起始，一起製作電台廣播節目。這個兒童音樂節目引起各國重視；1950 至 1954 年奧福和凱特曼合作寫出五冊的《兒童音樂》（*Orff-Schulwerk-Musik für Kinder*）[4] 出版品，並促使 Studio 49 樂器公司開始

4　Keetman（1978）曾經澄清，1930 年由 Schott 出版的《節奏與旋律練習》（*Rhythmisch-melodische Übung*），其部分是她所負責，當時第一冊《兒童音樂》（*Music for Children*）針對青少年與成人，是因應課堂所需而做，這本「第一冊《兒童音樂》」和後來發行的五冊《兒童音樂》（*Orff-Schulwerk-Musik für Kinder*）是不可混淆的。

生產奧福樂器。1951 年凱特曼接受莫札特音樂院院長誃柏哈勒‧普柔斯納博士（Eberhard Preussner, 1899-1964）的邀請，在音樂院裡開設奧福兒童音樂教學課程（劉沛晴譯，2016；Orff, 1963）。

2. 基礎音樂是大家一起參與、親自製作的音樂

　　奧福教學廣受世界各國音樂工作者的矚目與肯定，奧福受各國邀請宣講他的理念，凱特曼則執行教學實踐。1961 年正式成立奧福研究所隸屬莫札特音樂院。奧福、凱特曼及一些作曲家、音樂教育家成為一個團隊，專門致力「Schulwerk」的工作及其發展，因而設置教師培訓中心（劉沛晴譯，2016；Orff, 1976; Orff, 1978）。1963 年奧福研究所建築落成時，奧福公開演講提出「基礎音樂」（elementare musik）這個專有名詞。他認為「基礎音樂是和律動、舞蹈、語言合而為一；這必須是大家親自製作的音樂；在這音樂製作過程中一起參與，沒有人只當觀眾；沒有龐大複雜的藍圖，只是產生小小的循環式結構、頑固伴奏和小輪旋曲式的音樂組織架構。這是自然的、每個人都可以參與的，也是適合孩子的」（劉沛晴譯，2016；Orff, 1963）。由此可知，奧福倡導的概念為：音樂教育要從兒童具有先天、原始、自然的能力表現中，尋求再創造、再發展的可能性。

階段四：音樂、舞蹈、語言、戲劇的「整體藝術」教育

　　奧福研究所旁邊有個露天劇場建築，這是莫札特音樂院的歌劇學校。歌劇劇場建築深深吸引奧福，他思考著「將戲劇納入奧福課程」，這一直是他存在心中多年的計畫。這時奧福心中「基礎音樂」驅使其朝向戲劇《精明的男人》（*Astutuli*）的舞台劇製作呈現。這個音樂戲劇的演出相當成功，因而擴大奧福研究所而設立一個劇院，至此形成音樂、舞蹈、語言、戲劇的「整體藝術」教育（陳淑文，2006；Orff, 1978）。

♪ 音樂教學法之重要人物

　　在二十世紀時代的歷史軌跡中，出現音樂教學法的兩位重要影響人物──達克羅茲，他是瑞士作曲家、音樂家、音樂教育家；以及柯大宜（Z. Kodály,

1882-1967），他是匈牙利作曲家、音樂學家、音樂教育家。

　　達克羅茲主張「透過身體表現韻律」，把身體當成樂器，讓學習者從感受音樂、從聽覺連結動覺感官表達「律動」、「視唱─聽音」、「即興」等，將之綜合成創作與律動的音樂學習。柯大宜主張「歌唱是最自然的樂器」，他重視在地文化、語言與音樂，致力於民歌與民謠採集。1906 年柯大宜與巴爾托克（Béla Bartók, 1881-1945）合力出版《匈牙利民歌集》（*Magyar népdalok*）。他在教學上重視本土教材並創作「五聲音階教材」，運用「手號」、「節奏語言」、「首調唱名」等教學工具，強調透過「聽」、「唱」、「遊戲」經驗感受音樂、學習音樂。

　　奧福教學融合了兩位大師之重要教學理念與策略；奧福教學重視參與，這是一種強調參與式創作教學的模式，注重多元感官的學習經驗；奧福教學是充滿想像與創造過程的遊戲式活動，亦是藝術經驗歷程；奧福教學重視在地文化，強調運用本土唸謠、兒歌和故事為素材，因此奧福教學很容易與世界各地音樂文化結合，並自然跨越精緻藝術與民間音樂的鴻溝。

🎵 基本元素型（elemental style）的奧福教學模式 [5]

　　Choksy、Abramson、Gillespie 與 Woods（1986）表示奧福教學是把音樂和舞蹈化成最簡單的構成元素，運用這些要素透過表演形構而成。奧福音樂教學活動就是以各種節奏、音高、聲響和肢體動作為基本素材的建構遊戲，從探索、體驗、模仿、練習到創作音樂的過程，運用頑固伴奏、二段體、三段體、輪旋曲等來建構音樂，教師營造愉悅的教學情境氛圍，師生參與歌唱、玩奏樂器、律動和創作。以下以「節奏方塊」、「變化音色」、「旋律創作」、「合奏多聲部的音樂」分別加以說明。

5　參考自陳淑文（2006，頁 20-25）。

（一）節奏方塊

凱特曼（Keetman, 1970）以「節奏與旋律練習」和「基礎律動訓練」舉例說明音樂與律動教學就是運用最簡單、最熟悉的元素建構出來的。短小簡單的節奏型就像「積木方塊」，它是基本、簡單的小單位。小朋友可以從兒歌、故事、物品、動物等生活經驗中尋找並創造文字的節奏方塊，例如：

每個節奏方塊都可以自由組合排列形成新的節奏句型，例如：

接下來，集結節奏句型再組合成各種的曲式，以「同與不同」的概念形成 AB 二段體。

依循這樣的模式產出ABA三段體，繼而引導小朋友發明多種不同的節奏句型形成多變化的段落，再組成 ABACA 的曲式，也稱為「輪旋曲」曲式。這些都是作曲的啟蒙方式，讓小朋友覺得容易操作又感覺有趣，進而引發學習動機，也能在自然遊戲方式的活動狀態中習得音樂技能。

（二）變化音色

美國奧福資深教學教師顧德金（Goodkin, 2002b）建議：有了節奏方塊組合成節奏型，構成曲式，也可以藉由拍擊身體部位（如拍手、拍膝 、踏腳）或手鼓、響板、三角鐵、手搖鈴等不同的無律敲擊樂器，加以排列組合變化音色，這樣可以產生更多種多樣的節奏和音色。

（三）旋律創作

奧福樂器中最特別的是片樂器。箱型木琴、箱型鐵琴的琴鍵是活動式的，可以任意移走不需要的音鍵。木音磚、鐵音磚就像磚頭一樣，一個音就如同一塊磚，容易操作玩奏；把 F 和 B 的音移開，就可以進行五聲音階的旋律創作。

（四）合奏多聲部的音樂

合奏多聲部音樂可分為「節奏性的合奏」和「旋律性的合奏」。

奧福教學實務中最常使用「頑固伴奏」，也就是使用一個或兩個節奏方塊組成頑固音型，反覆進行；配上不同的節奏方塊組合形成音樂的形式，這就形成「節奏性的合奏」。

除此之外，小朋友也喜歡玩卡農形式的節奏遊戲，我常使用文字節奏方塊的方式讓學生熟悉這首兒歌唸謠，在不同的時間點加入。以「兩列火車」形容，學生擔任「第一列火車」，老師擔任「第二列火車」，我們在不同的時間出發，如下：

生	圍個大圈圈，圍個大圈圈，大家手拉手來，圍個大圈圈。

師	圍個大圈圈，圍個大圈圈，大家手拉手來，圍個大圈圈。

「旋律性的合奏」是指在創作旋律時，可以依此頑固音型的節奏型為基礎，運用五聲音階等音創作簡單的旋律作為很短的小樂句，或以 do 至 sol 五度音程或 do 至 do' 八度音程的持續音反覆地敲奏當伴奏，配上創作的旋律就成為旋律性的合奏（參自陳淑文，2006，頁 20-25；Keetman, 1970）。

🎵 講求整合的奧福教學

奧福教學以學生為主體，重視過程，讓學習者經驗音樂的樂趣。從最簡易的元素起始，透過遊戲方式學習音樂，經由身體的多感官體驗學習，透過對話、討論共

　　創新的作品。教師也會依學生的能力與需求調整教學目標和內容，為同一個教學目標而整合教學活動；設定同一個主題進行活動設計，以具結構性、循序漸進的活動方式延伸課程發展，從中累積不同的經驗。

　　我試圖營造愉悅輕鬆的情境氛圍，採用兒歌、唸謠當作素材，透過遊戲、歌唱、肢體、樂器合奏、音樂欣賞，進而形成音樂戲劇，或以故事與主題音樂等多元多樣的活動環環扣連並整合教學，期待學生能透過音樂從中學習較高層次的技能，形成有意義的音樂學習。接下來，我將分享我的教學經驗。

大學課程教學活動舉隅

♪ 傳遞遊戲與律動創作：感受拍子、辨識 AB 曲式

　　音樂素材來自德國 Fidula 出版的 ＃ 4415〈花絮地毯〉（Leckerbissen）。

　　我運用球為媒介，透過傳球和滾球引導學生感受拍子、辨識 AB 曲式為教學目的。穩定的拍子如同穩定的心臟脈動，這是音樂學習的重要基本能力。當學生已經能在穩定的速度中確認自己學會掌控「傳球動作」並能與拍子吻合時，我們進行團體討論，全班分成三組討論創作發展，目的在引發大家思考「除了用手傳球，還能運用什麼方式傳遞」、「如何表現 AB 曲式」。他們互相激盪腦力，溝通協調彼此的思維，形成創作的呈現內容，簡述如下：

創作一：小組以「傳─拋─接─滾」動作演示 AB 曲式。

創作二：組員已經理解 AB 曲式的音樂組織結構；運用「移動─非移動」創造性舞蹈動作元素、「踏腳─拍腿─手牽手扭一扭」等肢體動作表現音樂中出現的 titi ta 節奏，並以「個人表現─兩人互動」形式表現肢體即興創作。

創作三：設計「動和停」音樂遊戲引導幼兒動作技能發展——移位性技巧（loco-motor skill）與非移位性技巧（nonlocomotor skill），並運用創造性舞蹈動作元素（空間高低水平；「A段．用腳傳球」、「B段：組成『雕像』表現空間水平、方向」）表現音樂律動創作。

音樂欣賞：辨識曲式、音色、特定的節奏與律動創作

音樂素材選自德利柏（Léo Delibes, 1836-1891）的芭蕾音樂〈西爾維亞——撥奏曲〉（Sylvia-Pizzicati）。

我帶著學生以滑步動作，加上「拍、拍、拍」為動作指導語，發展音樂律動體驗活動，從動與聽的感官學習經驗感受音樂的組織架構、音色與特定的節奏，引發學生創作更多的可能性。學生在進行討論時說：「這音樂聽起來好像跳芭蕾舞般的輕盈，也像蝴蝶揮拍翅膀舞動；好像也能運用在『幼兒動作學習領域的課程活動』當成教材，我們可以先講《毛毛蟲變成蝴蝶》的繪本故事作為引導動機……」學生分為三組，組合他們的創作：

第一組：表現 A 段以「睡眠甦醒與伸展動作至輕鬆的小步、張展雙臂的移動動作導入情境」。

第二組：運用絲巾舞動，以上下、前後方向等舞蹈動作元素表現 B 段音樂的質感。

第三組：表現 A 段，每位成員持著呼拉圈，則以「單人—雙人—多人」在不同時間點加入，形成層次性的肢體動作組成表現樂句，並以呼拉圈敲地板的聲響對應音樂中的特定節奏。

奧福教學活動以同一首音樂，透過每個人對音樂的感受，以創作組合來表達對音樂的理解，學生的創作表現顯示他們已經達成原定預設「辨識曲式、音色、特定的節奏與律動創作」的具體學習目標。

🎵 歌唱、器樂多聲部合奏：運用 ta titi 節奏作為頑固音型

音樂素材〈大山之歌〉（Song of the Mountains）來自 S. Davies-Splitter 與 P. Splitter 作詞作曲，由資深奧福教學暨音樂學專家學者林淑芳博士提供（見譜例 12-1）。

🎵 譜例 12-1

換詞：1. to the rivers
　　　2. to the big trees
　　　3. to my baby

從音樂學層面來看，世界音樂田野採集結果發現，很多國家民族（包括我們的原民音樂）常出現 ta titi 的節奏型。因此我以此節奏型進行歌唱、器樂合奏教學的根基。

首先我以身體樂器聲響（sound gestures）「踏腳—拍手」傳達 ta titi 的節奏型作為頑固音型，帶著學生齊奏，經由身體部位拍擊產生的不同音色來感受節奏聲響。我再加入節奏式的歌詞，繼而唱歌詞，讓學生有不同的聆聽經驗，接下來再進行歌唱教學，逐句範唱、換詞歌唱，這時，「踏腳—拍手」的 ta titi 頑固伴奏依舊持續。活動進行中，我發現有學生無法同時歌唱並拍擊身體，因此我邀請他和幾位同學一起幫我製造另一個聲部，他們只要幫我打拍子，同時說出「爸爸＿媽媽＿我愛＿你

們」的節奏性語言，後來男生以低沉的聲音發出「咚」的兩拍子長音並以雙手拍膝的方式同時進行這種持續音。現在我們有人負責打拍子穩住速度、歌唱的主旋律和兩個頑固伴奏，這是我們的多聲部合奏雛形。

　　我運用手勢輔助唱出旋律，幫助學生對音的高低、樂句旋律更加熟練，有些學生很快就記住全曲。透過師生的討論，我們需要有人擔任歌唱、不同組的人擔任持續低音和頑固伴奏。這時我們進行安排樂器配置和工作認領，以及表現的形式，[6] 讓學生依自己的興趣和能力，自行選用無律小樂器或是片樂器。有些學生選取直笛和木琴擔任主旋律，也有些學生對鼓特別喜愛，因此我們安排合奏之間由「鼓」單獨分以「暗—亮」的音色敲奏 ta titi 頑固伴奏，讓奧福樂器合奏為歌唱配上伴奏，因此達成「歌唱、器樂多聲部合奏」的學習目標。

♪ 音樂律動、歌唱與器樂運用：以〈一號高速公路〉律動音樂為例

　　音樂素材〈一號高速公路〉（Heighway Number One）由澳洲資深奧福教師 Gary King 作詞作曲。

　　這是一首介紹澳洲城市的歌曲，歌詞內容中安排了七個城市，每到一個城市時，就會有一位小朋友當帶領者，以具節奏性語言說出「動作指令」，然後大家就跟著帶領者的指令表現動作。音樂組織結構為輪旋曲曲式，由教師唱歌詞，當關鍵字「And she says」出現時，每位小朋友就會講出不同「節奏文字方塊」的聲音。在表現的形式上是「歌唱旋律—語言節奏」的排列組合，學生可以從中感受音樂的曲式、音色、旋律和節奏。同時，這首音樂還保留創作的空間和許多的可能性，這就是奧福教學「即興」的好玩之處。

6　每一班或小組的創作討論與呈現內容都是獨一無二的。奧福教師引導創作時須要注意學生的異質性，更重要的是適時地搭建「鷹架」，以及拆除「鷹架」。合作討論的過程裡，教師和學生都是參與者，分組討論時，教師來回巡視討論狀況和進展，更肩負著傾聽的監製角色，適時地參與、提供建議，透過師生、同儕合作學習過程中更加顯現奧福教師在教學歷程重視溝通與協調。

〈一號高速公路〉歌詞，如下：

I travel round Australia on high way number one.

I travel round Australia just to have some fun.

When I go to (1. Sydney), I stop to see someone.

And she says (1. walk walk and run run run *3)

2. Brisbane. (heel and toe and stamp*3)

3. Darwin. (side together wiggle*3)

4. Perth. (jump jump and clap clap clap*3)

5. Adelade. (skip skip and hop*3)

6. Hobart. (gallop gallop and jump*3)

7. Melbourne. (hop hop hop and stop*3)

音樂律動教學引導先從探索開始，由「如何動（移動／非移動）」到「雕像造形（個人／群體）」、「創造性舞蹈動作元素（空間、水平、方向、路徑、勁力）」，也練習「同步模仿─複製動作」。練習熟練後就再延展到「換詞」、「自由排練與組合」等創作。

學生的創作一：應用舉例「英語律動活動設計創作演示」

單元主題：動物園　　　　年齡層：中大班

情境描述：逛動物園（走、跑、跳步），每到一站（大家就當「冰凍人」），每一站的動物（大象、兔子、長頸鹿、老鼠、獅子、鱷魚）都會說一句話。

簡要活動描述：

師：Be careful kids, let's go kids.

生（舉手回答）：Yep.

師：Excellent. Let's go kids. Yeh……（音樂前奏開始）

（出發！大家一起走路）配合 A 段音樂歌唱：

大　　象：The footsteps of an elephant are heavy.

兔　　子：Rabbit is so cute.

長頸鹿：Giraffe has a long neck.

老　　鼠：The body of a mouse is very small.

獅　　子：The lion's voar is loud.

鱷　　魚：Crocodile is so dangerous.

學生的創作二：應用舉例「改編中文歌詞與設計動作」

我想帶著學生發想創作的多種可能：從英語歌曲改編中文歌詞，再加上動作設計。這時我運用節奏方塊，先帶著學生雙手拍膝、唸著節奏性文字，再教唱出 A 段歌詞；B 段時，我擔任「說書人」和「魔鬼」的角色，使用不同情緒、音高並帶戲劇性的語調，表達「動作指令」，活動內容如下：

單元主題：快樂旅行去　　　　年齡層：中大班

情境描述：冒險、有趣的旅行途中遇到……

1. 魔鬼說：站　住　　不准　動！
2. 魔鬼說：蹲　蹲　　跳跳　跳！
3. 魔鬼說：爬　一直　往前　爬！

學生很容易地進入戲劇的情境，引起更多「魔鬼」發想。學生創作更多的「魔鬼說」，例如：「跳、跳、慢慢地躺……下……來」（詭異又驚悚恐怖的聲音）。

有位學生把「電動貨車」改成「雙層巴士」等，玩起替換詞遊戲，開車的情境和對象也改變了，例如：「碰到了……『阿嬤』、『小豬』」。還有學生把單元主題改成「職業」，他們先以身體樂器拍擊一段十六拍的節奏型作為前奏，A 段音樂由兩人（一人雙手敲五度持續低音伴奏，另一人則敲頑固伴奏）分別擔任語言節奏、歌唱伴奏，略改了旋律並運用中音箱型木琴。當關鍵字出現「遇到了」，手鼓敲「咚咚」音效並說道「警＿察，警察＿說……」「廚＿師，廚師＿說……」「歌＿手，歌手＿說……」，這些「角色說話」都以 ta ta titi ta 作為固定的節奏型，烏克麗麗為伴奏樂器，依 ta ta titi ta 配上語言節奏刷出不同和弦的聲響。

單元主題：職業　　　　年齡層：大班

情境描述：我們＿走在＿道路＿上，快樂＿出門＿去。走啊！走啊！啦啦＿啦！
　　　　　遇到了……

樂器：中音木琴、手鼓、烏克麗麗。

音樂創作組合結構：

前奏 1 身體樂器拍擊 前奏 2 片樂器——頑固伴奏	A1 語言節奏 A2 歌唱 A3 說唱 片樂器——頑固伴奏	關鍵字／「遇到了」 手鼓——音效 說書人／「警察、廚師、歌手」	B1 語言節奏／警察（手勢動作） B2 語言節奏／廚師（手勢動作） B3 語言節奏／歌手（手勢動作） 烏克麗麗——頑固伴奏

呈現組合形式：前奏——輪旋曲式（A1-B1-A2-B2-A3-B3-A3）。

創作表現元素：歌唱、說白節奏、肢體動作、樂器多聲部合奏。

繪本故事與音樂：歌唱與生活樂器製作

這堂課名是「嬰幼兒音樂欣賞教學」，選用〈母雞莎布萊〉這首創作兒歌音樂作為教學素材，旨在期待學生能透過歌詞想像故事情境與角色特質、學習故事與音樂的連結，並運用歌唱、樂器玩奏等方式感受音樂的拍子、節奏、旋律等音樂元素，

以達「能設計嬰幼兒音樂欣賞活動」的能力之學習目標。

　　課程活動的音樂教材來自愛智出版《魔法農場》繪本故事中的主角「母雞莎布萊」，資料來自資深奧福教學專家劉嘉淑老師。

　　首先，我以身體樂器——拍腿打拍子方式，加入歌詞／說白節奏。如此學生能容易記住歌詞內容，接續我以「歌唱」、「說白節奏」組合形式教唱這首創作兒歌。

　　有一組學生的活動設計分以 1 歲、2 歲、3 歲年齡層為施作對象，活動設計思考簡述內容如下：

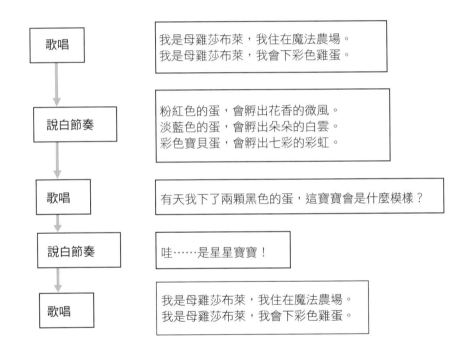

　　年齡層 1 歲—情境略述：托嬰中心。照顧者抱著嬰幼兒透過歌唱敘說故事。

　　年齡層 2 歲—情境略述：故事屋。運用教具與生活樂器教唱歌唱，並以「重複語詞」提供嬰幼兒一起參與歌唱、故事與自製樂器玩奏。

　　年齡層 3 歲—情境略述：幼兒園。體能遊戲活動中再次複習歌唱與樂器玩奏。

　　這一組學生製作「母雞莎布萊」布偶作為教具，準備為嬰幼兒說故事。他們運用鍋蓋、奶粉罐、垃圾桶作為敲擊樂器，並運用不同材質的布裹成厚度、重量不同

的大小球槌作成鼓棒，再選用紙盒、塑膠瓶罐裝入不同數量的米粒，以供嬰幼兒搖晃，並採用大鈴鐺和小鈴鐺綁在竹棒作成棒鈴。製作這些樂器，是希望讓嬰幼兒能透過操作物件，以「敲打」、「搖」、「抓」、「握」等動作玩奏樂器，並能從音樂中辨識歌唱、語言、樂器等多種音色。同時他們運用垃圾袋黏貼成氣球傘，分別將「黃」、「紅」、「藍」色的小軟球丟入氣球傘中來進行遊戲。在歌曲中出現說白節奏段落，教師問：「還有什麼顏色的蛋？」「可以孵出什麼呢？」將每一個「顏色的蛋」進行「替詞」創作，例如：「鵝黃色的蛋，會孵出酸酸的檸檬」、「粉紅色的蛋，會孵出香香的草莓」、「藍紫色的蛋，會孵出好吃的藍莓」，意圖引導幼兒辨識「顏色」並連結生活中嚐過的水果的味覺與視覺經驗。

🎵 視聽共感：透過視覺和聽覺感受音樂

音樂取材自法國作曲家聖桑（Charles Camille Saint-Saëns, 1835-1921）《動物狂歡節》（*Le carnaval des animaux*）組曲的〈水族館〉（Aquarium）。

首先我準備裝滿清水的水族箱，將「黃、紅、藍」三原色裝在滴管內，配合音樂進行，當音樂出現「鋼琴的下行聲響」時，單一顏料滴落在水族箱的水中，讓學生觀察顏料在水中產生渲色，以及不同顏色交融時產生的混色效果，以達成視覺與聽覺的感官共感經驗，之後再進行肢體伸展引導的創作活動。接續，我為學生分析音樂的組織架構和樂器介紹，從學生的回應與表達得知他們已經了解曲式、音色，並請他們分享回饋自己對音樂的感受。我們討論：「透過肢體可以怎麼表現在水中的移動動作？」「還可以運用什麼媒材或遊戲與音樂結合？」經過熱烈討論後，我帶著學生玩「吹泡泡水」遊戲，透過「吹」的動作讓泡泡飄落在教室的每一個空間，將之與音樂聆聽、探索和想像連結，感受輕盈的質地。

繼「吹泡泡水」遊戲後，展開課程結束前的收拾活動——「擦地板」。

學生分成兩列。「弦樂」線條式的音樂出現時，兩列學生雙手持抹布開始往前移動；「鋼琴」點狀式的音樂出現時，兩列學生站起身以空間高低水平、伸展、彎曲等創造性舞蹈動作技巧，讓音樂與肢體動作結合。

幼兒園的藝術整合課程方案教學：音樂藝術整合活動

「基礎音樂戲劇」

　　幼兒園實踐藝術整合的活動，其背後的理論基礎來自「基礎音樂戲劇」；這是奧福的同事威廉・凱勒（Wilhelm Keller, 1920-2008）繼奧福教學理念的延伸。國際奧福教學專家學者魏德曼（Manuela Widmer, 2004）對「基礎音樂戲劇」[7]延伸解釋：「這是探尋人類原始、自然本能，喚醒潛在創造力，培養藝術性的課程。」自1995年迄今，我曾多次親自參與魏德曼教授來台講授基礎音樂戲劇的工作坊，因而從中了解其理念；「基礎音樂戲劇」（MUWOTA）集結MUsik（音樂）—WOrt（語言）—TAnz（舞蹈）前面的字頭，以樹狀圖表示此三者同等重要的構思與概念。基礎音樂戲劇樹分成根基、枝幹和果實三部分，見圖12-1。

圖 12-1　基礎音樂戲劇中的「音樂—語言—舞蹈」

7　劉沛晴（2014），修改自 Widmer (2004, p4)；陳淑文（2006，頁 105）。

（一）根基

　　這是「基礎音樂戲劇樹」的根本，由教學者來規劃安排教學順序。教學者將音樂、語言、舞蹈加以風格化安插在教學過程中，使其具特性化與節奏化，同時考量個別化與整體性的安排，讓參與者達到創作與編排的能力。

（二）枝幹

　　屬於教學元素，包括語言遊戲、肢體、動作、造形、舞蹈、聲音遊戲、吟誦宣敘、自製樂器、創作演奏、樂器演奏、歌曲、面具、服裝、布景等教學元素。表現面向有許多不同的可能性和內容，透過教學者的引導，觀察學生的個別差異，參與者相互討論而表現。教師必須掌握重點，協助參與者並注意平均運用教學元素與教學安排等多元多樣的面向。

（三）果實

　　屬於社會能力發展，這是由根基經枝幹發展延伸出來的學習價值，包括專注力、團結、自信心、責任感、容忍、自我肯定、社會感知力、自我表達（圖 12-1）等的發展。

　　魏德曼強調果實與根基可以自然循環，果實落下就變成土壤的養分滋養根基（見圖 12-2）。基礎音樂戲劇課程的特色在於不運用繁複的劇場排練工作以及複雜的劇場布景、燈光與服裝，適合在教學中進行，意旨在喚醒學生潛在創造力、培養藝術整合性的課程，其重點不在表演，而是共同創造音樂戲劇參與的過程。再者，奧福樂器（木琴、鐵琴等片樂器，小型無律敲擊樂器等）皆專為兒童考量、容易操作，學生在創作音樂的過程中，奧福樂器擔任重要且容易勝任的媒介。

　　藉由魏德曼的說明，基礎音樂戲劇統合音樂、舞蹈、繪本、圖畫和戲劇的教學，引導學生融合多種元素和途徑產生複合靈感與共同的效果。「基礎音樂」不但是音樂創作的集合，更是美感教育的藝術統整（Haselbach, 2011）。教師根據這種強調多元、跨域統整的概念，觀察每位學生的差異、開發學生的創造潛能並尊重每個人

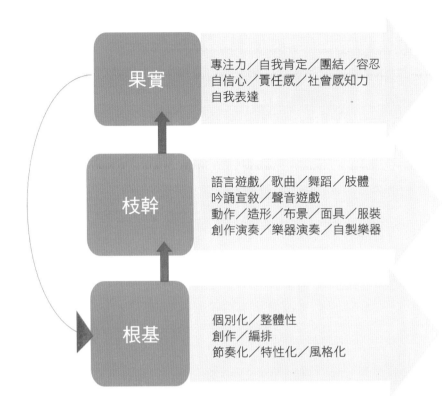

基礎音樂戲劇樹

果實　專注力／自我肯定／團結／容忍
自信心／責任感／社會感知力
自我表達

枝幹　語言遊戲／歌曲／舞蹈／肢體
吟誦宣敘／聲音遊戲
動作／造形／布景／面具／服裝
創作演奏／樂器演奏／自製樂器

根基　個別化／整體性
創作／編排
節奏化／特性化／風格化

圖 12-2　基礎音樂戲劇樹

資料來源：參考自陳淑文（2006）、Widmer（2004）；劉沛晴繪製。

的意願與能力，提供自己與他人合作的機會，讓每一個能力不同的人，在過程中都能充分參與。

♪ 多元感官的幼兒藝術學習：聖桑〈水族館〉延伸至繪本故事與主題音樂之音樂戲劇

音樂素材取自聖桑《動物狂歡節》組曲中的〈水族館〉。

幼兒園的校本課程活動已經提供孩子們「觀賞海洋生物影片」和校外教學「參觀海洋生物博物館」的活動作為先備知識。教學準備部分，在情境布置方面，我在學習區一角鋪上不同深淺的藍色絲巾，再擺上多種類的貝殼，讓孩子們觀看不同的形狀、觸摸外表的紋路、聞聞它們的味道、輕輕地互敲貝殼或放在耳朵旁聽聽「是

否傳出聲響」，同時我準備不同口味的小魚乾讓孩子們嚐一嚐。

　　我運用不同的材料製作了一些「魚偶」作為教具，有些「魚偶」表面裝飾上小絨球、魔鬼氈、海綿布或小鈴鐺，讓孩子們可以觀察、觸摸、搖動「魚偶」。這個探索經驗能引發孩子很多想像，同時也鼓勵他們表達想法，孩子們說：「輕輕搖『魚偶』就可以發出聲音耶！摸起來有點刺刺的，有的軟軟、滑滑的！」

　　我在「魚偶」的魚嘴別上迴紋針，釣竿線綁著磁鐵，這樣我們就可以玩「釣魚」遊戲。接續我們開始討論：「魚在水裡怎麼游？」「我們怎麼學海底生物在水裡移動呢？」我開始示範並引導孩子們運用肢體動作表現聲音的長短，也玩一些「動」和「不動」的音樂遊戲。我們隨著〈水族館〉音樂，由孩子們決定「移動」或「固定在一個定點」來表現自己心目中扮演的魚角色。大部分的孩子選擇模仿我的動作，因此我已經開始導入「讓學生能感受音樂中的不同樂段音色」，接著再鼓勵孩子們嘗試運用不同的肢體動作表現模擬想像中的「魚」，我們開始玩「角色扮演」的音樂遊戲。透過小小的討論，有孩子回應：「有些音樂好像魚在呼吸冒泡泡，我喜歡這個音樂，好舒服哦！」

　　孩子們形容鋼琴的聲音好像「冒泡泡」、「聽起來好舒服」。接著，我和孩子們討論「海中生物還可以怎麼走路？」

　　聖桑〈水族館〉音樂律動與欣賞活動提供幼兒累積多種經驗，從中引發許多想像與肢體創作表現，他們玩起「水草搖動」和「小魚穿梭游在水草間」的遊戲，也讓大家容易進入孩子們營造的戲劇情境，更能享受共同的創作愉悅感。從這個幼兒音樂活動延伸到繪本《小黑魚》（Swimmy）[8] 故事與主題音樂的歌唱與合奏活動。當故事出現「Swimmy」這個關鍵字，我們一起唱著：「Swimmy, Swimmy, What did you see?」短短的歌曲、節奏方塊組合，玩奏片樂器和小型的無律樂器以頑固伴奏為這首主題音樂伴奏，期末時就形成音樂戲劇的學習成果發表，透過協同教學夥伴的幫助，以圖畫拼貼方式製作布幕完成演出任務。

8　李歐・里奧尼（Leo Lionni）著，張劍鳴譯，《小黑魚》（Swimmy），台北市：上誼，2019 年。

以兒歌為媒介的藝術課程教學：幼兒藝術學習方案的實踐[9]

音樂素材取自孫德珍博士作詞曲的兒歌〈青蛙娶親〉，我略為改編成〈小青蛙找老婆〉，歌詞如下：

小溪邊有隻青蛙，他想討老婆，他遇見一隻嗯嗯，他就這麼說：呱呱＿呱呱＿
請你嫁給我。
我不是一隻青蛙，請你看明白，我只是一隻母雞，跟你配不來，咯咯＿咯咯＿
跟你配不來。

這是以〈青蛙娶親〉兒歌作為媒介，施行在公立國小附設幼兒園的幼兒藝術教學實踐。我運用歌唱和說白節奏表現這首〈青蛙娶親〉兒歌原型作為起點，集結幼兒園孩子們經歷的生活經驗和校本課程的學習經驗，再將團體討論的內容轉化成語言節奏並改創故事情節，因此產生更多的創作。首先我結合當代藝術教育和奧福教學為根基，依「基礎音樂戲劇」作為藝術統整課程的理論基礎，規劃設計一個完全依孩童能力與發展為考量、整合所有學習的內容與創作，形成「小青蛙娶親」幼兒藝術學習方案，以音樂戲劇展演方式呈現學習成果。「小青蛙娶親」方案引導幼兒們即興創作，最後從藝術製作和幼兒學習兩個面向來探討奧福教學發展幼兒藝術教育的可能性。架構圖如圖 12-3。

當代藝術採取多元、開放的觀點，以人為中心，重視個人的生活內涵，讓個人與群體的互動不斷地產生，這樣的思維也使藝術教育從精緻藝術擴充到學生與日常生活相關，重視大眾藝術、流行文化學習（郭禎祥，1999；黃壬來，2006；趙惠玲，2005；Duncum, 1999; Efland, 1995; Garoian, 1999）。以 Garoian（1999）表演藝術教育學的觀點來看，教師形如藝術家，創造了讓師生一起參與藝術形成、對話的空間。因此在藝術教育的角度看來，協力合作創作的學習模式更顯重要。「基礎音樂戲劇」

9　擷取於劉沛晴（2018）。

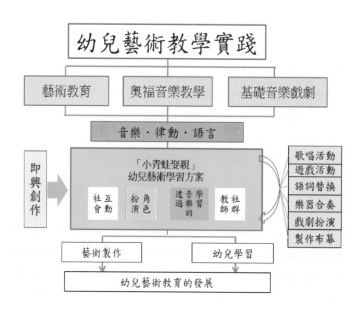

圖 12-3　「小青蛙娶親」方案架構圖

延伸奧福教學理念，透過協力合作創作的表演藝術教育學習模式讓奧福教學符應當代藝術教育觀點，呈現音樂、舞蹈、語言、戲劇的「整體藝術」教學實踐。

（一）主題網與教學時程

「旅行趣」是學校的校本課程，由兩位協同教學夥伴和我一起設計，它是一個行動的主題教學課程，目標是探索與分享旅行中的所見所聞、體驗不同的運輸工具、學習不同的紀錄方式、藉由規劃旅行培養計畫的能力、學習運用素材，以及統整學習經驗等，孩子們一直在動態的體驗學習與情境中累積經驗。

「旅行趣」分為上下學期兩階段進行。第一階段課程施行聚焦讓幼兒園孩童經由實地的參訪，從生活經驗中探索、統整親身感受的訊息與材料，引導孩子們進入幼兒教育的語文、社會、認知領域的統整學習。課程主題圖如圖 12-4。

第一階段學習重點：(1)認識台灣島嶼在地球的位置：協同夥伴教師運用網路搜尋及圖片展示台灣島嶼在地球的位置；(2)認識台灣的縣市：以「拼圖概念」標示台灣的各個縣市位區，進而認識自己的家鄉；(3)認識自己的家鄉：透過師生對話引導幼兒嘗試對於所居住、去過的地方表達感受。

課程目標：
1. 探索與分享旅行中所見所聞。
2. 體驗不同的運輸工具。
3. 學習不同的記錄方式。
4. 藉由規劃旅行培養計畫的能力。
5. 學習運用素材。
6. 統整學習經驗。

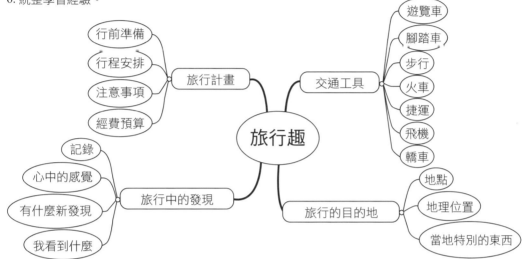

圖 12-4　「旅行趣」課程主題圖

資料來源：盧玫瑰（2014）。

　　第二階段，我們依循「旅行趣」的課程主軸，整合「認識台灣縣市和家鄉」的內容，朝向「製作一個學習成果展演」的目標。運用〈青蛙娶親〉兒歌內容，以〈小青蛙找老婆〉作為故事藍圖，加入「旅行趣」課程活動內容，最後形成「幼兒音樂戲劇──小青蛙娶親」學習成果展。

　　「小青蛙娶親」藝術課程於下學期的第五週至十九週進行，含教學活動、道具製作、彩排演練和正式展演，共計十五週。教學時程規劃如表 12-1。

（二）幼兒藝術課程活動設計與規劃

　　「小青蛙娶親」幼兒藝術課程主題分為「唱唱歌兒」、「說唱新的故事」、「跳跳我們的舞」、「演出我們的戲」（見圖 12-5），包含「音樂、語言的主題音樂歌唱」、「故事重構──說唱」、「創造性律動與音樂欣賞」、「整合音樂、舞蹈、語言、戲劇」等學習。

表 12-1　「旅行趣」主題單元活動教學時程

月	週次	103-1 主題課程名稱	月	週次	103-2 主題課程名稱	
9	1	開學了！	2	1-4	開學——元宵節	
	2-3	安全教育	3	5-11	旅行趣*5 週	藝術課程　小青蛙娶親
9 10 11	4-14	旅行趣 *11 週	4 5 6	12-19	感恩的心 （成果展演） *10 週	
12	15-16	校慶運動會				
1	17-19	旅行趣 *3 週				
	20-22	年來了！期末總整理	※ 6 月 17 日畢業典禮＆成果展演			

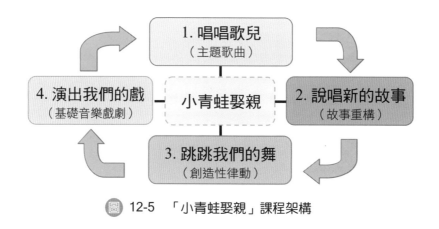

圖 12-5　「小青蛙娶親」課程架構

　　幼兒藝術課程活動先由歌唱教學起始，接續進行替換詞語、改編歌詞，再以「幼兒的旅行經驗」與「認識台灣各地方」為基底，透過分享活動喚起孩子以前的旅行經驗，認識旅遊風景名勝，接觸台灣之美，進而帶領幼兒園孩童進行團體討論。〈小青蛙找老婆〉歌詞衍生的新創故事內容涵蓋認識台灣的縣市、學校教學體驗，例如認識鄰近社區和同學家經營的髮廊、麵館等，這些共同的經歷透過師生對話，喚起孩子們的校園學習經驗並連結個別性的生活經驗，讓我和協同教學夥伴能有效率地整理團體討論的內容，串連「地名」形成的兒歌說唱，作為「小青蛙娶親」編創故事的創作內容，並成功製作「幼兒音樂戲劇」學習成果展。

（三）課程內涵

「小青蛙娶親」方案教學透過語文、音樂、視覺藝術和表演藝術等途徑，引導幼兒體驗說白節奏創作、遊戲、歌唱、音樂律動、樂器合奏等學習內容，讓故事融入音樂、語文、律動與遊戲活動，呈現奧福教學的統整性。課程內涵如圖 12-6。

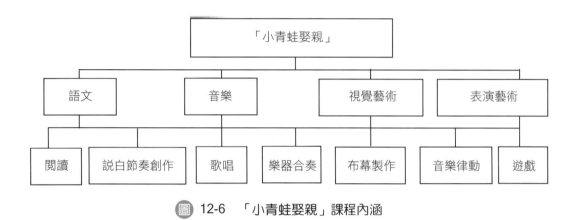

圖 12-6　「小青蛙娶親」課程內涵

（四）具體學習目標與內容

分以四個單元主題施行，期待達成的教學目標為：

1. 幫助幼兒建立跨域連結的藝術整體觀。
2. 重視操作實踐，以累積幼兒的音樂能力與創作經驗。
3. 強調幼兒的感官經驗學習，並運用感官知覺體察在地文化，連結生活經驗。
4. 提供幼兒社會互動的機會，並鼓勵以合作方式解決問題。

每個主題單元目標和具體學習內容，見圖 12-7。

我採用 Drake 的故事模式（story model）進行，將原有兒歌結合故事發展出新的故事，再從新的故事結合到我們的故事。這種故事模式的發展適用於幼兒園孩子的學習，步驟如圖 12-8。

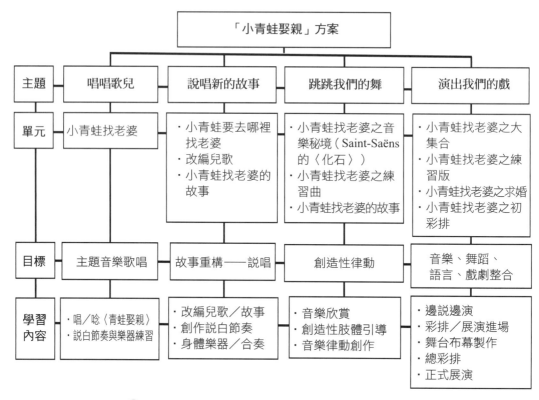

圖 12-7　「小青蛙娶親」具體學習目標與內容

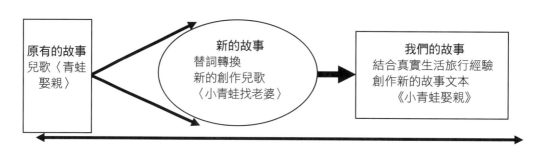

圖 12-8　Drake 故事模式

資料來源：參考自李坤崇與歐慧敏（2001，頁 100）。

（五）形構藝術課程文本

故事再創文本依第一階段的學習經驗為基礎，教師藉由〈小青蛙找老婆〉歌唱教學，引導孩子們改創歌詞作為師生共創劇情故事架構，重整故事內容。歌唱遊戲「歌詞替換練習」活動引導幼兒依兒歌〈小青蛙找老婆〉的原歌詞進行替換語詞練習，將歌詞中的角色及其發出的聲音進行改造，例如：

小溪邊有隻青蛙，他想討老婆，他遇見一隻嗯嗯，他就這麼說：呱呱　呱呱
請妳嫁給我。
我不是一隻青蛙，請你看明白，我只是一隻母雞，跟你配不來，咯咯　咯咯
跟你配不來。

以上歌詞畫紅線部分做語詞替換，可參見圖 12-10。

接著導入團體討論，讓兒歌故事的主角走入孩子的生活經驗，連結課堂「認識台灣各縣市」和「認識我的家鄉」等內容，透過幼兒的自我資訊整合，讓教室活動充滿對話（見圖 12-9）。

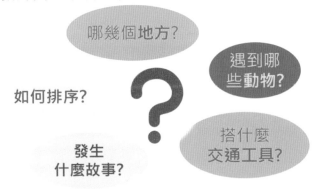

圖 12-9　發展故事情節

（六）形成問題

問題一：「小青蛙要到哪些地方找老婆？」

1. 透過〈小青蛙找老婆〉這首兒歌，討論「小青蛙需到四個地方才能找到老婆」。
2. 經由舉手發言，提出 12 個地方，分別是台北、竹山國小、海邊、花蓮、新竹、高雄、金門、澎湖、南投、宜蘭、馬祖、竹山。
3. 發給每位幼兒三張貼紙，請他們貼出希望小青蛙要去哪些地方找老婆。
4. 結算貼紙，以花蓮、高雄、竹山、竹山國小得到最多票。票選決定「青蛙要去的四個地方」，接著師生繼續討論。

問題二：「四個地方如何排序？」

問題三：「這四個地方會發生什麼故事？」

問題四：「小青蛙會搭哪些交通工具到這四個地方？」

問題五：「小青蛙會遇到哪些動物？」

　　課堂活動充滿問題與討論的學習氛圍，經由團體決議結果充分展現民主精神。

（七）共創故事架構：創作新的故事文本

　　我們再次透過歌唱語詞更換，經孩子們的熱情討論，語詞替換的主角與回應聲音為「螃蟹：喀嚓」、「恐龍：吼吼」、「小羊：咩咩」、「乳牛：哞哞」（如圖 12-10）。接續，團體討論產出結果，為小青蛙旅行所到的地點排定遇見的角色和情節。把增加故事情節至各個旅行地，讓主角小青蛙去旅行，先後在花蓮遇到恐龍、高雄遇到小羊、故鄉竹山遇到螃蟹，最後在真實世界的竹山國小找到青蛙小姐（見圖 12-11）。

（八）兒歌創作產出

　　教室內的文本由對話產生，有效率的團體討論產出新的說白節奏與兒歌編創，包含「花蓮真好玩」、「我愛高雄」、「竹山我的家」、「竹山國小真好」等內容。我運用〈兩隻老虎〉、〈放風箏〉、〈恭喜恭喜〉等熟悉的兒歌旋律，引導幼兒為新創故事情節的「花蓮」、「高雄」站進行兒歌編創的歌詞替換。

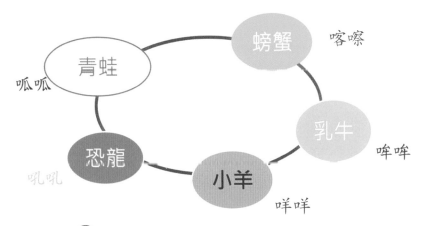

（圖） 12-10 創作新的兒歌〈小青蛙找老婆〉

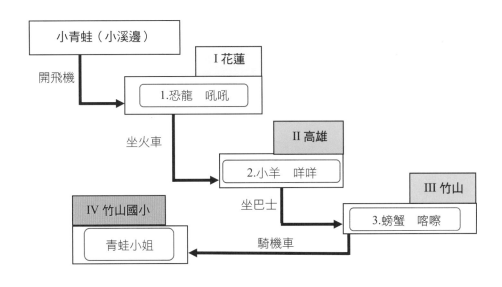

（圖） 12-11 共創新的故事

　　「小青蛙娶親」方案的故事順利地一直延展，小朋友配合故事唱出改編的歌謠，成為主題音樂。有些孩子擔任歌唱並敲擊不同的節奏，同時使用竹子作為樂器。說白節奏創作讓孩子們結合舊經驗和既有知識，對生活中的自然現象有新的認識，我藉由圖譜的視覺符號，借用磁鐵排列對應孩子們的創作內容加以節奏化，達成節奏性語詞。

（九）樂器合奏聲響結合角色出場

　　基礎音樂戲劇形成過程中，我要小心關照每個孩子的能力、意願、想法，在「角色特色」與「樂器敲擊」安排上等多方考量，免不了面臨許多溝通和協調，最重要的是聆聽孩子們的想法。這時問題來了：「好多孩子都想演恐龍」、「孩子也想玩多種樂器」。於是我們再從節奏創作出發，我建議運用手鼓合奏二聲部的聲響，有位擔任木琴敲奏的孩子表示：「我也想玩手鼓。」於是我讓一群孩子們可以拿樂器出場表現「恐龍」的陣仗和氣勢，這個任務安排讓孩子們接受了。我們就是這樣「面對問題」與「解決問題」。

（十）經由對話產出舞蹈編創新作

　　孩子們表示高雄很熱、太陽很大，他們想增加角色以肢體動作表現太陽，「高雄太陽」所代表的意思是極熱、有威力與殺傷力。協同教學夥伴以「尋找武林高手」為指導語，徵求幼兒主動認領角色詮釋太陽。有位孩子以「千手觀音」概念表現「發功」的動作，邀請多位夥伴一起討論；孩子邊說邊演表達他的創作想法，並創造他們心目中「很有威力、發光發熱的太陽」。

　　　　孩子邊說邊表演給我看，他說要三個人合體、還要依小中大的高度，慢慢滑開，

　　　　還再找兩位「武林高手」把自己的想法說給他們聽，並依這個想法實際做一次，

　　　　結果這個創作真的達成了！（吳家綺，2014）

　　教師賦權於學生，採取對話方式進行活動，依照小朋友的想法和創意的表達，創造屬於自己的舞蹈。在這次的教學中，讓成人與幼兒有許多平等對話的機會，我從孩子身上學習許多創意的想法。

（十一）為展演製作舞台布幕

　　我和協同教學夥伴將整個新創的故事以說故事的方式呈現，希望幫助孩子對共創的新故事劇情能更加清楚，再請孩子依自己聽到、聯想到的元素轉變成繪畫的構

念，透過諸多作品篩選並以等比例放大樣張，讓孩子使用蠟筆、水彩分組完成舞台背景元素構圖。透過孩子自己的想像，運用視覺藝術素材與工具進行創作，教師們帶著孩子一起以拼貼的方式製作布景，讓舞台呈現豐富與獨特的作品。

以上是我在幼兒園的教學實踐，經由這個研究實證了奧福強調透過途徑操作（hands on）學習的概念。孩子體驗音樂等同於「做音樂」和學習音樂，透過藝術整合的當代幼兒音樂教學，才能讓幼兒獲得多元與連結多樣化的音樂學習。奧福音樂教師著重統整，安排具脈絡化的教學活動讓音樂與其他學科產生密切關聯，扣連多元的活動，幫助幼兒連結音樂經驗、建構知識並在經驗學習中產生意義。

奧福教學對當今藝術教育和學習的啟發

大半個世紀以來，奧福教學在世界各國教育人員的重視應用下，持續發展並融入各地不同文化背景的滋養，逐漸發展成具有文化特色、反璞歸真的藝術教學。奧福教學以其多元統整的關照面向，強調學習者原始、自然——源自感官學習體驗與創造的能力，重視學習與真實生活情境連結的理念，經由我的教學實踐所得暫時性的結果如下：

- 奧福教學是全面關照、綜合的人文藝術取向。
- 奧福教學是參與式的教學，重視學習者的藝術創作。
- 奧福音樂不但是音樂創作的集合，更是美感教育的藝術統整。奧福教學幫助學習者透過對音樂的深度理解，進而能習得音樂學科思維。從教材選擇方面，透過音樂、律動、語言等多樣多元活動切入、相互交融，在合作探究學習與即興實作的主動創造經驗中，產生意義、建構自我知識，學生不僅只學習音樂，更能獲取藝術學習的能力。
- 奧福教學重視藝術整體化的美感經驗，以戲劇和故事作為美感學習的出發點。

　　孩子們都喜歡聽故事，透過故事的鋪陳更能吸引孩子們的注意力。從故事開始，切入奧福音樂教學元素，連結生活經驗，在藝術創作過程中自行建構相關知識，形成一趟美感經驗的歷程。

參考文獻

中文部分

余敏玲（譯）（2013）。藝術中的精神（原作者：W. Kandinsky）。台北市：信實。

吳家綺（2014）。竹山附幼「教學省思」。南投縣，未出版。

吳莉君（譯）（2011）。包浩斯人（原作者：N. F. Weber）。台北市：臉譜。

李坤崇、歐慧敏（2001）。統整課程理念與實務。台北市：心理。

林淑芳（2013）。從奧福基礎音樂教育之人本理念探討原住民音樂教學：以一首泰雅族遊戲歌為例。奧福音樂，4，15-30。

林淑芳口譯，江寬慈記錄，劉沛晴校對（2013）。W. Beidinger 發表於國立台北教育大學之專題演講「德奧基礎音樂教育師資培育課程之發展及其在二十世紀的任務」。奧福音樂，4，7-14。

胡金山（主編）（1997）。依果・史特拉文斯基。載於音樂大師（第 11 冊，頁 59-84）。台北市：巨英。

郭禎祥（1999）。描繪新世紀藝術教育藍圖。美育雙月刊，110，1-9。

陳柏君（譯）（2016）。古茵特學校憶記。載於林淑芳（主編），奧福音樂教學面面觀——本土的與創造的基礎音樂教育（頁 256-263）。台中市：台灣奧福教育協會。

陳淑文（2006）。基礎音樂戲劇運用在藝術與人文領域教學的研究。台北市：樂韻。

陳淑文（2016）。奧福音樂理念與當時代藝術及理念思潮。載於林淑芳（主編），奧福音樂教學面面觀——本土的與創造的基礎音樂教育（頁16-49）。台中市：台灣奧福教育協會。

黃壬來（2006）。國際視覺藝術教育趨勢。載於「2006 年全國藝術教育展」研討會手冊（頁 9-38）。花蓮縣：花蓮教育大學。

詹宏志（譯）（1985）。鄧肯自傳（原作者：Isadoram Duncan）。台北市：遠景。

趙惠玲（2005）。視覺文化與藝術教育。台北市：師大書苑。

劉沛晴（2013）。再探奧福教學：理論與實踐的反思。奧福教育年刊，2，29-33。

劉沛晴（2014）。跨域連結的幼兒藝術教學：奧福教學再探（未出版之碩士論文）。國立台北藝術大學，台北市。

劉沛晴（2018）。奧福教學融入幼兒園藝術教學實踐之研究。2018 幼兒美感教育與幼兒創造力學術研討會暨工作坊。苗栗縣：育達科技大學。

劉沛晴（譯）（2016）。奧福教學之過去與未來。載於林淑芳（主編），**奧福音樂教學面面觀——本土的與創造的基礎音樂教育**（頁264-273）。台中市：台灣奧福教育協會。

盧玫瑰（2014）。竹山附幼「課程計畫——課程圖」。南投縣，未出版。

西文部分

Choksy, L., Abramson, R. M., Gillespie, A. E., & Woods, D. (1986). *Teaching music in the twentieth century*. NJ: Englewood Cliffs Press.

Duncum, P. (1999). A case for an art education of everyday aesthetic experiences. *Studies in Art Education, 40*(4), 295-311.

Efland, A. D. (1995). Change in the conceptions of art teaching. In R. W. Neperud (Ed.), *Context, content and community in art education: Beyond postmodernism* (pp. 25-40). New York, NY: Teachers College Press.

Garoian, C. R. (1999). *Performing pedagogy: Toward an art of politics*. Albany, NY: State University of New York Press.

Goodkin, D. (2002a). *Play, sing & dance: An introduction to Orff Schulwerk*. New York, NY: Schott.

Goodkin, D. (2002b). *Sound ideas*. England: Griffin House Press.

Haselbach, B. (2011). *Movement and dance at the Orff Institute*. Retrieved from http://www.orffinstitut.at/fileadmin/orff/site/downloads/orff_programm_20110630WEBenglish.pdf

Kandinsky, W. (1978). *Concerning the spiritual in art* (Translated by M. T. H. Sadler.). New York: Dover.

Keetman, G. (1970). *Elementaria*. Germany: Schott press.

Keetman, G. (1978). Erinnerungen an die Günther-Schule. In B. Haselbach (Ed.) (2011), *Studientexte 1 Texts zu Theorie und Praxis des Orff-Schulwerks* (pp. 45-66). Mainz: Schott.

Klee, P. (1983). *Paul Klee: Painting music*. New York: Cornell Univ. Press.

Kugler, M. (2011). Einleitung. In B. Haselbach (Ed.) (2011), *Studientexte 1 Texts zu Theorie und Praxis des Orff-Schulwerks* (p. 15). Mainz: Schott.

Orff, C. (1963). Das Schulwerk - Rückblick und Ausblick. In B. Haselbach (Ed.) (2011), *Studientexte 1 Texts zu Theorie und Praxis des Orff-Schulwerks* (pp. 135-160). Mainz: Schott.

Orff, C. (1976). *Das Schulwerk, Band III der Dokumentation: Carl Orff und sein Werk III*. Verlag: Tutzing.

Orff, C. (1978). *The Schulwerk* (Volume 3 of Carl Orff document) (Translated by Magaret Murray). New York, NY: Schott.

Victorian Orff Schulwerk Association [VOSA] (2011). *Orff-Schulwerk-Past and future*. (Translated by Margaret Murray). Retrieved from http://www.vosa.org/aboutorff/? pageID=17

Warner, B. (1991). The educational philosophy of Orff-Schulwerk. In B. Waner (Ed.), *Orff-Schulwerk: Applications for the classroom* (pp. 1-10). Upper Saddle River, NJ: Prentice-Hall.

Widmer, M. (2004). *Spring ins Spiel*. Boppard am Rhein: Fidula-Verlag.

Chapter 13

喔！我是誰？

陳純貞

教學對象：中班

　　本篇教學內容是教學者自創虛字兒歌〈ba bi bo〉（見譜例 13-1）和結合故事情境，帶著孩子從暖身、聽故事、身體打擊、教唱、遊戲、頑固伴奏等活動，一步一步發展成 ABA 曲式的上課紀錄。故事內容大意描述一隻兔子因為意外失去記憶，貓頭鷹醫生建議好朋友給他溫暖的陪伴，並且用歌聲幫助兔子恢復記憶。兔子的好朋友小狗因為想學魔術，獨自踏上拜師的旅程，最後遇到一個會變魔術的男孩，男孩將魔術的技巧傳授給他，並告訴小狗魔術的真正意義。

🎵 譜例 13-1

ba bi bo

陳純貞

　　〈ba bi bo〉歌曲分析：

1. 調性：G 大調五音音階，re-mi-#fa-so-la（so-la-si-do-re）。

2. 音域：在 D-A 之間五度，歌詞是無意義的虛字，非常適合作為幼兒歌曲。

3. 樂句：有四個樂句，每一個樂句都是八拍，對稱的樂句特別適合設計遊戲。

進場

初秋的 9 月天氣漸涼，但幼兒園的孩子依舊熱情如火，老師心中滿懷期待擁抱這些小太陽。午後的音樂律動時間，孩子們排成小火車在門口東張西望地等候著，有些小孩仍睡眼惺忪，有些則笑嘻嘻地揮手與老師打招呼。此時站在門口的老師唱著〈ba bi bo〉（見譜例 13-1），一邊牽起幼兒的小手，小火車隨著歌聲緩緩開進教室，火車有時繞圓圈，有時繞 S 型。這時歌聲突然停了，火車也停了。

「小朋友，火車怎麼停了？」老師故意問。

「因為沒有油。」芸熙出聲。

「因為他想媽媽。」浩浩的答案。

「他想睡覺。」安安的回答，反映出了有些小孩看起來半夢半醒。

「小朋友回答得真好，通通答對！請問火車走路時，你們有聽到什麼聲音嗎？」老師問。

「老師在唱歌。」小孩們回答。

「你們好聰明，大家的耳朵都醒了。請問小朋友要和老師一起唱歌，讓火車更有力氣往前走嗎？」老師用鼓勵的語氣問道。

大家想要火車走快一點，即使唱著不完整的歌詞，卻仍然很賣力地唱著。當火車變成大圓圈後老師歌聲停了，有幾個孩子不時扭動身體，還有些人不停地跳躍。這時老師說話了：「誰會站得很好讓老師摸頭？摸到頭的小朋友請坐下，老師準備講故事囉！」

老師邊唱〈ba bi bo〉，邊用打拍子方式摸小孩的頭，有些小孩故意閃過老師的手，有些孩子則跳起來再坐下。小朋友們在任何時間都是遊戲狀態，他們改變遊戲規則，在遊戲中玩創意。

故事導入兒歌，主角是一隻兔子

大家坐好後，老師拿出一個提袋，裡面藏著一隻兔子玩偶，接著問大家：「有誰知道剛剛老師在唱什麼？」

「巴拉巴拉……老師在唸咒語。」小揚很得意地回答。

「小揚形容得很貼切，巴拉巴拉……真的很像唸咒語。其實這首歌是特別唱給一隻動物聽，他就在這個袋子裡，他不記得自己是誰，也忘記爸爸媽媽的樣子。」

「他忘記吃魚？」小美牢牢盯著袋子。

「發生了比忘記吃魚更嚴重的事。」老師故弄玄虛地說著。

氣氛前所未有的安靜，眾多眼睛望著老師，殷切期盼故事繼續發展。

「猜猜看！誰在袋子裡？」老師提問，不經意將白色、長長的毛露出袋子外。

「兔子！」小孩大聲地回答。

「小朋友很聰明，答對了！」老師露出驚訝的表情。

老師拿出兔子玩偶，讓孩子摸摸、拍拍兔子身體，跟他打招呼。然後老師抱著兔子輕輕搖，並唱歌給他聽。老師的故事開始了：「森林中有隻小兔子喜歡跟著風跑，他每天追著風到處玩。星期天，小兔子和小狗相約一起釣魚，小狗在溪邊等了很久，小兔子卻一直沒有出現。這時好朋友松鼠急急忙忙跑來通知小狗：『小兔子追著風玩，跑到一棵好高的樹上，不小心腳踩了個空，從樹上滾下來，摔傷頭了！』摔傷的小兔子從此失去了記憶，忘記了所有的事，他忘記自己是誰，也不認得爸爸媽媽了。」

老師說話的表情隨著當下劇情做變化，聲音有時低沉，有時高亢；語氣時而緊張，時而開心、傷心……在訴說故事的過程中，小朋友們紛紛發表他們曾經受傷的經驗，似乎對兔子的遭遇感同身受。

「那後來呢？」小孩想聽結局。

「兔子爸爸請來森林裡最厲害的貓頭鷹醫生，來幫小兔子看病。貓頭鷹醫生看了看小兔子後告訴大家，如果有人天天唱歌給小兔子聽，他的記憶會慢慢恢復，他會想起來：『哦！我原來是小兔子。』」老師興奮地敘述著。

「小兔子好可憐！」小孩們充滿同情的語氣。

「一閃一閃亮晶晶……」阿佑手足舞蹈地為小兔子唱歌。

「阿佑唱歌好好聽，謝謝你對小兔子的祝福。貓頭鷹醫生說，如果會唱 ba la ba la bi bi……這首歌（見譜例 13-1），小兔子會更容易想起來，因為這是媽媽常對他唱的歌。」老師用輕輕的語氣說。

身體樂器模仿節奏和感應固定拍

聽完故事，小朋友站起來準備活動。老師希望孩子們透過身體樂器拍打感應〈ba bi bo〉固定拍，開始時孩子們先仔細看肢體拍打示範，老師每次都改變不同的速度和力度示範：有時快有時慢、有時重有時輕地在身體各部位拍拍、搓搓、搖搖……，小朋友們也正確地模仿著。接著老師以四拍為主，在不同的身體部位打不同的節奏，讓孩子們模仿，最後老師重複拍膝蓋四下，拍手三下（見譜例 13-2），動作輕輕的，聲音小小的。等小孩的拍子穩定後，老師開始唱歌，持續的歌聲，持續的身體樂器伴奏。老師發現有些小孩很自然地跟著哼唱和打拍子，有些孩子則專注模仿身體節拍。此時老師仍然不斷地重複歌唱，讓孩子從聆聽中學習。

🎵 譜例 13-2

活動中有小孩故意唱得非常大聲，其他孩子覺得好玩，也加入起鬨，這時老師需要很多方法讓他們安定。

「如果大家用溫柔的聲音唱歌，小兔子會恢復得比較快喔！讓我們用好聽的聲音唱歌。」老師說。

不一會兒孩子們馬上小聲、輕輕地唱著。孩子們的心很柔軟，尤其是對動物。

同樣的固定拍，即興身體樂器

小朋友繼續和老師一邊唱歌，一邊拍打身體樂器。等大家拍子穩定後，老師隨即鼓勵他們即興不同的身體樂器。有時幼兒還沒準備好，但看到同儕舉手也會跟著舉手，這時老師絕對不能苛責，可以等小朋友準備好再發表。對小朋友的任何創意，老師要給予正向的肯定，有助於幼兒自信心的建立。接著老師請全班聽老師的鼓聲，一起玩即興創作的遊戲，也就是變換不同的身體部位來拍打四拍固定拍。以下是孩子以相同節奏，即興不同身體部位拍打的例子。

庭睿的發明：

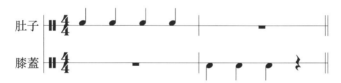

小蘋的發明：

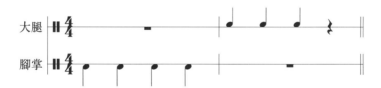

小揚的發明：

「謝謝你們的歌聲和新發明，小兔子終於想起自己是誰了，但還有很多事要慢慢才能想起來。」老師開心地說。

課程繼續，老師希望將身體樂器的節奏移到樂器，故事持續進行中：「小兔子平常在家喜歡敲敲打打，如果大家敲敲竹筷子和唱歌，也許小兔子會想起更多的事。」

老師拿起竹筷子在地板敲「四下」，空中互拍「三下」讓孩子先觀察學習，有一定了解後再模仿。關於如何使用竹筷的教學，過程需要詳細示範，幫助孩子獨立敲奏。確定孩子會用樂器打固定拍後，老師再唱歌與孩子合奏（見譜例 13-3）。

「除了竹筷外，響棒也是很好的選擇，它的聲音較紮實。你們覺得還能用什麼樂器呢？誰能告訴我呀？」老師拿出響棒示範聲音。

小朋友的答案有手搖鈴、沙鈴、三角鐵、拉丁鼓……等，全是教室裡抬頭可見的樂器。

🎵 譜例 13-3

ba bi bo

陳純貞

下課前老師打鼓，讓小朋友自由走動和唱歌，隨著鼓聲的大小聲改變唱歌的力度。最後老師告訴小朋友剛剛唱的歌，歌名是〈ba bi bo〉，下次上課還會繼續玩。小朋友與老師互道再見後離開教室，這時老師聽到有些小孩穿鞋時，口中仍然在哼唱〈ba bi bo〉。

身體樂器模仿

這星期老師想教頑固伴奏來伴奏〈ba bi bo〉，待小孩圍圓圈站定後，老師示意安靜，長期的師生默契下，小孩在等待指令。老師做身體打擊讓孩子模仿，當成暖身開場。先是搓搓手、摸摸頭、拍拍膝蓋、拍拍手、拍拍肚子等，待小孩專注後，老師做四拍子的節奏變化讓孩子模仿，過程中需要改變聲音力度，引導孩子的專注力。

「現在請小朋友手心向上，我們玩個小遊戲，被老師拍到手的請坐下。」

老師一邊唱〈ba bi bo〉，同時用固定拍輕拍小孩的手心。目的是讓孩子感受固定拍子和聆聽歌謠，也複習上星期的學習。

「誰會唱剛剛的歌？」

「我們會，上次老師有教我們。」

用身體樂器拍打頑固伴奏

老師發現小朋友的音高有些不穩定，但歌詞是正確的。老師先用直笛吹奏旋律讓孩子聽正確音高後再教唱，這次孩子音高標準了，歌聲也好聽。老師接著繼續未完的故事：「小兔子受傷後，小狗天天到小兔子家唱歌給他聽，小狗有個特別的走路姿勢，小朋友要看嗎？」

「要！」全班回答簡潔。

隨後老師起身示範小狗走路「走走，拍拍拍」（見譜例13-4）（見照片13-1）。

當小孩充分明白老師動作是「走兩步，拍三下」後，也起身和老師一起律動（照片13-2）。剛開始老師身體律動時會加上說白「走走，拍拍拍」，小孩依老師說白提示一直模仿得很好。但當老師唱〈ba bi bo〉代替說白，小孩原本穩定的身體節拍變得不穩定，這時老師提醒他們走路時自己要小聲唸說白「走走，拍拍拍」才能掌握固定速度與節奏。

譜例 13-4

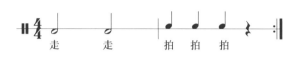

走　　　走　　　拍　拍　拍

照片 13-1：示範拍打頑固伴奏

照片 13-2：身體樂器拍打頑固伴奏

經過多次的磨合練習，小孩已能用身體節拍伴奏老師的歌聲了。

「我們分成 A、B 兩組，A 組唱歌，B 組的小朋友學小狗走路拍手。」老師讓孩子們自由選擇組別和交換練習（見譜例 13-5）。

譜例 13-5

休止符空拍子填音──「喵」

當 A、B 兩組唱歌、律動反覆多次時，老師都會在旋律空拍子的地方學貓「喵」叫了一聲，活動過程結束後，老師問全班：「剛剛你們唱歌時，是哪隻動物跑來湊熱鬧，喵喵叫啊？」

「貓咪！」全班異口同聲答道。

「貓咪怎麼出現了？原來她也是小兔子的好朋友，一聽到小兔子生病的消息，她也想幫忙，希望用她的喵聲幫助小兔子恢復記憶，但她不會唱 ba bi bo，只會『喵』。」

「現在輪到老師唱歌，你們當貓咪，當老師的聲音停止時，大家一起學貓叫，準備開始囉！小貓們。」（見譜例 13-6）

譜例 13-6

　　剛開始小孩的貓叫聲像一群生氣、吵架的貓，大聲又尖銳。直到老師請他們學習小貓的溫柔叫聲後，聲音變好聽、變可愛了。經過多次的練習，小孩已完全明白遇到休止符要「喵」，這時全班再分成 A、B 兩組：A 組唱歌＋身體頑固伴奏，B 組在空拍子的地方「喵」（見譜例 13-7）。

🎵 譜例 13-7

　　除了發出「喵」聲，老師請孩子發表還可用什麼樂器來代替。有的小孩提議三角鐵，有的提議用搖鈴，有的則建議打鼓……，場面很熱鬧。小孩的熱情高昂沒有四季，總是不吝嗇地拋出很多建議。

　　「小朋友的建議都很好，每種樂器都有屬於自己的聲音，我們都試試看。」

　　當我們試過所有孩子建議的樂器後，大家覺得三角鐵的聲音最好聽。同樣把全班分成兩組演奏：A 組唱歌＋身體頑固伴奏（律動），B 組用三角鐵代替「喵」聲（見譜例 13-8）。

🎵 譜例 13-8

　　拿三角鐵時老師特別提醒：要拉住上方的線。因為孩子使用樂器經驗少，需要老師反覆說明與示範，即便如此，還是有些孩子當下無法做好，通常老師會鼓勵孩子多做幾次，或慢慢學。身為一個帶路的教學者，幫助學生建立自信是很重要的。

樂器合奏

　　同樣地，老師想要把剛剛小狗走路的「走走，拍拍拍」節奏轉換成樂器表現。樂器合奏時，高低音木魚負責「走走，拍拍拍」頑固伴奏，貓咪的叫聲仍然是三角鐵。演奏前先讓孩子在左手食指（低音）和大姆哥（高音）上練習高低音木魚，例如：老師指著食指唸「走走」，大姆指唸「拍拍拍」，反覆多次後讓小朋友跟著模仿。先在手指上練習的用意是幫助孩子拿到樂器時容易演奏。樂器正式合奏時分成兩組：A 組唱歌＋高低音木魚，B 組三角鐵。也要輪流交換組別，讓每個孩子都有機會嘗試不同樂器、聲部的練習（見譜例 13-9）。

♬ 譜例 13-9

　　下課時小孩依依不捨地離開教室，臨走前還跟老師約定好下次繼續玩。

鞋帶遊戲感應〈ba bi bo〉樂句

　　這週進教室的孩子們特別興奮，他們在期待兔子故事的發展和遊戲。今天老師將要帶孩子用身體和鞋帶律動，來感應〈ba bi bo〉四個樂句。

　　「大家用愛的歌聲喚醒小兔子的記憶，小兔子的病況恢復得很好，不但記起自己是誰，也想起了他的好朋友小狗、松鼠和貓咪。這時松鼠神秘兮兮在背後藏了一包東西，對著大家說：『我有好東西和大家分享喔！』在大家的注視下，松鼠緩緩打開布包，哇！是新鮮的草莓！松鼠、小兔子、小狗、貓咪開心地吃著草莓，唱唱跳跳度過了開心的下午。」老師說故事時，背後也藏了一包東西。

　　「老師的背後藏了什麼？」小孩好奇地問。

　　「是今天要玩的遊戲，但遊戲前請小朋友聽聽〈ba bi bo〉這首歌，老師總共唱了幾個句子？」（見譜例 13-10）

🎵 譜例 13-10

　　小孩聽到遊戲眼睛發亮，但對「句子」的含義似懂非懂，所以老師唱歌時依照樂句，在空中畫出彩虹線，總共畫了四次。

　　「小朋友，請問你們看到老師在空中畫了幾次彎彎的彩虹？」

　　「四次。」小朋友回答。

　　接著老師帶全班跟著一起唱〈ba bi bo〉，同時在空中畫出四道隱形彩虹感受樂句。畫完隱形彩虹，全班站起來散開，跟著老師邊唱邊拍手：句 1 向前走，句 2 向後退，句 3 轉圈圈，句 4 轉回來。

　　另外一個感應樂句的身體律動是「開飛機」：小朋友張開手臂，左右呈現 45 度傾斜狀準備，老師唱歌帶著全班依照樂句，左右手臂互換高低位置，總共四次代表四個樂句。

「開飛機好好玩喔！」小孩開心地跟隔壁同學說。

「接下來更有趣喔！我們來玩鞋帶翹翹板。」老師拿出預藏的鞋帶。

示範鞋帶律動，老師需要一個小幫手，問到是否有自願者時，一個半常很害羞的小孩舉手了，老師有點驚訝。原來遊戲的魅力，會讓孩子變得勇敢。開始時老師請小朋友兩人一組站著，先發給每一組一條鞋帶，兩人面對面站著拉住鞋帶頭，先嘗試做相同的動作，例如：句1蹲下，句2站起來舉高，句3蹲下，句4站起來。等孩子熟悉蹲下與站立的律動後，活動改成：句1甲蹲乙站，句2甲站乙蹲……，共換四次高低位置。

小朋友玩得很開心，並且能掌握樂句，老師想要給更進階的玩法，同樣是兩人一組，但每人各有一條鞋帶，彼此需要拉住自己和對方的鞋帶。玩法如翹翹板，先是一人站，另一人蹲著準備，老師會唱歌，小孩們隨著樂句互換高低位置（見譜例13-10）（見照片13-3）。

照片 13-3：鞋帶律動感應樂句

當孩子們熟悉玩法後，蠢蠢欲動想要創造新遊戲。老師看到有的兩人一組將鞋帶左右手交叉；有的兩人一組拉車到處走動；有人拖著長長的鞋帶當成在遛狗等等，小孩的即興發明常常比老師的還要有趣。

　　玩鞋帶創意時，可以先讓小朋友模仿老師的玩法，然後兩人一組自由發揮。老師應該仔細觀察小朋友的創作，表揚稱讚並且請全班模仿。

　　下段故事主角換小兔子的好朋友——小狗登場，目的是藉〈小狗學魔術〉的說白節奏（見譜例 13-11），學習 AB、ABA、ABABA、AABB 曲式，最後串聯〈ba bi bo〉歌謠變成大合奏。

🎵 譜例 13-11

小狗學魔術

🎵 〈小狗學魔術〉說白節奏

　　〈小狗學魔術〉的教學，老師依舊以小兔子故事繼續發展。拿出小狗玩偶，老師說：「小狗自從唱了〈ba bi bo〉幫助小兔子恢復記憶後，覺得幫助別人，自己也會很快樂，他想讓自己成為一個帶給大家歡樂的魔術師，於是小狗到處旅行，尋找可以教他變魔術的老師。他找過小火車，火車搖搖頭說自己只會開火車不會魔術；大象說他只會噴水，不會魔術；長頸鹿說她脖子很長，可以當他的溜滑梯但不會魔術。有一天，小狗走到市場，遠遠看到一個男孩，他拿著高帽子，被一群人包圍著，男孩唸一串咒語：『嘰嘰蹦，嘰嘰蹦，呼拉呼拉蹦。』兔子就從帽子裡跑出來。再唸一次，小鳥飛了出來。小狗看完後，自己也開始唸咒語……。小朋友，你們記得剛才男孩唸了什麼咒語嗎？」（見照片 13-4）

　　「嘰嘰蹦，嘰嘰蹦，呼拉呼拉蹦。」孩子們興奮地大聲回答。

　　「小狗學男孩唸了咒語，可是卻沒有兔子跑出來，也沒有小鳥飛出來，什麼事都沒發生，小狗覺得是自己努力不夠，這次他要更專心地唸咒語……。」

照片 13-4：小朋友正在聆聽〈小狗學魔術〉的故事

「小狗成功了嗎？」小朋友急了。

「小狗很難過魔術並沒有成功，這時男孩安慰他，並且主動要教他變魔術的方法，小狗開心極了，一邊走路一邊唸『嘰嘰蹦，嘰嘰蹦，呼拉呼拉蹦』，他想要快點回家告訴小兔子這個好消息。小狗的聲音傳遍整個森林，一隻鸚鵡在樹上，也在學小狗說話。小朋友知道鸚鵡說了哪些話嗎？」

「嘰嘰蹦，嘰嘰蹦，呼拉呼拉蹦。」小孩答腔。

老師除了讚美孩子們的記憶力，這次用帶點神秘的聲音唸完整的說白節奏：「小狗，汪汪汪，嘰嘰蹦，嘰嘰蹦，呼拉呼拉蹦。」（見譜例 13-11）

身體樂器與說白節奏

這個階段，老師想讓孩子用身體樂器、律動表達〈小狗學魔術〉說白，老師起身示範 A 段說白「小狗，汪汪汪」的律動，有的小孩馬上反應和之前「走走，拍拍拍」的動作一樣（走兩步，拍三下），只有說白不一樣（見譜例 13-12）。

🎵 譜例 13-12

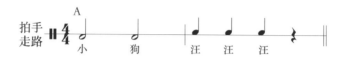

A 段節奏其實就是〈ba bi bo〉的頑固伴奏，稍微複習後小孩便很快進入狀況。依然讓孩子們在節奏不變下，即興不同身體部位拍打，這次大家更有信心了。活動過程難免有點亂，但老師沒有特別糾正，孩子們玩得更開心、更有創意。A 段沒有花太多時間，即進入 B 段「嘰嘰蹦，嘰嘰蹦，呼拉呼拉蹦」的律動教學，請孩子仔細看老師拍打動作：拍手心、拍手背、雙手握拳轉圈，拳頭放開「蹦」（見譜例 13-13）。

🎵 譜例 13-13

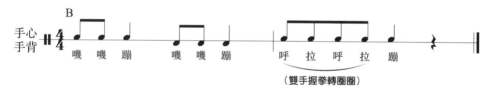

看著小孩專注地跟著唸咒語和動作，老師接著宣布：「我們要用絲巾來玩魔術遊戲！」

〈小狗學魔術〉絲巾律動

絲巾律動單元主要是讓孩子藉由絲巾遊戲，熟悉〈小狗學魔術〉A、B 兩段說白節奏，開始時老師頭戴絲巾示範 A 段說白律動（見譜例 13-12），B 段將絲巾搓揉成團握在手中，蹲下閉眼祈禱唸咒語，最後「蹦」字將絲巾拋向空中（見譜例 13-13）。老師等孩子清楚遊戲規則後再發絲巾，小朋友把絲巾蓋在頭上，跟著老師做 AB 說白律動（見照片 13-5 至照片 13-7）。

照片 13-5：A 段「小狗，汪汪汪」律動

照片 13-6：B 段咒語

照片 13-7：「蹦」拋絲巾

　　也可以將絲巾先預藏在領口內、褲管、袖口等處，A 段不變，B 段遇到「蹦」字再拿出預藏的絲巾。孩子最喜歡改變遊戲規則，以下是他們用虛字改變咒語的例子。

采瑩：絲巾藏在肚子

安安：絲巾藏領口

宥丞：絲巾藏褲子

〈小狗學魔術〉AB 說白組合不同的曲式

新的一週開始，老師希望孩子能以〈小狗學魔術〉 AB 說白組合不同的曲式，例如：AB、ABA、ABABA、AABA 等曲式。開場時老師繼續說故事：「小狗學魔術的事傳遍整個森林，動物們紛紛仿效，到處都是歡笑聲。小朋友還記得小狗學魔術的咒語嗎？」

「小狗，汪汪汪，嘰嘰蹦，嘰嘰蹦，呼拉呼拉蹦。」（見譜例 13-11）

「哇，你們太厲害了！」

「我們把『小狗，汪汪汪』當 A 段，老師在地上放置一個鈴鼓代表 A；『嘰嘰蹦，嘰嘰蹦，呼拉呼拉蹦』咒語當 B 段，則放上一個三角鐵代表 B。請小朋友仔細看老師指揮練習 A、B 段的順序。」

老師也會改變樂器排列順序，可能增加或減少樂器數量，變成另一種曲式，例如 AB、ABA、ABABA、AABB 曲式。

〈ba bi bo〉歌謠結合〈小狗學魔術〉的 ABA 曲式

故事已進入尾聲，老師繼續說：「因為大家輪流唱〈ba bi bo〉給小兔子聽幫助他恢復了記憶，小狗也學了精彩的魔術帶給大家歡樂，這時貓頭鷹醫生提議大家開個敲敲打打音樂會，慶祝開心的日子。」

「小朋友，我們今天來學動物當天開音樂會熱鬧的情形吧！」

「老師，我想打鼓。」仲仲迫不及待邊舉手邊發言。

「仲仲的提議很好，但打鼓前我們先在身上練習拍打好不好？」老師看到仲仲點頭說好。

老師請小朋友分成 A、B 兩組，當〈ba bi bo〉旋律響起時，A 組需以「小狗，汪汪汪」當身體頑固伴奏；音樂停止時，輪到 B 組拍打咒語「嘰嘰蹦，嘰嘰蹦，呼拉呼拉蹦」，另外 A 組需在 B 組後再演奏一次，變成 ABA 曲式（見譜例 13-14）。

🎵 譜例 13-14

活動中老師多次提醒小朋友：要隨時傾聽他人的演奏，才會知道什麼時候輪到自己。

樂器合奏 ABA 曲式

身體樂器表演後，老師讓 A 組拿高低音木魚（見照片 13-8），B 組用邦哥鼓（見照片 13-9），先分別練習說白節奏。正式開始，A 組演奏時老師用直笛吹奏〈ba bi bo〉旋律，班導師則帶著小朋友用高低音木魚敲奏，輪到 B 組則用邦哥鼓打 B 段說白節奏，演奏順序為 ABA（見譜例 13-15），每次使用樂器前，老師一定要再次示範打擊的方法，例如：敲打邦哥鼓時先在鼓面上玩快速敲擊、抓、點等遊戲。幼兒學習樂器過程，需要帶入趣味的引導先玩樂器，此步驟不可省。

照片 13-8：A 組高低音木魚

照片 13-9：B 組邦哥鼓

🎵 譜例 13-15

與孩子一起進行音樂活動的過程令人愉悅，尤其遊戲時，孩子的創造力豐富了原本的教學設計。孩子常常在上課問老師：「今天要玩什麼？」在孩子心中，「玩音樂」和「玩遊戲」是最開心的，滿足孩子在音樂過程中的「玩性」，學習才能繼續發展。另外，繪本故事導入也很重要，因為透過故事畫面或劇情，會讓孩子更容易與歌謠、律動和說白節奏產生連結。文末尾聲特別感謝劉嘉淑老師的指導，尤其是協助拍攝照片，完整了此篇文章。

Chapter

14

小精靈溜溜唱・
拍手踏腳玩創意

陳純貞

教學對象：大班

　　大班幼兒已能模仿老師變化多種節奏模式，也能自己即興創作。本文記錄孩子從身體樂器模仿到即興節奏，以及發展成 ABACA 輪旋曲式，並能以簡單樂器合奏。兒歌教唱〈一號精靈〉、〈瘦精靈〉、〈二號精靈〉，除了引導幼兒學習唱歌、穩定固定拍，進而透過律動遊戲感應四分音符、八分音符、二分音符和休止符的時值，同時能以孩子的即興創作當成頑固伴奏；在認知方面，除了聽辨節奏的變化外，也能以具體物件發展孩子對音符時值的概念，例如：用泡棉做成不同長度的「長短條」，每一個長短條代表不同的音符時值。

暖身

　　秋季剛開學，電力十足的孩子們見到老師特別興奮，聽著孩子敘述他們假日的生活，手舞足蹈的模樣，熟悉的上課畫面又回來了。

　　「老師，今天要玩什麼？」孩子笑嘻嘻地問。

　　「大家的假日生活都好有趣，老師也好想跟你們去喔！今天你們假裝和老師一

起去爬山好不好？」老師說道。

「我媽媽說她喜歡爬枕頭山。」宥宥很認真發表，其他人也紛紛加入爬山主題。

「我們就來玩爬山遊戲。大家聽著鼓聲移動腳步，如果鼓聲速度很慢，表示山路不好走，我們就放慢腳步；如果速度變快就加快腳步，當聲音停止請休息不動。老師看看誰最會爬山，請問都準備好了嗎？」

「老師，爬山會口渴。」玥玥舉手道。小朋友的創意發想常會岔開主題。

「玥玥想得很周到，那我們假裝背個小背包，裡面放個小水壺。」老師順著孩子的話提議。小朋友煞有其事地準備背包，尤其是裝水壺的動作很傳神。

「爬山也要擦防蚊液。」修揚突然冒出聲音。

「山上蚊子多，大家要記得擦防蚊液。謝謝修揚的提醒喔！」老師回答時，孩子們很熟練地假裝抹抹擦擦。

「大家要準備出發囉！」老師喊了一聲。

語畢，老師一邊打手鼓一邊帶著孩子律動，老師先拍出「走走走走」四個四分音符當作出發的速度，小朋友聽著鼓聲，跟著老師走路。

「哇！前面山路有點不好走，需要放慢速度。」老師音調提高對著孩子說。

當老師正想改變速度時，突然有個小朋友說她口渴想喝水；也有人想坐在草地上休息一下……吵雜聲不斷，於是老師請大家先休息一下。老師帶著小朋友演起打開背包的拉鍊、拿出水壺，然後找到一塊自己喜歡的草地坐下來喝水，最後還拿出手帕擦擦嘴並收好水壺等肢體動作。

「小朋友，背上你的背包，我們要繼續爬山囉！」

「耶！」小朋友雀躍地跳起來大聲喊。

這時老師在手鼓上打著「慢～走～慢～走～」的速度，小孩跟著老師向前跨大步走了一段時間。

「耶！我們終於爬到山頂上了，我們就在山上跑一跑吧！」老師提高音調說。

接著鼓聲開始變成急促的「跑跑跑跑……」的速度，小朋友開心地跟著鼓聲跑了起來，在這個時候小朋友的情緒達到最高點，有的孩子忍不住興奮地尖叫了。

最後老師停止鼓聲，示意小朋友安靜，然後降低音量說道：「山上的小草、小

花、小蟲、大樹都在睡午覺，他們都不希望有人上山來大叫吵鬧。我們來聽聽看，山上還有誰住在這裡？你聽到了什麼聲音？」

小朋友開始發揮想像，有人聽到風，有人聽到鳥叫⋯⋯。

老師觀察到大部分小朋友的腳步可以配合鼓聲的快慢，少部分幾個永遠快速跑步等等，活動過程中老師沒有特別糾正，因為只要多玩幾次，小朋友就可以做得很好。這次律動的目的是希望孩子透過移動身體體驗二種聲音速度：快、慢、散步。

接下來老師邀請小朋友出來打鼓，讓其他的孩子聽鼓聲爬山。大部分孩子很主動，拿到棒子很開心，實際上在打鼓時卻顯得有些猶豫。老師嘗試著鼓勵他們隨自己的想法演奏，如果覺得山路很難走就慢慢打，想像在草坪上跑步時速度就加快，累了想休息就停止打擊。受到鼓舞的小孩勇敢打出鼓聲，剛開始還會環顧四周、有點忐忑，多玩幾次後便從同儕律動中找到了想要演員配合的速度，這時打鼓的孩子掌握了畫面的節奏，儼然是個導演，畫面變得更有趣了。

身體樂器模仿與即興

律動遊戲玩了幾回合後，當最後一個鼓聲停止時，老師示意大家先定格不動並且說道：「大家爬山累了吧？請小朋友們不出聲音移動身體，圍成圓圈坐下，看誰的速度快。」

孩子們很迅速地圍成圓圈坐下，眼神在期待下一個遊戲呢！

「來，小朋友們跟著老師一起做放鬆的動作。」

老師做打哈欠狀並且搖擺放鬆身體，小孩們紛紛模仿。

「老師，我們要睡覺嗎？」欣欣雙手托腮地問。

「我們不睡覺，我們要幫隔壁同學按摩肩膀消除疲勞。」

小孩彼此按摩肩膀時，搔癢的咯咯咯笑聲充滿課堂。接著孩子模仿老師做肢體拍打，首先老師快速來回搓搓手、急速拍膝蓋、摸摸頭，或做著敲地板等肢體動作，老師發現孩子們在速度轉慢到完全停止的過程中，學習特別專注和仔細聆聽。接著

老師用手勢示意看完動作再模仿，小孩也很有默契安靜地「等待」。

一開始做四拍子身體樂器模仿（見譜例 14-1），每一個節奏至少反覆三次，目的是讓孩子熟悉節奏並深化記憶。當遇到容易卡住的節奏時，老師會反覆練習或在學習中不定時出現同款節奏類型。

🎵 譜例 14-1

「有人想要發明自己的節奏嗎？」老師問。

元承是第一個舉手的小孩，他很開心地跳一下、拍大腿兩下（見譜例 14-2），實在太有趣了，這個創作日後也變成他個人的招牌動作。欣賞完元承的發明後，老師請全班模仿，孩子看到自己的創作被模仿、發表，紛紛舉手，連平常很害羞的孩子也主動加入創作行列。

🎵 譜例 14-2

當孩子創作四拍節奏時，若超出四拍老師會幫忙整理成四拍，然後請他再打一次完整的節奏；有的孩子創作時身體語言豐富，但過多身體部位顯得手忙腳亂，老師會問孩子是否願意簡化成一個動作讓節奏更穩定，但小孩常常不知如何取捨，這時老師要幫忙重新整理。在創作與模仿過程中，除了模仿原創者，老師也會將兩個小孩的創作串聯成 A 段和 B 段，讓孩子們做 ABA 的練習。小孩對創作反應熱烈，

也因為豐富的發想而產生許多ABA新組合。孩子為即興使出渾身解數，參與度及創意讓老師驚喜（見照片 14-1）！

照片 14-1：模仿即興創作

　　小孩對身體樂器有很多想法，例如：拍膝蓋、摸頭、翻跟斗、拍肚子、踏腳、跳躍、摸鼻子、拍小腿、拍肩膀等；創意節奏可能來自課堂中的學習模仿或生活經驗，如雨滴聲、打鼾聲、節拍器或電視卡通等。老師觀察到有些孩子的即興節奏是原汁原味的記憶模仿，有些則是新創意。但不管是哪種形式的呈現，孩子勇敢做自己都值得鼓勵。

即興創作與 ABACA 輪旋曲式

　　延續上週四拍子的即興創作，這週老師將串聯兩個人的創作變成八拍，讓聽覺上更有層次。老師計劃用 ABACA 曲式呈現孩子的即興創作，也就是說把原來 ABA 曲式擴展成 ABACA 輪旋曲式，每一個段落將由一個身體樂器增加為兩個，拍子從四拍變成八拍。

「小朋友上次發明的身體節奏非常好聽，比老師的有趣。」老師豎起拇指稱讚。

「但是我有些記得，有些忘記了。」昕甯攤開手認真地回答。

「不用擔心，老師已經將你們的創作全記在紙上了。」老師神秘地緩緩拿出紀錄。

孩子好奇的眼光全聚焦在老師手上這張紙（見照片 14-2），老師說完話後再度把紙收回口袋裡。

照片 14-2：老師展示孩子即興創作的紀錄

「老師要打一個超級難的節奏，考考你們會不會？」

老師拍打八拍的身體節奏並加上說白「bon～ bon bon dada dada」（見譜例 14-3）。

🎵 譜例 14-3

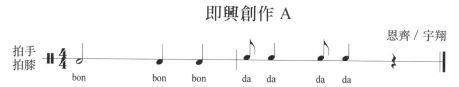

「老師，這太簡單了。」小孩精確地打出模仿。

「但有誰知道這組節奏是哪位小朋友發明的呢？」老師再問。

這時孩子們安靜了，之前創作都在四拍範圍內，這次老師連續打八拍子還加上說白當然猜不到，老師實在太故意了！

「很難猜對不對？因為老師把兩位小朋友的發明接在一起了。」老師偷笑，同時拿出口袋的紀錄。

「老師一個一個拍讓我們聽。」昕甯求知若渴，眼神充滿期待。

這次老師省略說白，分別拍打個人的創作，恩齊和宇翔迅速舉手表示那是他們的發明，恩齊、元承和小瑜即興的節奏雖然一樣，但拍打部位不同，老師將他們通通歸類在 A 段發明家。老師也補充說明剛剛打的節奏是今天的 A 段（見譜例 14-3），而且 A 段節奏變長了。

小瑜是個害羞的小男孩，上課鮮少與老師互動，這次即興創作時舉手很快，勇敢的表現令人印象深刻。或許是某個過程觸動了他的學習開關，讓老師對於孩子的表現很是感動。老師也特別提醒孩子拍打 A 段時，加上說白會更容易記住節奏。

「老師，會有長長的 B 嗎？」阿薰舉手問。

「有，這次除了 A、B 還有 C 呢！請小朋友先聽聽看 B 的節奏是誰的創作？」

「老師有寫在紙上嗎？」鉅航推推臉上的眼鏡，一臉認真。

「有喔，但這是秘密還不能公布。」老師拿出紀錄，瞄了一下馬上收回口袋。接著在鼓上敲出一組節奏，請孩子猜猜是誰的創作（見譜例 14-4）。

🎵 譜例 14-4

「是小昭的！」全班大聲回答。

「小朋友回答的速度嚇到老師了！」

「上次下課前老師有用鼓打小昭的發明給我們聽啊！」

「原來如此，大家記性真好。小昭你還記得當時的動作嗎？」

「我記得是拍膝蓋。」小昭小聲說。

「大家一起在腿上練習拍小昭的節奏三次。」

老師繼續說明 B 段除了小昭的發明，還會加另一組節奏。但發明這組節奏的人很多，老師看著紀錄一一讀出名字。

上課還要同時書寫紀錄是困難的，為了不讓課程出現中斷情形，老師當時是用錄音方式回家後再整理。當老師唸出孩子的名字時，小孩開心的表情猶如中樂透，原來這張創作紀錄在他們心中分量如此重要。

由於這組節奏發明者很多（見譜例 14-5），老師以小棋的拍肩膀作代表，小昭連接小棋的創作變成即興創作 B。同樣地，老師幫他們的創作填上說白「一號精靈最愛吹喇叭」（見譜例 14-6），然後請小朋友在身體上練習打擊。

🎵 譜例 14-5

🎵 譜例 14-6

即興創作 B

這時以恩舉手問是否有 100 號精靈？老師很認真回答沒有 100 號，但會說精靈的故事給大家聽，孩子們一陣歡呼。孩子們表示雖然這次加長版的 ABA 節奏較複雜，但難不倒他們。進行 ABA 時，全班分成兩組面對面站著，第一組先拍打 A 段後，接著第二組拍打 B 段，然後第一組再拍打一次 A 段才算結束。

　　活動進行時，每組前面會有兩個小老師幫忙，而老師退居旁邊隨時準備支援（見譜例 14-7）（見照片 14-3）。

♪ 譜例 14-7

照片 14-3：拍打 ABA 曲式，A、B 兩組前各有兩位小老師帶領

ABACA 輪旋曲式的接觸

　　老師計劃完成 ABA 曲式後，繼續用小朋友的即興創作發展成 ABACA 輪旋曲式，這時浩恩主動問：「老師，我們會敲樂器嗎？」

「我們還要再組合 C 段，等小朋友用身體拍打 ABACA 後，再用樂器演奏會更有趣喔！」

老師將寫有 A、B、C 的卡片擺在地上，簡單說明 A ＋ B ＋ A ＋ C ＋ A 的演奏順序很像是大家輪流跳舞或唱歌，這樣的曲式稱為輪旋曲。

「老師，但是 C 我們還不會。」信穆馬上舉手發問，他對事物的敏銳度一向很快。

「別急，C 段是小薰和小蓁的創作。」（見譜例 14-8）

🎵 譜例 14-8

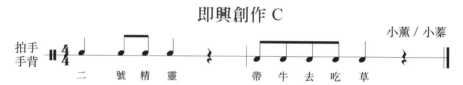

「也可以先打小蓁的節奏再接小薰嗎？」極少發言的修瑞發問了。

「修瑞說對了，其實節奏有很多種組合，這次先以小薰＋小蓁的發明當 C 段，以後再換不一樣的組合。」

老師很開心小孩在學習過程中主動提出疑問，不再只是被動地接受訊息。ABACA 演奏順序經過多次練習，全班已經可以分成 A、B、C 三組了。老師讓每一組有兩位自願者當「小老師」示範，這時小朋友除了需穩定自己的節奏也要專心看指揮，同時還要仔細聆聽其他聲部的聲音。整個過程孩子們很開心，這要歸功於共學的力量，因為有同儕相伴讓學習更有趣。老師也發現小孩從「小老師」的角色中獲得了自信和成就感，教學者適時放手給孩子主導，更能發現孩子的成長。

樂器合奏 ABACA 曲式

小朋友用身體樂器演奏 ABACA 過程非常流暢，老師也沒忘記他們想敲樂器的渴望，於是請 A、B、C 三組小朋友各自討論需要的樂器。

　　A 組很快有共識，選擇了刮胡和邦哥鼓；B 組意見較分歧，最後決定用響板和沙鈴；C 組則選手搖鈴和高低音木魚（見譜例 14-9）（見照片 14-4）。

🎵 譜例 14-9

ABACA 輪旋曲

豌豆班

照片 14-4：A 組正在學習刮胡和邦哥鼓

老師建議 A 組將說白「bon bon bon dada dada」改成「刮～噠噠 啾啾 啾啾」，配合刮胡、邦哥鼓演奏更容易掌握節奏。

ABACA 樂器合奏（見譜例 14-9）前會先分部和互相交換練習，練習過程中孩子們也會出錯或跑錯聲部，但彼此會互相幫忙或提點。這幕讓老師心中充滿感動，共學，讓孩子獲得更多的交流和解決問題的能力。有孩子提出一個聲部一種樂器較簡單；也有人提議試試其他樂器音色，關於配器的概念已在孩子心中小小萌芽了。

身體樂器創作需要時間和等待，等待孩子的猶豫，等待孩子的勇敢，等待他們的分享。孩子們在學習過程中常會有很多靈光乍現的創作，這些珍貴的想法都很值得發展，老師若能順著當下調整教學方針，相信收穫會更多，也算是另類即興教學吧！

具體物感應聲音的長短

身體即興創作教學，主要是引導孩子如何做身體樂器即興，以及串聯不同的創作形成 ABACA 輪旋曲式。接著課程將繼續發展：如何透過具體物感受聲音的長短。老師希望孩子在認知音符符號前，先透過具體物感應聲音的長短，最後將長長短短的聲音化作節奏運用在創作上。

備課時老師一直在思考如何讓幼兒真正理解聲音的長度；今天小孩圍圓圈準備開啟上課模式時，老師先讓孩子以小火車的隊形跟在後面，老師吹直笛「du」長音，火車就繞著聲音走比較久；有時吹短音，火車走一小步就停。反覆玩了幾次後，老師問道：「小朋友，我們剛剛在做什麼？」

「火車在走路。」浩浩比出開火車的姿勢。

「浩浩說對了，請問誰知道剛剛小火車是怎麼開動的？」

「跟著老師走。」恩齊很有自信地回答。

「對，還有其他答案嗎？」

「跟著聲音走，沒有就停下來。」宇翔講話時帶有手勢，很容易吸引聽眾注意。

「哇！所有小朋友的答案通通對。火車跟著聲音走，沒有就停下來。」

　　老師指著地板上的長、短膠帶說：「我們要來玩踩線的遊戲，當小朋友踩在膠帶上走路時要發出『du』的聲音，直到線的盡頭。有的線較長，有的線很短。」（見圖 14-1）

　　🔖 14-1　踩在膠帶上走路，感應聲音長短

　　老師先示範再請孩子開始，有了具象的長、短膠帶，孩子很容易對應聲音的長短，但光這樣還不夠。等孩子坐定後，老師在空中畫出一條長長的隱形線，並用手指沿著線發出「du」，畫出短的線時「du」聲極短。這時有小孩問：「老師在演戲嗎？」

　　「對啊！空中有條看不見的線，老師在幫它量長度。你們也來幫忙，記得要發出『du』喔！」

　　小孩很入戲，每個人都模仿老師手指在空中，跟著「du」畫出長長或短短的無形線。

　　「我們現在要來量量自己的手臂有多長，請小朋友先看老師。」老師繼續說道。小孩一臉狐疑，但眼神很期待。

　　於是老師先用手指量自己的手臂，一邊量一邊發出「du」直到盡頭，左手量完換右手，看完示範孩子也用「du」量自己手臂、腳、指頭、鼻子等部位，有的部位「du」聲很長，如腳、手臂；有的「du」很短，如指頭（見照片 14-5、照片14-6）、鼻子、眉毛。活動如果改為兩個人一組互相測量也有趣，尤其是量身高時「du」聲很長。接著老師發給每個人一條鞋帶，當老師吹笛子長音時，小朋友拿著長鞋帶走路，吹短音時將鞋帶對折再對折。活動至此，小孩心中已能分辨聲音的極長和極短（見照片 14-7、照片 14-8）。

照片 14-5：量手臂（長音）

照片 14-6：量指頭（短音）

照片 14-7：長音鞋帶

照片 14-8：長、短音鞋帶律動

「長短條」感應聲音的長短

「長短條」是劉嘉淑老師特別為孩子研發的教具（見圖 14-2），目的是希望孩子透過「長短條」感受二分音符（tu）、四分音符（ta）、八分音符（ti）的長度。在透過具體物感受聲音長短的遊戲後，老師先拿出一根長條，從孩子左到右的方向唸「du」直到盡頭，再換另一隻短條唸「du」，這時小孩很快發現短條的 du 聲較短。

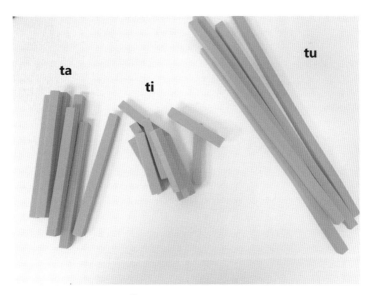

圖 14-2　長短條

「小朋友會跟老師一樣唱歌給薯條聽嗎？」老師故意裝可愛地問。

聽到老師把長短條形容為薯條，小朋友笑歪了。等小孩拿到長短條後，用觸覺和「du」聲在長短條上練習長音和短音。隨後老師用直笛吹出長、短音，例如：「短短長」、「短長短」、「長短短」等，讓孩子排出相對應音長的長短條（見照片 14-9）。

照片 14-9：用長短條排出相對應的音長

「長短條」感應音符時值

　　當小朋友已經學會聽長短音對應長短條，課程繼續發展長短條對應二分音符、四分音符、八分音符，到最後小孩要能用長短條排出自己的即興創作，這是老師的教學目標。

　　「我們來玩走路、跑步的遊戲。」聽到玩，孩子都很認真聽。

　　「是以前玩過的爬山和跑步？」很多孩子同時反應。

　　「對，但這次有點變化。小朋友依舊跟著鼓聲走路，慢的時候大步走，同時口中要唸『tu』；聽到散步的速度就走走，記得唸『ta』；速度變快就跑跑，換唸『ti』；聽到三角鐵時請大家停止活動。」（見照片 14-10、照片 14-11）

照片 14-10：看同學示範快慢律動

照片 14-11：感應鼓聲快慢，做 tu、ta、ti 律動

　　當身體與鼓聲律動融合後，老師發給每人三條「長短條」，分別代表二分音符、四分音符、八分音符，當孩子聽到慢速的鼓聲時，除了要唸「tu」和向前跨大步，還要舉高代表二分音符的「tu」條；隨著固定拍走路時，則舉高代表四分音符的「ta」條；跑步要舉高象徵八分音符的「ti」條（見照片 14-12、照片 14-13）。

照片 14-12：聽鼓聲長短音律動，舉高相對應的 tu 長條

照片 14-13：舉高 ti 短條

「長短條」排出即興節奏

　　當孩子能依聽覺找到相對應的長短條後，老師拿起棒子，指揮方向由孩子的左到右，以固定拍方式點著地上的巧拼墊，同時唸出孩子的即興創作 B「一號精靈最愛吹喇叭」（見譜例 14-6），孩子看過示範後也要跟著一起唸。

接著老師說明一個墊子同時有兩個字時，該如何唸。例如：「一號」要讓兩個 ti 擠在一張床變成 titi，「精靈」也是 titi。

「titi 要怎麼睡？」老師眼神環顧全班。

「一起睡。」耘蓁搶答。

「『最愛吹喇叭』一格一個字要怎麼辦？」

「自己睡，」厚語搶答。

聽到孩子的回答老師笑了，真是好答案啊！

「一格一個字時就是自己睡，自己睡時要放 ta。」老師用睡覺比喻。

「還剩一格怎麼辦？」鉅航托著下巴，不經意地說出。

「空格是床鋪沒人睡——休息，不放任何東西也不出聲，但音樂要繼續往前走，有人想出來試試嗎？」老師指著墊子說道。

小昭和小棋先後舉手，這次老師指著墊子提示說白，幫助孩子排出對應的長短條，完成後請大家唸出節奏「titi titi ta ta ta ta ta」（見圖 14-3）。

图 14-3　用長短條排出小朋友的即興創作 B

接下來老師帶著孩子複習之前的身體樂器創作，並舉幾個例子排出相對應的長短條，但過程中發生了一些困難。

「有人要出來試試長短條嗎？小朋友可以排以前發明的聲音，也可以是新的發明。」老師話剛講完，看到大家沉默了。

首先看到元承舉手，當老師問他想創作什麼時，他選用最愛的招牌動作「跳～拍拍」，但面對選擇長短條時卻舉棋不定。老師當下意識到創作少了說白提示，直接排「長短條」容易產生不確定感。

「元承的動作『跳～拍拍』要怎麼排列長短條節奏呢？請看小小的提示。」老師說道。

老師除了在墊子上打出固定拍，同時配合說白「跳～拍拍」，當元承聽到說白並看到拍點進行，便很快排出相對應的長短條（見圖 14-4）。

圖 14-4　元承排出節奏對應長短條

老師補充說明關於元承的創作，也可以當成說白「啾～bon bon」，這時節奏需變成「tu～tata」（見圖 14-5），「tu」就是一個巨人睡了兩張床。聽到「巨人」，小孩自動開啟聽故事模式，很安靜地期待著。當老師以簡單、趣味的形容詞貼近孩子的內心，更容易引起學習共鳴。

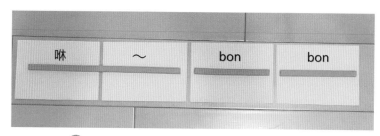

圖 14-5　「啾～bon bon」對應長短條

這次「長短條」創作遊戲，小朋友覺得先在墊子自由放 ta、ti、tu 再拍打較簡單，排出對應的身體節奏較難。老師發現小孩在遊戲過程中會改變規則解決困惑，這點很值得大人學習。另外，大班只有少部分孩子能排出自己的身體即興節奏，可能是做身體即興時缺乏說白，所以不容易與長短條產生連結。學習是條漫長的路，

需要時間累積、孕育，長短條仍會在兒歌教學裡繼續發展，透過兒歌說白是很好的長短聲音練習。

〈一號精靈〉的故事

〈一號精靈〉兒歌是嘉淑老師為大班寫的曲子（見譜例 14-10），除了音域（mi sol la）適合小朋友，最重要的是透過這首歌的趣味性感應四分音符和四分休止符。以往頑固說白都由老師設計，這次將用孩子之前的即興創作當頑固伴奏。

♫ 譜例 14-10

每次孩子進入教室時，老師總會和他們互相寒暄。

「老師會講故事嗎？」

「會喔。小朋友要先分享新鮮事嗎？」

「我回家用洗衣板和牛奶罐子打鼓。」昀庭分享。

「哇！好厲害。每個人家裡幾乎都有洗衣板、鐵罐等，這些都是生活樂器。」

突然好多小手舉高高等待發表，老師聽到許多孩子分享生活趣事。在這特別提醒教學者需留意時間控制，畢竟孩子打開話匣子後要收回是不容易的。抓緊空檔，老師拿出一個玩偶演起了故事。

「小朋友，剛剛我在背後有偷聽到你們的故事，實在太精彩了。現在換我來講

〈一號精靈〉的故事。」故意改變語調的老師，發現小孩瞬間安靜了。

「森林裡住了很多頑皮又愛玩的小精靈，他們會在樹上盪鞦韆、在蘑菇上溜滑梯，還有小精靈會騎在牛背上偷拔毛。其中有一隻小精靈跟大家都不一樣，他喜歡做什麼呢？答案在……我的歌聲中。」

接著老師故意很小聲地唱〈一號精靈〉（見譜例 14-10），每個人都拉長耳朵聽，未等老師發問全班舉手搶著回答。

「小朋友有聽到一號小精靈在做什麼嗎？」老師小聲問。

「吹喇叭。」小孩自信地回答。

「有一天獵人跑進森林打獵，此時的動物們完全不知道自己身處險境。」老師將故事帶入轉折。

「後來呢？」小孩急著問。

「還好一號小精靈吹喇叭提醒大家。」老師得意地說。

「小精靈那天喇叭吹得特別難聽，動物們受不了全跑走了，獵人也跑著離開森林。」老師故意裝難聽的喇叭聲。

小孩笑得東倒西歪，也學難聽的喇叭聲。

「老師，這是真的嗎？」孩子們疑惑地問。

「是老師自己編的故事啦！」老師俏皮地回答。

「小朋友，你們會唱〈一號精靈〉了嗎？」

「老師再唱一次！」

這次老師除了唱，還在掌心上輕拍節奏，小孩聽著聽著也開始跟著唱。

「噠噠噠噠，一號小精靈……」

感應四分音符「ta」和四分休止符

因為〈一號精靈〉音高只有 mi sol la 三音，所以小孩很容易朗朗上口。

「大家站起來學小精靈散步和吹喇叭。」

　　老師示範「噠噠噠噠，一號小精靈」時邊走邊唱，「噠噠噠噠，最愛吹喇叭」時模仿吹喇叭，最後「噠」單手向前延伸定格停三拍，休止符以「噓噓噓」代替。唱「噠」的重點是感應四分音符「ta」，「噠」與「ta」語音相近，歌詞寫得真巧妙呀！

　　待「噓噓噓」休止符穩定後，老師補充說明「噓噓噓」是休息，以後遇到休息要在心裡數。小孩很愛休止符橋段，大部分孩子都會在心裡數，當有人故意發出聲音時，有些孩子會立刻指正，但語氣是溫和的，例如：「老師說『噓噓噓』要放在心裡數。」

身體樂器打節奏

　　「獵人終於被你們吹喇叭的聲音嚇跑了！」老師壓低聲音說，全班大笑。

　　「剛剛小朋友的聲音大到可以掀開屋頂。」老師故意提高音調說，接著又是一陣笑聲。

　　「獵人走了，我們溫柔地唱歌吧！」老師提醒。

　　「〈一號精靈〉除了用手拍節奏外，小朋友覺得還可以用身體哪些部位拍？」老師問道。

　　有了之前的即興經驗，現在孩子們對創作更有自信，除了熟悉的動作，如頭、肩、手、膝等，他們也會加入一些新發明，例如：敲拳頭、拍腳底。經過討論，大家決定用拍肩膀、拍手、跳躍三個動作做身體節奏。老師先讓孩子唱歌同時拍打節奏，第二次只拍打節奏＋老師用直笛吹旋律。過程中發現小孩發明「休止符」的身體動作相當可愛——雙手握拳數休止符（見譜例 14-11）。

🎵 譜例 14-11

一號精靈

劉嘉淑

用氣球高低位置唱出 mi sol la 音高

　　孩子們唱唱跳跳後顯得有些興奮，老師請孩子們躺在地板上休息，同時唱了一段旋律音高，問大家是否有聽過？

　　「老師在唱〈一號精靈〉。」小孩很快說出。

　　老師示意孩子們坐好並模仿唱旋律，同時老師會用手指往上移動提示音高。接著老師發給每人一顆氣球，拿到氣球的孩子先是自由拍打玩了一會兒，之後老師示意唱「la」音時將氣球舉高在眼前位置；「sol」音氣球降到胸前；「mi」音氣球下放到腰的位置，反覆地透過氣球的高低位置練唱 mi sol la 音高，最後請三位小孩以高中低位置頂著不同顏色氣球代表 la sol mi 位置，並請孩子唱出音高（見照片14-14）。

照片 14-14：氣球的低中高位置代表 mi sol la 音高

感應固定拍

　　孩子跟著老師在膝上拍固定拍，預備拍後老師輕輕唱著〈一號精靈〉，當聽到歌聲開始有孩子會跟著唱，整個唱歌過程固定拍不能停。當老師聽到全班歌聲加入時，老師的聲音要悄悄退場，讓教室裡只剩下童聲和輕輕的拍子繼續著。

　　接著老師在四塊地墊上，依序輕輕打著拍子，孩子的視覺隨著指揮棒移動著，聽覺是有規律的固定拍。

　　「好像節拍器的聲音。」辰薰迫不急待地舉手。

　　「辰薰說對了，像節拍器在數拍子（老師覺得很像在玩打地鼠遊戲）。」

　　「有人要出來打拍了嗎？」

　　「我～我～我！」好多孩子舉手並高喊著。

　　小孩在打固定拍時老師也會跟著一同敲，讓大家隨著指揮的拍子唱歌。特別提醒老師在示範打拍子時，方向要從孩子的左到右，這樣才能奠定孩子以後看譜的方向（見照片 14-15）。

照片 14-15：地墊感應固定拍

木琴五度音 AEEE 固定拍伴奏

「老師今天要繼續說故事嗎？」這週上課時小謁發問。

「今天教大家敲木琴。」

全班歡呼！小孩喜歡玩樂器，只要是樂器時間便很興奮。所有小朋友圍成半圓面對老師坐下，老師以中音木琴示範教學，教室氛圍瞬間安靜，當下感受到木琴聲對孩子的吸引力。幼兒學習多以敲無律樂器為主，他們對旋律樂器發出的高低音充滿好奇。

進行敲木琴活動前也需要暖身，首先以左右手在大腿上練習拍左右右右，同時唱出 AEEE 五度音，老師不忘提醒孩子拍打時，手要往上彈。習慣音落下後，手往上彈的動作能幫助實質的敲擊動作。一開始先讓少數孩子做木琴示範，其他人唱歌（見譜例 14-12），隨著孩子對木琴打擊越來越熟悉，再慢慢增加敲打人數。當拍子穩定後再分成 AB 兩組：A 組唱歌、律動，B 組木琴伴奏（見照片 14-16）。

🎵 譜例 14-12

照片 14-16：A 組唱歌＋身體律動，B 組木琴固定拍 AEEE 伴奏

即興創作 B 當頑固伴奏

孩子需要循序漸進的音樂學習，除了在木琴上敲奏固定拍，老師覺得可以再把孩子之前的即興創作 B 當頑固伴奏（見譜例 14-6）。老師先在身上拍打節奏，同時加上嘴型提示說白，接著問問孩子是否想起了什麼？孩子通常很快回答：「一號精

靈最愛吹喇叭。」老師稱讚孩子反應快時，小孩說他們有聽到小小聲音提示，接著老師又問節奏是誰的發明？小孩又搶答：「小昭和很多人的發明。」不經意的提示會讓孩子有成就感，例如：故意小小聲洩漏答案。

小孩練習頑固伴奏（即興創作B）步驟是：先練習說白＋身體節奏，當節奏穩定後可以默唸說白。這階段也是分成兩組：一組唱歌，另一組身體頑固伴奏。

〈一號精靈〉大合奏

老師將全班分成A、B、C三組，A組唱歌，B組身體頑固伴奏，C組木琴，演奏順序：第一遍A＋B，第二遍A＋C。非常感謝班導師幫忙帶聲部，讓大合奏得以順利完成，如果時間充裕，老師會讓孩子嘗試A＋B＋C（見譜例14-13）。

🎵 譜例 14-13

一號精靈
劉嘉淑 詞曲
豌豆班 編曲

用「長短條」排節奏

　　合奏完老師搬出八塊墊子，仍然先示範唱歌同時在地墊上打固定拍，幼兒即使之前已有相同的學習經驗，但很容易忘記，所以示範步驟仍不能省略。

　　老師指著墊子唱歌並問：「『噠噠噠噠』四個字要如何分配床位？」

　　「一個墊子一個『噠』。」全班異口同聲。

　　老師在墊子上分別放上代表四分音符的 ta 條。

　　「一個墊子上唱兩個字時怎麼辦？像是『一號』。」老師問。

　　「titi，老師以前講過。」浩恩快速回答。

　　「對，一個墊子住兩個字要放上 titi。」老師提醒，最後完成如圖 14-6。

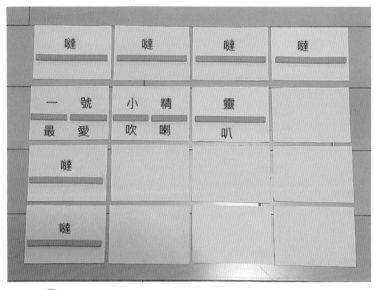

圖 14-6　長短條排列〈一號精靈〉相對應節奏

　　在即興創作曾玩過長短條遊戲，小孩對 ta、ti、休止符早有概念，所以非常輕鬆唸完整首〈一號精靈〉節奏。當問到是否有人要出題考考大家時，老師發現小孩偏愛 titi 和休止符混合，也因此拍打時遇到休止符會更小心──不出聲拍子繼續前進。最後收尾時，老師出了一道題，以固定拍方式指著墊子唸說白「豌豆真好吃」（見譜例 14-14），再請小孩們出來排列「titi ta ta ta」。

譜例 14-14

〈瘦精靈〉的故事

　　延續精靈系列，這週老師準備了〈瘦精靈〉的故事。〈瘦精靈〉同樣是嘉淑老師為幼兒設計的語言節奏，學習目的是感應八分音符（ti）和四分休止符的掌握（見譜例 14-15）。

譜例 14-15

　　老師開始敘述故事：胖精靈的好朋友瘦精靈暑假想到他家玩個幾天，但是胖精靈家只有一張床，如果瘦精靈和他睡，床一定被壓垮。於是胖精靈決定努力運動讓自己變瘦，迎接瘦精靈的到來。胖精靈運動後不但變瘦，還變得很會跑步，之後大家也改叫他瘦精靈。暑假到了，兩個瘦精靈終於可以同睡一張床鋪了。有一天瘦精靈將木頭挖了一個洞，然後 kokoko 地敲，竟然發出和木魚一樣的聲音，他開心極了。

　　「後來呢？」柏舟想知道故事的結尾。

　　「兩個瘦精靈每天敲木魚kokoko……都不覺得累，直到肚子餓了才停止。」老師學敲木魚的樣子。

「故事很好聽。老師下次要繼續說。」

「好，會繼續說精靈的故事。現在請大家聽聽〈瘦精靈〉的節奏，這是阿嬤老師寫的。」

「阿嬤老師什麼時候會再來？」小君忽然想到。

「很快會再來喔！」

小朋友在唸〈瘦精靈〉說白時，老師請他們同時加上身體樂器（見譜例14-16），「koko」說白主要是感應八分音符 titi 的音長。

🎵 譜例 14-16

氣球遊戲感應〈瘦精靈〉節奏

對孩子而言，氣球是永遠玩不膩的玩具，孩子拿到氣球後，讓他們先自由進行拍打、踢球、拋球等創意（見照片 14-17）後，再請小朋友坐在地上抱著氣球拍打〈瘦精靈〉的節奏，並大聲唸出說白（見照片 14-18）。

照片 14-17：孩子玩氣球

照片 14-18：拍打〈瘦精靈〉節奏

八分音符「ti」的相對應長短條

　　老師敲打鋪在地上的巧拼墊，以固定拍方式對應說白唸「瘦精靈，快快來，敲敲小木魚，koko，koko，kokokokoko」，這次沒有示範長短條，老師直接讓自願的孩子出來排列長短條節奏（見圖14-7），孩子們躍躍欲試，因為他們喜歡這個遊戲。一直到下課穿鞋，仍聽見有些孩子嘴巴一直在唸「koko……」。

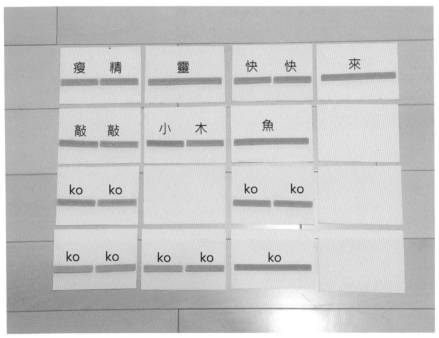

圖 14-7　長短條排列〈瘦精靈〉說白節奏

〈二號精靈〉的故事

　　前面精靈系列兒歌讓小孩對四分、八分音符和休止符時值已有清楚概念，這個單元將聚焦在感應二分音符。

　　「有吹喇叭的一號小精靈、敲木魚的瘦精靈，那二號小精靈可能在做什麼呢？」老師問道。

　　小朋友的回答很有想像力，例如：在公園玩、騎腳踏車、唱歌、睡覺、玩玩具等等，聽起來是小孩的日常。聽完孩子們的發表，老師緩緩用唱的公布答案（見譜例 14-17）。

♪ 譜例 14-17

二號精靈

劉嘉淑

　　老師「哞」聲未完，小孩已迫不及待回答二號小精靈帶小牛去吃草。

　　「那二號小精靈的故事呢？」瑀姍馬上問道。

　　「因為小牛外婆生病了，媽媽要照顧外婆，小牛媽媽請二號小精靈帶小牛去吃草。」

　　「小精靈是好精靈。」瑀姍歡呼地說著。

　　「對，小精靈雖然頑皮，但動物需要幫忙時他都會出現。」

　　老師重複唱著歌讓孩子熟悉旋律，當老師唱到「帶著小牛去吃草」時，示意孩子接唱「哞」，藉此讓孩子感應二分音符 tu 的長度。

感應二分音符「tu」

　　老師請小孩唱到「哞」時，要把手指擺頭上當牛角往前伸展（見照片 14-19）。

　　「好像鬥牛喔。」浩睿邊演邊說。

　　「浩睿形容得真好。」老師邊說邊學鬥牛士張開紅色布的動作。

　　小朋友扮演小牛的動作很可愛，拉長的「哞」聲長度剛剛好是二拍。

照片 14-19：舉高雙手往前伸展，感應「哞」二分音符的時值

「tu」的相對應長短條

　　老師用短、中、長三種長度長短條分別唱出「哞」，問孩子們哪一個最像小牛的聲音（見照片 14-20）。

　　「長條。」全班齊聲回答。

　　「為什麼？」

　　「因為小牛的聲音比較久。」宇翔解釋著還加上手勢。

　　「答對了，宇翔觀察很仔細。長條節奏請大家唸『tu』。」

照片 14-20：老師問哪一個長短條音長最像「哞」聲

「哪種樂器聲有『哞』的長音效果？」老師故意敲敲周邊的鼓。

冠之指著掛在牆上的三角鐵，修揚說碰鐘的聲音也很長。

「冠之和修揚的提議都很棒，我們先試三角鐵。」

於是全班分成兩組，A組唱歌同時律動，B組「哞」時敲三角鐵（見照片14-21）。

照片 14-21：A 組唱歌律動，B 組「哞」時敲三角鐵

〈二號精靈〉的頑固伴奏

「小朋友演奏得真精彩，我們試試交換練習。」

兩組互換練習後，老師再問小孩想用哪些聲音伴奏〈二號精靈〉，也許是一些咒語，例如：「咕呱呱」、「巴黎巴哩蹦」、「機哥機哥」等，老師舉了很多虛字語言當例子，大家因為這些沒意義的字笑成一團。

「老師，我覺得『哞～哞～』很好，這樣就可以一直敲三角鐵。」冠之娓娓道來。

「如果不用樂器，冠之想用動作表達嗎？」

冠之是個有舞蹈天分的孩子，常看到他在課堂上展現美妙的舞姿，這次他輕輕刷手背來表示「哞～哞～」動作極其優雅，全班也學他的動作。這時，原本心不在焉的阿漢突然冒出一句台語：「巴肚夭。」惹得全班大笑。

　　阿漢的個性有點頑皮，常常語出驚人，他告訴老師，他的台語是跟阿嬤學的，老師請他教大家再講一次「巴肚夭」，這次輪到他有點不好意思了。

　　老師先解釋「巴肚夭」是肚子餓的意思，繼續問孩子如何用動作表達肚子餓，大家開始發揮想像力，各種答案都有。

　　「阿漢，那你想怎麼做？」

　　「拍肚子。」阿漢拍拍自己的肚子。

　　平常愛耍寶的阿漢沒想到他不經意的一句話會變成頑固伴奏，接下來的課程老師發現他眼中閃著光芒，上課態度也較穩定。

　　「小朋友，冠之和阿漢發明的『哞～哞～巴肚夭』變成小牛肚子餓呼喚食物的聲音，我們一起幫小牛呼喚食物吧！」（見譜例 14-18）

🎵 譜例 14-18

　　老師請一半的孩子唱〈二號精靈〉，另一半的孩子唸頑固伴奏。當孩子們已經會用即興說白伴奏〈二號精靈〉，老師也讓他們試著用樂器伴奏，「哞～哞～」依然用三角鐵，「巴肚夭」則使用響板（見譜例 14-19）。

🎵 譜例 14-19

以具體物件排列出相對應的節奏

這週是紀錄收尾，老師拍打孩子們之前的即興節奏讓孩子模仿，同時告訴大家這些都是他們之前的創作。接著，老師拿出一杯裝滿橘子色的長短條和四張白紙。

小孩圍成兩排半圓坐下，等老師從杯子中取出長短條，請他們用手指在空中跟著老師沿著長條的長度唸「tu」；中條唸「ta」；短條則唸「ti」。隨後老師將四張白紙排在地上，以固定拍方式指著白紙複習〈一號精靈〉、〈二號精靈〉的說白（見照片14-22），然後依長短聲音排上對應的長短條。

「遇到空格不出聲，但拍子記得要繼續走。」老師再次提醒小朋友。

照片 14-22：固定拍複習〈一號精靈〉、〈二號精靈〉的說白

看過老師的示範後，每個孩子拿著一杯長短條和白紙，找到適當的位置面對老師坐下，準備排節奏。

「我們用長短條排聽到的節奏。」老師說。

「排錯怎麼辦？」子其擔心地問。

「不用擔心，老師會幫你。」

老師用身體樂器打出節奏和說白提示ta、ti、tu或休息（握拳），小朋友排好後需要指著長短條唸出其對應的節奏。經過多次練習，老師出題時直接拍節奏省略說

白，但一發現小孩覺得困難時，便會馬上回去上個步驟。

「有人要出題目嗎？」老師問。

小朋友舉手踴躍，老師觀察到小孩明白一拍可以放 ta 或 titi，而 tu 則需要兩拍子的空間了（見照片 14-23）。

照片 14-23：聽節奏排出對應的長短條

「小精靈溜溜唱・拍手踏腳玩創意」教學對象是大班幼兒，記錄時間從 9 月初開學到翌年 5 月。關於幼兒的身體樂器即興，並非幾堂課的模仿即能產生，幼兒需要長時間的模仿經驗、內化節奏變成自己的養分，加上引導產生即興。老師們應該謹記：所有的教學如果超出孩子的負荷，則需要再拉回適合孩子的學習模式。

Coda.

奧福教學在幼兒園的魔法實錄

劉嘉淑

奧福音樂老師是表演家？

　　幼兒園的奧福老師需要具備音樂、舞蹈（律動）、戲劇等基本表演能力，也就是需要具備以下條件：

1. 老師需要有好的歌聲，不用樂器伴奏就能清唱兒歌，讓幼兒經由反覆模唱調整音高與音準，引導幼兒輕聲唱出兒歌，避免大聲吼唱。要了解幼兒聲音發展，像是幼幼班、小班和中班小朋友最適合音域在 D-A 音（re-la）的五音歌曲，大班上學期可以接觸 C-B（do-si）的兒歌，下學期透過遊戲讓小朋友嘗試 C-C′八度音階歌曲。老師要能自創與故事發展相關的母語或虛字歌曲，英語、非洲或外國兒歌也適用。還要善於演奏隨身攜帶的小型樂器，如直笛、中國笛（梆笛）、長笛、喇叭、吉他、小提琴、烏克麗麗、手鼓或迷你小金杯鼓等，能夠一邊演奏音樂一邊跟著小朋友說故事、做律動或互動。

2. 老師需要有豐富的肢體語言，能隨興以默劇或偶劇表演，吸引小朋友跟著入戲，並融入故事中的角色進行音樂活動。善於說故事的老師容易吸引小朋友進入故事劇情中，小朋友入戲後自然能唱出或演奏有故事情感的歌曲和樂曲。老師要能透

過繪本故事引起動機，進而引導小朋友繼續發展與繪本故事有關的音樂活動，例如：唱主題歌曲，玩音樂遊戲，接觸與故事裡某一個情境連結的語言節奏、音樂或音效，延伸繪本故事創作更多音樂遊戲等。

3. 老師應掌握音樂欣賞與律動教學目標，不僅引導小朋友達到欣賞音樂的目的，同時讓他們透過接觸故事、偶戲、語言節奏及律動遊戲的活動，感應樂曲的曲式變化、樂句長短、重複、節奏與固定拍等音樂元素，還要引導小朋友做律動即興創作、配合音樂做無律樂器合奏、聽音樂畫畫等發展活動。音樂欣賞與音樂律動教學目標一樣，只是老師要慎選音樂的類別。適合幼兒欣賞的音樂是：輕快板、行板或慢板的獨奏曲、重奏曲或標題音樂（可截取一至二分鐘片段）；旋律與節奏清楚的樂曲；容易跟著哼唱的曲段；重複性多的樂曲，如 ABAB 兩段式或 ABA-CA 輪旋曲式的樂曲。應該避免採用重金屬的快板或急行板的樂曲。

4. 老師要善於隨時引導小朋友做以下即興創作：肢體接觸即興造形、身體樂器、兩音或三音旋律、律動、口技或人聲、默劇、音樂與舞蹈（律動）、語言節奏、歌唱、指揮與演奏等，老師還需即席採用小朋友當下的即興創作融入原來的素材，讓小朋友實際參與教材發展活動。

　　愛彌兒四校的奧福協同音樂老師有三位：逢甲分校的林似宣老師、旅順本校與永春分校的陳純貞老師、德化分校的張惠敏老師。三位老師都熱愛幼兒音樂教學，平時常聚會討論並彼此分享。她們互相欣賞彼此的優點、修正自己的缺點，相互切磋學習，合作無間。三位老師在愛彌兒擔任奧福協同課專任教學的年資分別是：林似宣老師 25 年、陳純貞老師 18 年、張惠敏老師 4 年。三位老師接觸幼兒音樂教學資歷不同，但是相同的是：對幼兒音樂教學工作有極高度的熱忱，喜愛研究幼兒各方面的發展。她們在課前努力認真備課、相互討論，課後隨即記錄並自我檢討和改進。在我定期進入各校觀課時，發覺三位老師設計的活動都很精彩，各有不同的樣貌與風格呈現，都能吸引全班小朋友快樂參與。因為三位老師的思考模式、人格特質、喜好與專長都不一樣，造就她們的教學活動也依自己的想法與創意而設計，表現出三位老師的獨特性與專業性。這正是我期望看到的樣子，於是我有了極其強烈

的計畫，決定帶著老師們記錄自己的教學，出版《幼兒園的奧福音樂課程實務樣貌：以台灣台中愛彌兒幼兒園為例》這本書。理念究竟要如何運用在幼兒園？希望能透過二位垷場教學的老師寫出完整的教學紀實，讓讀者了解奧福音樂教育。這不但讓老師們藉著寫紀錄而更深入檢視自己的教學，也讓我們更了解奧福給音樂老師指引了哪些正確的教學理念與方向。以下將逐一介紹三位老師的教學。

林似宣老師的愛彌兒協同音樂課

愛彌兒協同音樂課的上課地點是在寬敞的奧福音樂教室，上課時間為每週一節課，每節 30 分鐘。以下首先介紹的是林似宣老師。

似宣老師畢業於國立台中教育大學音樂系研究所，獲得鋼琴演奏碩士學位。1995年由台南家專畢業後即考入台中仁仁音樂教育中心，加入仁仁受訓研習擔任奧福老師迄今二十六年，擁有 2 歲到 12 歲奧福團體課的教學經驗。曾經參加過仁仁舉辦的一場大型音樂劇演出，即 1995 年在台北、台中、高雄演出的《阿嬤講古乎你聽》。在劇中，老師們在舞台上既要參與戲劇演出，同時還要適時加入樂團演奏或演唱，可以說是經歷一場包括音樂、舞蹈與戲劇的藝術淬鍊。似宣老師 1997 年進入愛彌兒擔任奧福音樂協同教學至今，期間於東海大學選修音樂史、合唱指揮與音樂教育學分。她擁有碩士學位，始終熱愛幼兒音樂教學，在愛彌兒二十幾年的教學從沒間斷，畢業至今對奧福音樂教學熱情不減，因此教學技巧早已達到極度靈活精彩的程度，也已能了解並掌握奧福正確方向並做深度活動的發展。似宣老師不僅深受各年齡層小朋友喜愛，在奧福教學團隊中也早已成為老師們請益討教的學習對象，更受校方肯定與讚許。園長眼中的似宣老師，不但童心重、玩性也重，每每能夠跟孩子坑得盡興；我在觀課時也發現她會隨時在遊戲中即興導入下一個發展活動。

林似宣老師專章主題

大班 1：哈囉！這是什麼聲音？——聲音的發展

・聲音＋肢體
碰觸即興
・生活聲音＋
動作即興

「哈囉」和〈這
是什麼聲音〉兒
歌與動作結合成
生活故事

小朋友即興的
聲音加入兒歌
當作頑固伴
奏，編出一首
獨特的合唱曲

「哈囉」
發展到
〈這是什麼
聲音〉

大班：
哈囉！這是什麼聲音？

聲音發展以下元素：
表情、高一低、快一慢、
長一短、強一柔、上行一
下行、漸強一漸弱、節奏
式一無節奏式

肢體動作發展元素：
・身體各部位點接觸的造形
・一度、二度到三度空間的肢
體造形
・一人、兩人或三人接觸造形

◆似宣老師教學實踐了奧福音樂教育的宗旨

　　老師靈活有趣的教學，一步一步引導著小朋友由觀察模仿⇒即興創作⇒頑固伴奏和歌曲合唱⇒歌唱加多聲部伴奏，一切是那麼自然順暢且不著痕跡地融入遊戲中。

　　在老師的鼓勵下，小朋友踴躍地搶著表演自己的即興創意，老師再巧妙地把小朋友的即興融入教材，不但讓小朋友將互相模仿不同的聲音與動作語彙儲存在腦海裡，成為日後即興創作的養分，更因為得到老師的肯定而有了成就感。

　　老師配合故事情節，以豐富的肢體語言及聲音表情說故事，深深地吸引小朋友進入故事情境中遊戲著，每每有欲罷不能的情況，讓小朋友覺得還想繼續玩下去而不想下課呢！

　　老師引導「哈囉」或〈這是什麼聲音？〉的聲音與動作即興時，均嘗試引導小朋友接觸、體驗並實踐音樂與動作的基本元素。

　　最特別的是，老師引導小朋友進行即興指揮的遊戲，充分實踐了奧福主張領導統御力的養成，從小建立小朋友的創作力與自信。

大班 2：月娘・圓仔・古仔燈──兒歌律動教學的發展

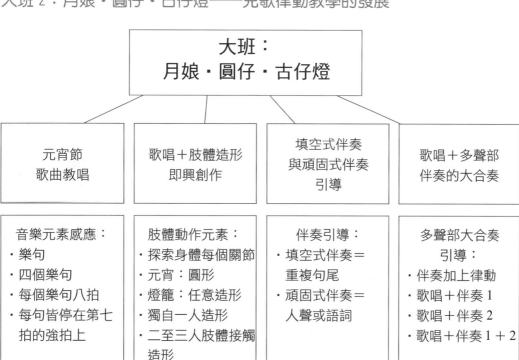

◆歌唱教學引導技巧

　　為引起學習動機，似宣老師常利用跟幼兒聊天時技巧地深入生活經驗的聯想與討論，讓幼兒真正能體會並表達出來。

　　首先老師發現，原作曲蘇淑華老師的歌曲是 C 調五聲音階，最後樂句結束時有中央 C 下面 A 音，同時主音 C 也不是適合幼兒的音，大班幼兒最適當的音域是 D-B，因此老師移高兩度變成 D 音上宮調式五聲音階，幼兒唱起來輕鬆又好聽。

　　老師隨時提醒幼兒輕聲唱歌，別嚇跑月亮！

◆歌唱伴奏引導

　　老師了解唱完每個樂句後休止符時間的填空式伴奏是幼兒的本能，這首曲子的四個樂句都結束在第七拍，每句的第八拍都是休止符，於是老師巧妙地引導小朋友在每個樂句的第七和第八拍，讓第二部以「ti ti ta」的語言節奏重複句尾歌詞的三個字做填空式伴奏，如月娘圓、圓圓圓、旋廟寺、照歸暝。

　　老師帶著大家一起唱歌時，在每個樂句第七拍時以「ti ti ta」的節奏輕拍三下手，再請小朋友跟著老師一邊唱歌一邊在句尾輕輕拍三下手；然後請全班幼兒唱歌，老師在句尾伴奏；再來交換角色。最後才能把幼兒分兩組，一組唱歌，另一組做填空式句尾伴奏。

　　結果富有旋律的歌唱加上無旋律的語詞伴奏合在一起，既運用了奧福樂曲編曲特色，也呈現出另一番童趣。

　　老師引導幼兒創作更多無律聲音或語言節奏的頑固伴奏，例如：「劈哩啪啦劈哩啪啦放煙火」或長音的「咻」。

　　老師帶領海豚班的孩子們討論出不一樣的伴奏：有鞭炮聲「啪啪啪啪啪」、「砰」，以及語言節奏「提燈籠」、「猜燈謎」。

　　老師先把頑固伴奏分成三組：

1. 第一組「啪啪啪啪啪」＋拍手聲。
2. 第二組「砰」＋雙腳踏跳往上。
3. 第三組「提燈籠、猜燈謎」＋拍腿。

將小朋友即興的聲音或語詞節奏化，並讓各聲部的節奏產生互補交錯的效果，讓各組小朋友進行大合唱或大合奏時，學會掌握自己的節奏或歌唱，同時還要互相等待與互相聆聽，體驗豐富而美好的多聲部聽覺享受。

◆似宣老師的奧福教學成長

似宣老師 20 歲畢業隨即投入奧福音樂教學至今，可以說跟我形影不離。不管是仁仁音樂班、愛彌兒幼兒園或慎齋小學，一路帶著她從懵懵懂懂時期到現在成為舉一反百、熱情靈活的教學者。課堂上臨場即興編曲與配器能力極佳，豐富的肢體語言及說故事時聲音表情的變化，在在吸引著小朋友。似宣老師的教學技巧早已達到說唱自如、爐火純青的地步，她上課時滿室充滿歡樂的笑聲，讓其他音樂老師們都佩服似宣老師的教學，她已經成為大家學習的對象。

聰明的似宣老師具有強烈的學習力，經常參加各種樂器教學、音樂舞蹈及音樂協會（奧福、高大宜、達克羅茲等）舉辦的研習課程，且即刻把所學吸收內化後，重新創作並設計到自己的課程裡。她經常在課程進行中，隨時因應時令季節的變化或不同年齡層幼兒的發展，即興改變教學內容與方法，順暢而成功地發展課程，讓每個小朋友都得到成就感。如此熱衷於學習研究的精神，造就了她成為奧福教學的魔法精靈師。

張惠敏老師的愛彌兒協同音樂課

第二位要介紹的是張惠敏老師。惠敏老師畢業於喜信聖經學院音樂系，主修鋼琴、副修長笛、選修伴奏學。畢業後曾經擔任音樂補習班專任教師及校園靜思語教學，同時受聘為三個混聲合唱團專任伴奏迄今。因為校園靜思語教學的因緣，開始接受委託製作電腦音樂，發揮她編曲及作曲的潛能，還曾經幫車籠埔國小附設幼稚園創作園歌。

惠敏老師高中畢業於明德女中幼保科，擁有幼教老師資格，也曾經進入幼兒園教學，並多次參加幼兒音樂教學研習。對幼兒教育理念保有一份熱情的她，結婚後

親自成為兩個子女的全職保母兼老師，她透過繪本共讀，教養一對兒女的成長，證實了「繪本」的效能無限。惠敏老師在家裡準備了大量的兒童讀物、繪本，還備有彈跳床和滑板等，讓孩子在遊戲中刺激感覺統合。兩個子女從小學到大學，成績斐然卻從未上過補習班。同時，惠敏老師從孩子幼稚園到小學的階段，都擔任班上說故事和玩音樂遊戲的志工媽媽。

2018 年 2 月（106 學年度第二學期）惠敏老師進入愛彌兒，擔任德化和逢甲兩校奧福音樂協同課的代課教師。惠敏老師為了快速進入狀況，希望透過現場觀摩來學習奧福教學，於是提早在第一學期 10 月開始，每週參與兩校的協同課程，學習似宣老師精彩而生動的教學，無形中跟小朋友培養了好感情。第二學期代課時，小朋友像是見到老朋友一樣，和老師開心地玩音樂，毫無違和感。代課期間，學校在母親節和畢業典禮活動時需要重製歌曲及音樂，這時惠敏老師再一次發揮了她的專業。於是從 2018 年 8 月下旬（107 學年度）開始，學校安排惠敏老師擔任德化幼兒園奧福音樂協同課教師。她多年的寶貴經驗，成為今日教學極重要的養分，從此愛彌兒奧福音樂教學團隊多了一位重要的成員。

張惠敏老師專章主題

小班：小毛不可以（繪本故事與音樂）

惠敏老師為繪本《小毛不可以》所作的主題歌曲〈kiko 歌〉和〈小毛不可以〉的語言節奏：

譜例 15-1

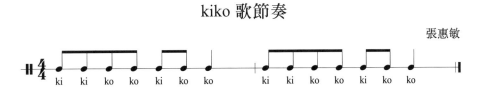

🎵 譜例 15-2

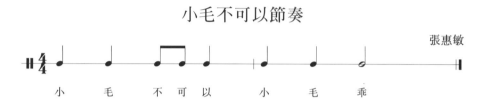

小毛不可以節奏

張惠敏

兩首主題歌曲的歌唱遊戲：

🎵 譜例 15-3

小毛不可以

張惠敏

🎵 譜例 15-4

kiko 歌

張惠敏

　　惠敏老師以兩首與繪本相關的主題兒歌，串聯整個單元的發展活動，例如：對應小毛的淘氣行徑，老師把動物偶事先放在教室角落高處，帶領小朋友唱著〈kiko歌〉走向某隻動物，然後再唱〈小毛不可以〉歌讓動物安全下來。當小朋友發現動物偶爬到高處下不來時，即刻跳躍著、興奮著、急著想要快快解救動物平安下來。

　　我觀察到小朋友在遊戲中，反覆唱了許多遍兒歌，掌握了準確的音程和音準，也掌握了兒歌的節奏。小朋友融入繪本故事裡，同理小毛的淘氣，也明白每一件淘氣行為會發生的危險。

　　樂於幫助他人的好品格，正在幼兒心中萌芽著……。

　　惠敏老師嘗試引導小朋友熟唱兩首主題歌曲後，繼續發展出兩個聲部合唱。老

師想讓兩組小朋友反覆唱著自己的歌曲（一組唱〈kiko 歌〉，另一組唱〈小毛不可以〉歌曲），讓小朋友同時聽到兩個聲部的聲音。

　　我當時的感覺是：聲音豐富了，兩個聲部的節奏錯落互補，在聽覺上是有趣的。雖然兩首歌曲都簡短，小朋友也經過多次的反覆熟唱，但是要兩組小朋友同時唱兩個聲部時，發生了好大的困難。惠敏老師立刻改變方式，帶著小朋友先唱〈kiko 歌〉，再唱〈小毛不可以〉，結果，小朋友輕鬆愉快地唱著，臉上充滿笑容。

◆音樂元素：節奏的感應

　　熟唱〈kiko 歌〉和〈小毛不可以〉兩首繪本主題兒歌後，惠敏老師透過身體拍打，來引導小朋友直接感受兩首兒歌的節奏，並且鼓勵小朋友拍打身體不同的部位，達到反覆練習的效能。

幼幼班：小雞查理（繪本故事與音樂）

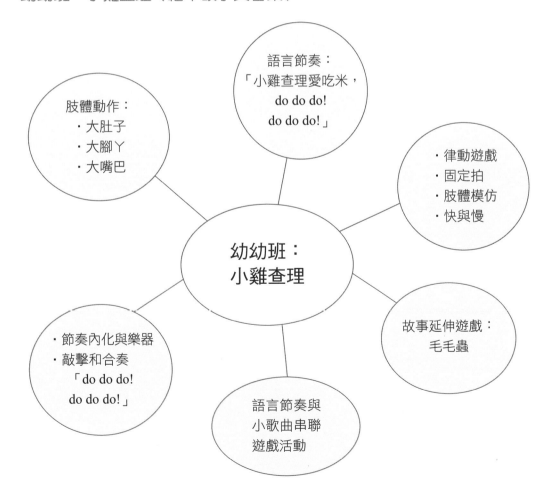

　　惠敏老師在備課時先依繪本故事作了主題歌，以下是〈小雞查理〉的語言節奏和歌曲：

🎵 譜例 15-5

張惠敏

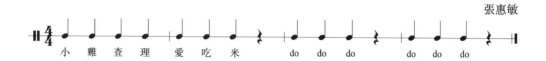

小　雞　查　理　愛　吃　米　　do do do　　do do do

🎵 譜例 15-6

小雞查理

張惠敏

小　雞　查—理　愛—吃　米　　do do do　　do do do

　　老師引導小朋友轉換空間遊戲時，習慣以歌唱帶著一列小火車來進行。小朋友也習慣跟著老師邊走邊唱起歌來，整體的活動連貫得自然不著痕跡：

🎵 譜例 15-7

火車

張惠敏

嘟　　　嘟　　　火　車　火　車　嘟　嘟　嘟

　　這是動靜活動交替時，老師帶著小朋友做的律動加身體拍打的遊戲：

🎵 譜例 15-8

張惠敏

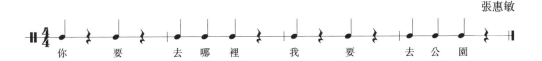

老師發現小朋友喜歡上週玩過的毛毛蟲遊戲，於是馬上轉換原來的設計，玩起毛毛蟲的遊戲，小朋友又唱又爬的，真是過癮哪！

🎵 譜例 15-9

毛毛蟲

劉嘉淑

惠敏老師選擇《健康的小雞查理》大開頁立體繪本，帶著幼幼班的小小孩進入故事裡。她邊說故事邊翻書頁介紹小雞查理，當她翻到立體頁面的大肚子、大嘴巴、大腳丫時，全班十六個小蘿蔔頭都驚訝地張大了嘴，眼睛也笑開了。顯然，她是了解 2 歲娃娃的發展與理解力的，大開頁的立體書最能吸引幼兒了。

小朋友全神貫注在繪本上，聽著惠敏老師用 2 歲娃娃可以理解的語言和誇張的表情，說著小雞查理的故事。故事很簡單，幼幼班能進入情境，能以大肢體動作模仿大肚子、大腳丫和大嘴巴，也能感應並拍打出主題歌〈小雞查理〉的節奏。

可愛的惠敏老師準備了三十支玩具槌，讓小朋友邊走邊唱，然後蹲下來再邊唱邊敲「do do do！do do do！」的節奏，老師的用心正反映在一張張稚嫩的笑臉裡。

◆幼幼班可以怎麼玩音樂遊戲呢？

惠敏老師直接用繪本跟小朋友玩起遊戲，小朋友自然把自己融入故事裡小雞查理的角色中，唸唱著主題兒歌〈小雞查理〉。當幼幼班的小可愛們突然回答老師：「小雞查理要變成毛毛蟲！」並陸陸續續趴在地上時，老師不管是否超出原先設計，因不想抹滅小小孩的興致，乾脆讓小朋友在毛毛蟲遊戲裡玩得盡興，心滿意足地結

束了一堂課。

懂得幼兒、了解幼兒，隨時改變自己原先的計畫，配合幼兒當下的感覺，即興以不同的活動遊戲跟小朋友玩在一起，是奧福老師極重要的素養。

◆ 繪本故事與幼兒音樂教學

幼兒期的小朋友在思考上正值具象期，無法連結太久以前的舊經驗，對於非生活化兒歌裡的詞句也不容易完全理解，更無法連結抽象式符號。這時，透過繪本設計音樂遊戲或主題歌歌唱，是直接讓小朋友了解故事與歌曲詞意最好的方法。惠敏老師過往的幼教基礎與經驗，以及對幼兒發展的完全了解，讓她在設計課程與引導小朋友進行每個發展活動時，總是可以讓小朋友玩得很開心，這是非常值得推廣的教學模式。

惠敏老師在課前設計繪本音樂教學時，就先有了主題歌的構想。她一邊翻頁說故事時，一邊唱出主題兒歌，再透過趣味性的遊戲，讓小朋友與書中主角有許多正向互動。

每一首主題歌都是好兒歌，音域適合幼兒歌唱，且先有歌詞再配上旋律，所以旋律音與歌詞語韻是相符的。又因為是只有兩小節的小歌曲，所以小朋友在聚精會神看著繪本，同時聽老師又說又唱說故事時，也忍不住跟著老師唱起了主題歌。更特別的是：她的歌曲包含無律的說白和旋律性樂句，小朋友自然地又唸又唱，深具童趣。

惠敏老師就像個慈愛的媽媽一樣，帶著小朋友走進繪本故事裡，與故事主角們玩出許多創意。當然，她也希望小朋友在遊戲中，無形間能薰陶出好品德。

◆ 惠敏老師從繪本教學中得到驚喜

惠敏老師這樣說：「在每一次課程運用繪本引導中，跟著小朋友的想像力一起飛翔，發展出與繪本故事有關的音樂遊戲與語言節奏，進而發展到樂器敲奏時，都感覺特別有趣。我相信每次課堂的繪本引導會是老師和小朋友們愛的交流，因為幼兒通常最認同故事中的角色，有時毋需說教，德育之教，就在一堂有趣的音樂活動中。」

中班：快樂小農場

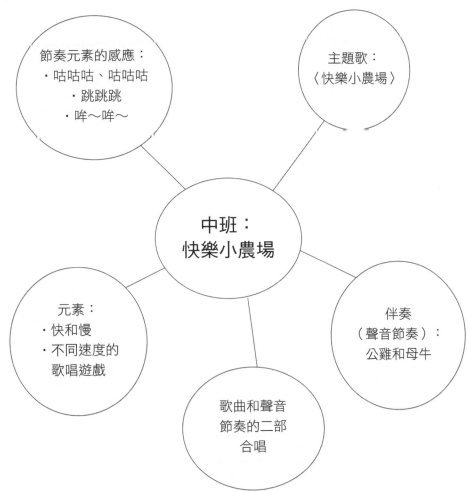

惠敏老師做了一首主題兒歌，帶著小朋友唱著歌，進入農場，跟著老師讀繪本：

譜例 15-10

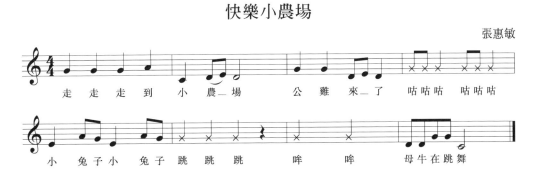

老師設計了無律聲音節奏當作頑固伴奏，童趣十足且適合幼兒：

🎵 譜例 15-11

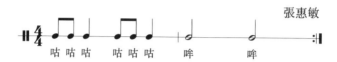

◆音樂元素：歌唱與頑固伴奏（聲音節奏）二聲部合唱

　　老師帶著小朋友透過遊戲活動進入繪本，再經由律動遊戲熟唱主題歌和聲音節奏後，進而引導小朋友接觸二聲部合唱遊戲。小朋友經歷了旋律性歌唱與無律聲音節奏的二部合唱，是一場特別的聽覺經驗。

　　由於惠敏老師直接採用了歌曲中公雞與母牛的叫聲，聲音與節奏都已熟練，因此小朋友很輕鬆地跟老師玩起來了。

◆元素感應：節奏、快和慢、動和停

　　節奏：老師先帶著小朋友透過歌唱律動遊戲，感應「咕咕咕、咕咕咕」、「跳跳跳」、「哞～哞～」三種節奏。最後引導小朋友進行動作節奏感與具體物排列的視覺感連結。

　　快和慢：老師帶著小朋友進行〈快樂小農場〉歌唱律動時，老師即興改編劇情，小朋友就跟著改變歌唱的速度，唱出很慢或很快的歌。

　　動和停：老師敲一下三角鐵，小朋友就是跳舞的牛，自由即興跳舞並扭動肢體。當老師敲第二次三角鐵時，小朋友就靜止，並做一隻造形跟別人不一樣的木頭牛。

中班：怕浪費的奶奶（繪本故事與音樂）

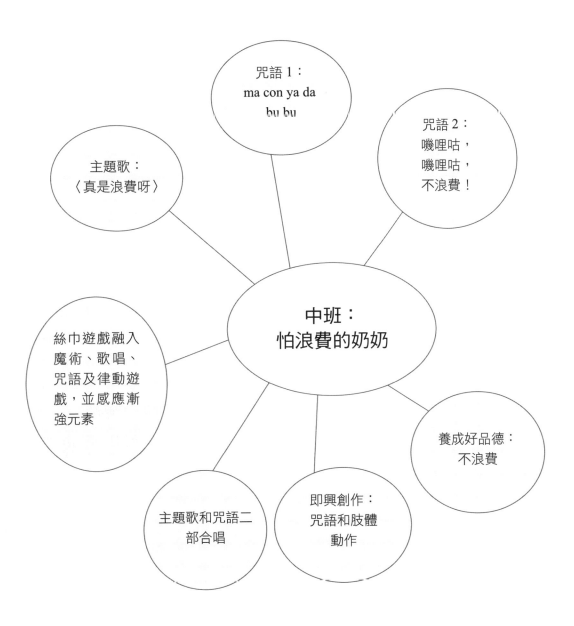

◆故事主角：奶奶和小男孩

　　奶奶觀察孫子在日常生活中每個不知不覺浪費的小細節，隨機給予關懷、提醒及教養，是這個繪本故事吸引小朋友的關鍵。小朋友在看繪本、聽故事時，常把自己投射到故事裡，隨著故事的發展，發現自己跟書本裡的主角一樣，需要改變許多生活慣性小細節，要處處節儉不浪費。這也是惠敏老師選擇此繪本融入音樂教學時，預先設定的教學目標。

　　採用貼近生活的題材融入音樂教學，讓惠敏老師有了一場順暢愉快的音樂教學歷程。小朋友既同理小毛的浪費行為，又能提出各種改變不浪費的方法，顯然的，他們已經把家庭或學校的教養，融入自己的生活日常。惠敏老師希望透過繪本音樂遊戲，讓小朋友了解故事中奶奶說的話，把日常生活中的垃圾回收再利用，培養小朋友「不浪費」的好習慣，好品德無形中深植幼小心靈。

◆一首又說又唱的故事兒歌

　　惠敏老師在課堂上常用疑問句問小朋友，例如：「奶奶看到小毛畫畫丟了滿地的畫紙時，總一是一說……？」小朋友便接著唱出主題歌〈真是浪費呀〉。當小朋友聽完繪本故事時，主題歌已經唱了無數次，無形中把歌曲唱得很熟練，能完全掌握旋律音準與節奏。

🎵 譜例 15-12

眞是浪費呀

張惠敏 編曲

　　這首兒歌因為在句尾加上「浪！費！」兩個無律說白歌詞，更加深童趣，小朋友喜歡一唱再唱。

◆兩首咒語趣味無限

　　為了讓小朋友感受更多變化與創意，惠敏老師作了兩首咒語，融入故事遊戲活動中，小朋友跟著開心地玩樂其中。

🎵 譜例 15-13

咒語1

張惠敏

ma con ya da bu bu　ma con ya da bu bu

　　惠敏老師先將第一首咒語加入主題歌，帶著小朋友邊唱邊玩。本來老師把兩首合起來，變成二聲部的迷你合唱曲，但是發現中班的小朋友不容易掌握自己的聲部，老師就把兩首分開，讓小朋友先唸咒語再唱主題歌，效果變好了，小朋友好開心。

　　後來老師又作了第二首咒語後，設計更好玩的遊戲。

◆魔法無邊的絲巾遊戲：第二首咒語

🎵 譜例 15-14

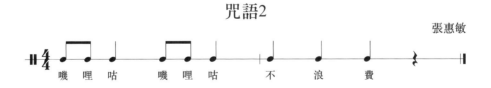

咒語2

張惠敏

嘰 哩 咕　嘰 哩 咕　不 浪 費

　　惠敏老師把〈咒語2〉加上主題歌與〈咒語1〉，再利用絲巾引導小朋友玩歌唱律動及變魔術的遊戲。在變魔術的遊戲時，絲巾全都藏進衣服裡了，然後老師帶著小朋友單腳跪地並閉上眼睛，一邊唸三遍〈咒語1〉，由弱漸強唸到最大聲後，加上更大聲的「蹦！」，大家一起拿出絲巾往上丟。

　　哇！小朋友立即大喊：「惠敏老師！可以再玩一次嗎？」於是師生重複玩著遊戲，當然老師也趁機請小朋友即興創作新咒語。

◆主題歌及兩首咒語可以有不同組合

　　惠敏老師為《怕浪費的奶奶》編了一首主題小曲和兩首咒語，兩首咒語都跟主題歌一樣是兩小節八拍。歌曲容易唱，而咒語又屬於虛字的聲音節奏，小朋友在遊戲中玩著玩著，就唱起來了。

　　惠敏老師設計繪本遊戲時，先讓小朋友唱熟主題小曲和兩首咒語，再把咒語和主題歌合在一起，帶著小朋友嘗試發展不同曲式的歌唱：

1. 〈咒語 1〉加主題歌，又說又唱的歌曲。
2. 〈咒語 1〉和主題歌曲二聲部合唱 。
3. 〈咒語 1〉當前奏→唱主題歌→〈咒語 2〉尾奏。

　　惠敏老師總是先確認小朋友玩得盡興，等歌曲和咒語都熟悉後，再耐心地進行發展活動，引導二聲部或不同曲式的歌唱遊戲。小朋友無形中接觸了多種形式的歌唱。因為二部合唱時，養成互相聆聽與等待，在聽覺上更豐富有趣了。

◆超級魔法師

　　惠敏老師隨時自我檢討改進，並給予小朋友無限的關懷與愛，她嘗試透過不同的形式，引導小朋友玩歌唱與律動遊戲，想利用不同的遊戲，激發小朋友反覆歌唱的興趣。以下是惠敏老師的教學活動發想。

1. 音樂遊戲 1：故事性接唱→音樂遊戲 2（加上律動）

🎵 譜例 15-15

眞是浪費呀

張惠敏

譜例 15-16

眞是浪費呀

張惠敏

2. 咒語加主題歌曲，魔力加倍

譜例 15-17

咒語1＋眞是浪費呀

張惠敏

3. 嘗試兩個聲部合唱，喔喔！太難嗎？

譜例 15-18

眞是浪費呀

張惠敏

4. 再嘗試看看

🎵 譜例 15-19

5. 新的咒語發想，顯然容易多了

🎵 譜例 15-20

　　由活動 1 到 5，仔細讀過惠敏老師記錄的教學過程，你將發現她擁有即興創作及積極關懷與檢討的態度，當她發現自己的設計可能難度太高時，便會即刻修正教學方法。

大班：中國舞（音樂欣賞）

♦〈中國舞〉：幼兒音樂欣賞

　　〈中國舞〉適合作為幼兒音樂欣賞的教材，因為樂曲短小，全曲約在一分鐘內，並且不斷重複樂句。十六拍的樂句同時包含旋律性線狀與節奏性點狀的樂段各八拍，小朋友容易透過律動遊戲感應整首樂曲。

　　惠敏老師設法引導小朋友透過不同的音樂律動遊戲，來感應各八拍的線狀與點狀音樂，這對幼兒而言是極重要的。

　　我常告訴老師們，幼兒音樂的教學，需要讓小朋友透過聽覺、視覺、觸覺、動覺等全身細胞聽音樂，讓音樂融入小朋友的日常，隨時哼哼唱唱樂曲動機樂段的旋律，種下將來長大後喜歡和欣賞音樂的種子。

◆趣味遊戲設計魔法師——惠敏老師

　　線狀：八拍圓滑樂段　　／　　點狀：八拍短音樂段

　　肢體與律動：線狀——張開雙手飛翔快跑／騎腳踏車／蝴蝶飛。

　　　　　　　　點狀——拍打身體各部位／輪胎打氣／青蛙跳。

　　絲巾：1. 絲巾飄（線狀）與青蛙跳（點狀）。

　　　　　2. 絲巾飄（線狀）與玩具槌（點狀）。

　　鞋帶：兩人拉一條鞋帶，由地面拉起鞋帶，高高舉起感應線狀樂段，再上下甩動鞋帶感應點狀樂段。

　　紙鶴：線狀音樂時左手高舉紙鶴快跑→停止→點狀音樂時拉動尾巴讓翅膀上下扇動。

　　樂器：三角鐵滾奏感應線條，手鼓或手搖鈴敲擊固定拍感應點狀。

　　聽音樂畫畫：兩人一組（A和B），A先跟著線狀音樂畫長長弧狀且自由彎曲的線條→A 停止→B 隨著點狀音樂自由畫點→重複……。

　　惠敏老師喜歡用不同的情境，引導小朋友玩新的遊戲，讓小朋友對音樂的感受更深刻，也更熟悉樂曲中線狀與點狀段落感。她總是在課前做了充分的準備，例如：上課時需要的音樂、青蛙偶、絲巾、鞋帶、紙鶴、樂器、蠟筆和圖畫紙等。老師的積極創意及熱忱備課，總是帶給小朋友無比的歡樂。

　　摺一隻翅膀會上下扇動的紙鶴是不容易的，感謝日本摺紙技藝留傳，恰好可以運用在這堂課，既可以玩紙鶴遊戲感應音樂的線與點，又能增強幼兒小肌肉動作發展，進而理解往外拉才能扇動翅膀的邏輯。

當惠敏老師帶著大班開心地配合〈中國舞〉音樂玩紙鶴時，小朋友早已熟悉飛翔與揮動翅膀的正確拍點了，老師還請小朋友把自己的紙鶴帶回家。不但大班小朋友玩得開心，意猶未盡，連中班小朋友進教室時也想要玩紙鶴。惠敏老師當下的反應真令人感佩——她決定讓中班、小班和幼幼班的小朋友都能玩紙鶴，為了順應年齡更小的幼兒不容易操作小肌肉，於是她摺了更大的紙鶴，同時配合各班的教學主題，發展紙鶴的遊戲。

哇！全校的小朋友都在玩紙鶴，老師卻悄悄觀察並記錄下各年齡層幼兒小肌肉的發展與動作關係。

惠敏老師這樣說：「當我決定給中班的小朋友玩紙鶴時，心裡振奮著，我超想看到孩子開心跳躍的畫面。我把紙鶴遊戲用在當時教學活動內容的延伸，根據節奏唸謠配合紙鶴的翅膀震動非常有趣，而且也是小肌肉操作很好的練習。果不其然，中班小朋友也超級愛紙鶴呢！

後來，連小、幼班都準備了紙鶴，作為課程延伸的小活動。小班雖不是每個孩子都可順利操作翅膀，但是他們玩起紙鶴跟著音樂律動就很開心，也讓他們能將紙鶴開心帶回家，動動翅膀跟媽媽說聲：『母親節快樂，媽媽我愛您！』」

令人感動的老師，小朋友也回饋滿滿的愛！

◆惠敏老師的奧福教學成長

惠敏老師進入愛彌兒代課前，觀摩似宣老師將近一個學期的示範教學，後來又有似宣老師和純貞老師兩位的密切提點、關懷與分享，再加上她總是主動積極請教學習與自我修正，所以在教學過程中是順暢的。她不但教學的熱情高昂，同時勤於自製教具備課，很快地讓我們發現了她在教學設計上的無限創意，教學技巧也在飛速進步著，教學夥伴和校方都感受到她的蛻變、認真與魔力。

惠敏老師具備音樂及幼教專業背景，婚後透過繪本共讀養育一對兒女，加上曾擔任過音樂教學、韻聲合唱團劇場伴奏與電腦音樂製作，這些寶貴的實務經驗，都成為日後惠敏老師在奧福教學時極為珍貴的養分。

　　我觀察到這位個性謙遜溫和、學習認真、創作力與理解力都強烈的惠敏老師，早已擄獲小朋友的完全信賴，在她的課堂上，小朋友的笑聲燦爛，常聽小朋友下課時依依不捨地說：「敏敏老師！明天我們還要玩……喔！」

　　小朋友的純真是老師的一帖良藥，惠敏老師的教學熱忱加上過人的耐心與愛心，造就她成為愛彌兒奧福教學團隊不可或缺的一員。

陳純貞老師的愛彌兒協同音樂課

　　第三位介紹的是陳純貞老師。純貞老師畢業於永生基督書院音樂系，主修鋼琴、副修長笛，畢業後擔任音樂教室及家教鋼琴個別教師多年後，於 2001 年進入台中仁仁音樂班擔任團體班及鋼琴個別課講師，再於 2004 年進入愛彌兒擔任奧福音樂協同課教師至今，2011 至 2019 年加入聽障協會在台中仁仁的團班教學。純貞老師個性溫和，不但工作態度積極勤於備課，常把握機會參與奧福教學法及其他音樂教育研習，還請專業老師指導其他樂器演奏法，例如：爵士鼓打擊等。她為人謙遜卻不吝誇讚同事，在教師團隊中，純貞老師總是容易發覺別人教學上的優勢和亮點，即刻記錄同時作為自己努力學習的目標，因此她在教學上進步神速。園長們曾經不只一次誇獎純貞老師的教學，她們觀察到純貞老師說話溫和，卻能順暢而活潑地引導幼兒進行各種音樂遊戲，讓全班小朋友樂在其中且欲罷不能。其實我早在觀課中發現純貞老師獲得小朋友滿滿的喜愛與信賴，而且在老師的鼓勵下勇於即興創作，課堂上總充滿溫暖歡樂的氛圍。

陳純貞老師專章主題

中班：喔！我是誰？——〈ba bi bo〉

```
              ┌─────────────────────────┐
              │     中班：喔！我是誰？      │
              │    歌曲：〈ba bi bo〉       │
              └─────────────────────────┘
```

歌唱教學 〈ba bi bo〉 故事、歌唱、律動	〈ba bi bo〉 身體樂器 頑固伴奏 即興創作 歌唱與合奏	〈ba bi bo〉 音樂元素： 樂句／曲式	〈ba bi bo〉 魔術與咒語
・虛字兒歌的 　無限想像 ・故事更精彩了 ・小朋友也愛自創 　虛字兒歌	・從拍子式伴奏到 　節奏式頑固伴奏 ・從身體樂器 　到律動	・音樂遊戲： ・鞋帶遊戲感應 　樂句 ・絲巾遊戲感應 　ABA 曲式	魔術的魅力 激起小朋友 更多的創意

◆虛字兒歌：〈ba-bi-bo〉

　　純貞老師善於自創虛字兒歌融入教學，我們發現幼兒容易學唱也喜愛虛字兒歌，因為不需要了解歌詞詞意，也不需要記憶詞句的連接，只要從多次聆聽與模唱中調整旋律音高，就能得到成功的滿足。這讓我想起從前德國奧福音樂教學教授在課堂上告訴我們，適合幼兒唱的兒歌，除了音域要適當、歌詞要生活化、以自己在地的母語文化自創外，虛字兒歌對幼兒是很重要的，甚至到小學階段都還適用。

　　小朋友常在下課離開音樂教室或下次上課進入音樂教室時，唱著老師教的虛字兒歌。還有小朋友回到家後喜歡學老師隨意自創新的虛字歌曲，到學校後唱給純貞

老師聽，告訴老師：「這是我自己發明的喔！」

◆模仿與即興

　　純貞老師在這個單元教學裡，巧妙地運用了自創的虛字兒歌，同時融入自編的故事，引導小朋友自始至終深入故事的情境。全班小朋友都主動參與遊戲活動，也積極加入創作行列，例如：身體樂器、虛字兒歌、發明新魔術、新咒語等。每一項即興創作的引導，純貞老師都掌握了奧福教學的重要過程——由全體模仿老師開始，接著全班一起即興，老師再請小朋友自願即興，讓大家模仿。

　　經由老師的鼓勵，小朋友在課堂上都能踴躍發表新創意。因為即興創作都能得到老師的肯定，所以小朋友充滿自信，也對老師有滿滿的信賴感。

◆兒歌頑固伴奏的引導

　　在這項活動設計時，純貞老師巧妙地掌握幼兒發展與節奏的連結，值得我們再一次強調教學過程的重要性。

　　老師讓小朋友在遊戲活動中接觸了拍子式伴奏加歌唱，然後再進入節奏式頑固伴奏加歌唱。同時，老師引導的過程是：身體樂器（律動）＋語言節奏⇒抽掉語言，只有動作＋歌唱⇒導入敲擊樂器伴奏。顯然，由拍子式進入節奏式的伴奏、由語言節奏加身體樂器再進入樂器伴奏，讓幼兒在遊戲中自然完成，活動進行順暢而愉悅。

◆歌曲音樂元素：樂句

　　鞋帶遊戲與樂句：老師引導小朋友透過肢體動覺，先是一邊唱歌一邊用手在空中畫彩虹樂句，然後再帶著小朋友經由律動感應四個樂句，兩人一組拉住鞋帶玩律動遊戲感應四個樂句。最後老師鼓勵小朋友自己即興創作新遊戲，這是奧福教學重要的養分，純貞老師對小朋友的細心觀察與鼓勵，就是奧福教學的精神。

◆音樂元素：曲式

　　絲巾與魔術／鈴鼓、三角鐵與曲式：純貞老師在小兔子故事中加入新角色——學魔術的小狗，並以小狗語言節奏當 A 段，小狗變魔術時的咒語當 B 段，帶著小朋

友運用絲巾玩變魔術的遊戲，小朋友玩得不亦樂乎。小朋友邊玩變魔術的遊戲，老師同時加入兒歌旋律，這時小朋友聽到無律語言節奏幫歌曲伴奏的兩個聲部，感受其中聲部互補的趣味性。

　　老師接下來引導新咒語的即興創作，小朋友有了虛字兒歌的隨意創作經驗後，對於咒語的創作更得心應手了。

　　接著再引導新曲式的即興創作，老師用鈴鼓代表 A 段，三角鐵代表 D 段，依下列順序引導小朋友即興創作新曲式：老師示範幾次以鈴鼓和三角鐵排列曲式⇨讓小朋友看著樂器排列演奏，每次老師都會變更排序，每次的曲式不一樣⇨再請小朋友出來排列樂器，大家一起演奏新曲式。

大班：小精靈溜溜唱・拍手踏腳玩創意──〈一號精靈〉、〈二號精靈〉、
　　　〈瘦精靈〉

大班：小精靈溜溜唱・拍手踏腳玩創意

歌曲：〈一號精靈〉、〈瘦精靈〉、〈二號精靈〉

元素 1：聲音長─短的感應與節奏

元素 2：二分音符、四分音符和八分音符的相對長度與節奏

元素 3：三種節奏的感受與實物排列的對應

〈一號精靈〉：噠噠噠噠

〈瘦精靈〉：kokokokoko

〈二號精靈〉：哞～哞～

小精靈歌曲教唱：〈一號精靈〉〈瘦精靈〉〈二號精靈〉	音樂元素感應：・長與短 ・運用肢體動覺與紙筒、毛線、竹筷、繩子、長短條等物品	伴奏教學：身體樂器模仿與即興創作	三種聲音性狀與節奏
・歌唱遊戲設計故事 ・歌唱 ・律動 ・遊戲 ・律動即興創作	引導小朋友透過以下過程，實際感受長和短： ・最長─最短 ・長─中─短 ・tu ————　ta ta　ti ti ti ti	選取小朋友的身體樂器即興融入歌曲當作頑固伴奏，進而發展歌唱與合奏遊戲	以具體生活物品排出三種聲音的性狀或節奏

◆音樂元素：長—短

　　這個課程活動旨在透過肢體體驗並連結聲音的長與短。純貞老師為了引導幼兒透過具體物觸摸及肢體動覺知能，感應聲音長與短的聲音元素，而設計了以下具體體驗的遊戲：

1. 用手量比實物，同時發出「du」的聲音，由身體發展到物品的丈量感應長與短，例如：身體：身高、手臂、手指等（幫自己量也幫別人量）。

　　　　　　物品：紙筒、毛線、竹筷、繩子、長短條等。

2. 在空中用手畫出有聲音的線：畫出雙手臂最長的和短短的無形線條。

3. 聽長和短的聲音走路，以走很久和走一下下就停止腳步來感應聽覺的長和短。

4. 聽老師的鼓聲，做以下律動：

　　咚！　　咚！　　咚！　　咚！　　（慢　　走　　慢　　走　　）

　　咚 咚 咚 咚 咚 咚 咚 咚　　　　（走 走 走 走 走 走 走 走）

　　咚咚咚咚咚咚咚咚咚咚咚咚咚咚咚咚（跑跑跑跑跑跑跑跑跑跑跑跑跑跑跑跑）

　　由肢體動覺、聽覺、觸覺及視覺感知的長—短，漸進連結到長短條與節奏遊戲：純貞老師先透過具體物——長短條的觸摸並發出「du」聲，引導幼兒具體感應聲音相對的長與短，進而發展三種音符時值長度與長短條的連結。

　　然後再以三種長度的長短條帶入節奏的對應關係，除了讓小朋友接觸三首小精靈的節奏排列外，老師更適時掌握時機，讓小朋友即興創作四拍身體樂器拍打，並嘗試以長短條排出。

　　課堂上氣氛愉悅且笑聲不斷，小朋友好得意，好想繼續玩遊戲，捨不得下課，問純貞老師：「為什麼這麼快下課？下次可以再玩嗎？」

　　純貞老師運用長短條具體物，引導幼兒排出已知身體樂器節奏。她帶小朋友經由全身觸覺、視覺、聽覺、動覺等細胞感覺長與短。並由具象物——長短條的認識與節奏連結，以長短條排列出四拍節奏，做了很好的教學設計。

　　上課前一天晚上，她必須把 30 份長短條的數量數好，第二天還要提早一個小時到學校備課，把每份長短條和四張紙裝進紙杯，上課時每個小朋友拿一個紙杯，找

到一個空位坐下再把四張紙排好在面前，開始進行長短條配合節奏的排放操作遊戲。

◆三種聲音性狀與節奏

以具體生活物品排出三種聲音的性狀或節奏：

〈一號精靈〉：噠噠噠噠（彩色小布球）

〈瘦精靈〉：kokokokoko（彩色小棉球）

〈二號精靈〉：哞～哞～（短繩）

純貞老師請小朋友經由肢體律動感應三種聲音的節奏，接著示範以物品排出節奏，讓小朋友連結聽覺、動覺與視覺後，再輪流做聽節奏與排節奏的遊戲。這時物品排列的節奏已經包含了性狀，老師一步一步耐心地設計與引導，小朋友在遊戲中玩得好開心。

這又是一段合乎奧福教學的重要活動過程，也是值得記錄的重要過程。

純貞老師努力把奧福教學的理念實踐在幼兒音樂課程中。以下是她為這個單元教學設計活動的特色：

1. 她為每一首小精靈歌曲設計一個跟小動物有關的生活故事，引起小朋友的熱情關注後，再連結到新歌曲的教唱，讓小朋友沉浸於故事情境中。她把〈一號精靈〉、〈瘦精靈〉和〈二號精靈〉編入同一個故事的主題，還請小朋友幫老師改編故事，讓故事合理化，激起全班熱情參與。

2. 進行歌唱教學發展音樂遊戲時，純貞老師掌握由模仿到即興創作，再把小朋友的創作組成不同的曲式來呈現。

3. 設計多種遊戲，引導小朋友具體接觸聲音的「高一低」及「長一短」的變化，並導入心理的內化，再巧妙地引導創作。純貞老師總是在上課前妥善準備或自製教具，期望讓遊戲活動進行順暢。

◆純貞老師的奧福教學成長

純貞老師的個性溫和不急躁，小朋友總能安心參與活動並勇於即興創作，加上每個小朋友的創作會立即得到老師的誇獎，並要全班模仿，每每讓小朋友捨不得下

課，老師早已成為小朋友最信賴的好朋友了。

　　同時，純貞老師設計教學活動總是求新求變，讓小朋友驚喜，無形中小朋友也隨時在課堂中有新花樣出現。她跟小朋友玩在一起，氣氛溫馨、舒服且歡樂。小朋友不必擔心自己做得不好或做錯，老師只有肯定與誇讚而不責備，還立刻調整自己的教學法。她課前用心備課的工作態度，為自己也為小朋友帶來許多歡樂，當然也得到校方的肯定與讚賞。

　　純貞老師對奧福教學理念擁有高度認同，她處事低調卻認真學習。在教學團隊中，觀察敏銳的純貞老師會隨時記錄其他老師教學的亮點，以作為自己學習改進的目標。

一起謠一謠

劉嘉淑

　　在幼兒園的音樂課，兒歌是老師必備的主要素材，所幸在二十一世紀的今日，因為科技的發達，老師除了在音樂書店外，還能透過網路取得許許多多好玩、活潑又有童趣的新創兒歌。老師透過歌唱遊戲教學，引導幼兒感應準確的音高、音程、固定拍子、樂句、曲式，還可以發展有關的童話故事、扮演、律動、歌唱、敲擊小樂器合奏及即興創作等遊戲。

　　幼兒歌唱能掌握的音域是 D 音到 A 音（re-mi-fa-sol-la）五音，老師們上課時可以仔細觀察，理論是否與實際相符。由於大部分好聽的兒歌都以 C 調大音階的 C-C′八度音作曲，因此我和愛彌兒教學團隊嘗試在中班下學期，開始讓小朋友接觸 C 大調第七音 B 的歌，等到大班下學期時，接觸 C-C′ 八度全音階的歌。結果大部分的小朋友都可以掌握音高與音準。

　　下面所舉例說明的幼兒童謠與遊戲，若老師在上課時發現小朋友無法唱出中央 C 音，可即時移成 D 大調，讓小朋友唱得舒服，掌握準確的音高。無形中小朋友的音感敏銳了，唱起歌來一定更快樂。

　　以下是蘇淑華老師、徐智慧老師、劉嘉淑老師和李晴美老師為自創的童謠寫下的小叮嚀，讓老師們做個參考，相信老師們將會為每首兒歌設計出更好玩、更精彩、更多創意的發展活動。

蘇淑華老師的童謠和她的叮嚀

◆〈腳丫丫〉◆

* 可以在親子活動時，讓幼幼班和小班的小朋友，把雙腳踩在大人的雙腳背上，大人邊唱歌邊帶著小朋友走固定拍，讓小朋友熟聽歌曲並感應固定拍。

* 中班和大班小朋友可以邊唱歌，邊透過走路、拍腿、打鼓等遊戲感應固定拍。

♫ 譜例 16-1

◆〈騎馬謠〉◆

* 嬰兒（0 至 2 歲）：老師和媽媽們分別坐在圍成一圈的椅子上，老師抱著大娃娃，媽媽們抱著坐在雙腿上的嬰兒，跟著老師邊唱〈騎馬謠〉邊做律動：

  A 段：上下抖動雙腿，感應固定拍。

  B 段：前四拍雙手抱住嬰兒等待⇨唱到「siu↗」時，把嬰兒從腿部往上高舉⇨嬰兒抱高左右輕輕搖晃四拍⇨唱到「siu↘」時，把嬰兒從高處往下放在腿上。

* 大人哼唱，帶著嬰兒玩律動遊戲，這個時期的嬰兒需要熟聽歌曲，體驗固定拍與旋律上行與下行的律動感。

＊　中班和大班幼兒歌唱與律動（D 大調）：

A 段：小朋友邊唱邊以跑馬步律動。

B 段：前四拍蹲者唱⇨唱到「siu↗」時，從蹲姿往上跳並高舉雙手⇨高舉雙手

　　　歌唱四拍⇨唱到「siu↘」時，由站姿即刻蹲下並放下雙手。

譜例 16-2

騎馬謠

蘇淑華

註：D 大調歌曲最低音 D（re），是 3 到 6 歲幼兒能輕鬆唱準的音。

徐智慧老師的童謠和她的叮嚀

◆〈猜拳歌〉◆

＊ 可進行歌唱與律動。

＊ 中班小朋友：

第一和第二小節八拍：雙手握拳由內而外繞圈。

第三小節（四拍）：右手比出兩個手指，再把手張開，比出五個手指。

第四小節（四拍）：比出右手（握拳）。

第五和第六小節八拍：雙手握拳由內而外繞圈。

第七小節（四拍）：拍拍手掌，摸摸拳頭。

第八小節（四拍）：雙手擺在背後，唱到最後一拍「嘿！」時，出手猜拳。

＊ 大班小朋友遊戲 1：

兩人一組，面對面牽雙手。

第一和第二小節八拍：往側邊跳四拍，再跳回來四拍。

第三和第四小節八拍：比出兩個指頭（剪刀）⇨五個指頭（布）⇨拳頭（石頭）。

第五和第六小節八拍：往側邊跳四拍，再跳回來四拍。

第七和第八小節八拍：同第三和第四小節的動作。

＊ 大班小朋友遊戲 2：

1. 兩人一組，面對面牽雙手玩猜拳遊戲（與遊戲 1 同）。

2. 猜贏的小朋友站前面，輸的小朋友站在後面，去找另一組面對面牽雙手玩猜拳遊戲。（註：這時有兩組人共四個小朋友一起玩遊戲。）

3. 以此類推，隊伍越來越長，最後只剩兩大組決勝負，活動氣氛達到最高潮。

4. 最後贏的那一組玩歌唱加猜拳律動遊戲，輸的那一組以頑固伴奏「剪刀石頭布」幫忙伴奏。

🎵 譜例 16-3

猜拳歌

徐智慧

伴奏：

◆〈賣香屁〉和〈賣臭屁〉◆

＊ 適合大班的遊戲，請老師先講個小故事引起動機。

＊ 進行賣香屁和臭屁的遊戲，小朋友模仿老師表演叫賣，再討論以下問題：

　　1. 做了什麼事放屁香香的？

　　　（吃蔬菜和水果、聞花香的味道、每天唱歌、玩遊戲等。）

　　2. 做了什麼事放屁臭臭的？

　　　（吃肉、吃榴槤、喜歡亂生氣、不肯收拾玩具等。）

＊ 引導小朋友即興創作叫賣聲和噗噗噗屁聲的節奏。

＊ 透過歌唱感應上行和下行音階。

◆音樂遊戲◆

* 把全班小朋友分為 AB 兩組，A 組是賣屁的商人，B 組是買屁的客人。讓小朋友自己決定，用什麼容器裝屁？用杯子、瓶子、口袋或用雙手蓋住等。

* 賣屁的商人出場，邊走邊唱〈賣香屁〉歌曲⇨停住腳步招攬客人⇨買屁的客人快速進場，找一個商人，自由交談並詢問價錢後，一手交貨一手付錢。

* 再玩一次〈賣臭屁〉的遊戲。

* AB 兩組的角色互換，繼續玩遊戲。

* 透過遊戲，引導小朋友發展以下能力：歌唱、叫賣、戲劇表演、即興等。

🎵 譜例 16-4

賣香屁

徐智慧

🎵 譜例 16-5

賣臭屁

徐智慧

賣 臭 屁　賣 臭 屁　噗噗噗噗噗 噗　噗噗噗噗噗

好臭 的屁 呀　誰要買臭屁　好臭 的屁 呀　誰要買臭屁

賣 臭 屁　賣 臭 屁　噗噗噗噗噗 噗　噗噗噗噗噗

劉嘉淑老師的童謠和她的叮嚀

◆〈小鴨子〉音樂遊戲 1 ◆

* 這是一首適合嬰幼兒到幼兒期唱的歌，也就是適合 0 到 6 歲的孩子。

* 0 至 3 歲嬰幼兒上課時，需要準備一個玻璃盒，裡面裝水和一隻玩具小黃鴨。首
   要先讓嬰幼兒看到老師邊唱歌邊實際操作鴨子玩水、沉到水裡和浮上來的動作，
   然後再教唱，才能讓嬰幼兒理解。

* 教學者要一邊唱〈小鴨子〉，一邊配合歌詞讓小鴨玩水：
   第一個樂句（八拍）：老師手拿小鴨在水面上游來游去。
   第二個樂句（八拍）：前四拍把小鴨壓下沉到水底，唱到「浮上來」時再放開，
   　　　　　　　　　　　讓小鴨浮上水面。

* 老師可以準備更大的水盆和好幾隻小鴨，讓小孩親自邊唱歌邊在水盆裡玩小鴨的
   遊戲。

♦〈小鴨子〉音樂遊戲 2♦

* 可進行歌唱律動。

* 老師帶著幼兒圍坐成大圓圈，伸出右手當鴨子的脖子和嘴巴，配合歌詞歌唱，做以下律動：

　　「小鴨子小鴨子愛玩水」：嘴巴張、闔並自由律動。

　　「沉到水裡去」：手由高處放下或藏背後。

　　「又浮上來」：再把手伸出舉高。

　　「小鴨子小鴨子愛玩水」：嘴巴張、闔並自由律動。

* 老師帶著幼兒站起來、散開，雙手向下放在左右側邊，五指併攏像鴨子模樣配合歌詞做歌唱律動：

　　「小鴨子小鴨子愛玩水」：學鴨子邊走邊唱。

　　「沉到水裡去」：快速蹲下。

　　「又浮上來」：站起來。

🎵 譜例 16-6

小鴨子

劉嘉淑

◆再一次叮嚀◆

* 當你發現幼兒沒辦法唱準C大調音階的C音（do）時，請移到D大調讓幼兒唱，因為中央C音的do不是幼兒容易掌握的音。

* 幼幼班、小班、中班、大班的幼兒最能掌握的音域是D音到A音（re-la）五音。

◆〈老巫婆〉◆

* 適合大班小朋友玩的緊張與放鬆遊戲。

* 老師扮演老巫婆，提著一籃彩色雞蛋沙鈴代替蘋果，跟小朋友玩。當巫婆唱著歌跑到小朋友面前，不懷好意地請小朋友吃蘋果時，一個扮演精靈的小朋友便拿一支魔棒，唸出咒語把小朋友們變成石頭、樹、機器人等。老巫婆發現小朋友都不見了，只看到一動也不動的奇形怪石，只好失望的轉身離開了。這時精靈又把石頭變成小朋友，小朋友發現老巫婆受騙了，開心地追著老巫婆回嗆：「老巫婆，老巫婆，你別陷害我！」

* 小朋友變成石頭、樹、機器人時，全身呈緊張狀態，巫婆被小朋友拒絕後，只好離開現場。這時小精靈又把小朋友們變回原來跑來跑去的樣子，此時的小朋友全身放鬆了。

◆老師和小朋友對話◆

* 安排老師和小朋友對唱，讓老師和小朋友趣味性地互動，同時讓小朋友唱音域適合的重複樂句，老師唱高音域的樂句。

* 老師和小朋友可以藉由改變遊戲規則、即興創作咒語、改編歌詞等，在遊戲中發揮創意。

🎵 譜例 16-7（G 大調）

老巫婆

劉嘉淑

老師　小朋＿友　呀 快來快來吃蘋果　小朋＿友　呀 來吃大蘋＿果

小朋友　老巫婆　老巫婆　你別陷害我　老巫婆　老巫婆　你別陷害我

李晴美老師的童謠和她的叮嚀

◆〈敲鑼鼓〉◆

* 這首歌曲適合幼兒園大班到小學一、二年級的小朋友。

* 引導小朋友透過歌唱，接觸並感應 C 大調 I 級和弦：do-mi-sol。

* 模擬拍手、跳踢踏舞和吹喇叭聲的虛字歌詞加上實體歌詞，具童趣、容易唱又能
  吸引幼兒。

◆歌唱遊戲設計◆

* 歌唱教學之前的暖身：小朋友需先觀看老師拍手（身體樂器）、跳踢踏舞及吹喇
  叭的圖片或影片，了解動作和聲音的連結後，老師再引導小朋友聽指令模仿三種
  動作並自創聲響。

* 歌唱加律動（動作即興）。

* 這首兒歌是 C 大調、八度音域的歌曲，不適合移到 D 大調，因為高音 D（re'）
  太高，不是小朋友能舒服唱出的音。

◆歌唱遊戲和編曲配器的叮嚀◆

* 歌唱：

  1. 齊唱加律動或身體樂器頑固伴奏。

2. 分組輪唱：兩小節四拍後的輪唱（四組），一小節兩拍後的輪唱（八組）。

3. 重複句尾式伴奏（音符時值減半）：有趣且容易。

* 配器：

配上木琴，鐘琴，中國鑼、鼓和鈸，更顯本土音樂風格，建議老師們自由嘗試。

譜例 16-8

敲鑼鼓

李晴美

重複句尾式伴奏，成為趣味性十足的合唱小曲。

譜例 16-9

敲鑼鼓

李晴美

國家圖書館出版品預行編目（CIP）資料

幼兒園的奧福音樂課程實務樣貌：以台灣台中愛彌兒幼兒園為例 / 林淑芳，

劉淑英, 李玲玉, 劉沛晴, 劉嘉淑, 林似宣, 張惠敏, 陳純貞, 台灣台中

愛彌兒幼兒園教學團隊合著；陳曉嫻主編.

-- 初版. -- 新北市：心理出版社股份有限公司, 2023.09

面；　公分. -- (幼兒教育系列；51229)

ISBN 978-626-7178-65-2(平裝)

1.CST: 幼兒教育　2.CST: 音樂教育　3.CST: 奧福教學法

523.23　　　　　　　　　　　　　　　　　　　112011014

幼兒教育系列 51229

幼兒園的奧福音樂課程實務樣貌：以台灣台中愛彌兒幼兒園為例

主　　編：陳曉嫻
策　　劃：劉嘉淑
作　　者：林淑芳、劉淑英、李玲玉、劉沛晴、劉嘉淑、林似宣、張惠敏、陳純貞、
　　　　　台灣台中愛彌兒幼兒園教學團隊
執行編輯：陳文玲
總 編 輯：林敬堯
發 行 人：洪有義
出 版 者：心理出版社股份有限公司
地　　址：231026 新北市新店區光明街 288 號 7 樓
電　　話：(02) 29150566
傳　　真：(02) 29152928
郵撥帳號：19293172　心理出版社股份有限公司
網　　址：https://www.psy.com.tw
電子信箱：psychoco@ms15.hinet.net
排 版 者：辰皓國際出版製作有限公司
印 刷 者：辰皓國際出版製作有限公司
初版一刷：2023 年 9 月
Ｉ Ｓ Ｂ Ｎ：978-626-7178-65-2
定　　價：新台幣 680 元